AF633951

Gesichter zeichnen

Desirée Delâge

Gesichter zeichnen

Porträts und Stile
methodisch und frei zeichnen lernen

mitp

Bibliografische Information der Deutschen Nationalbibliothek
Die Deutsche Nationalbibliothek verzeichnet diese Publikation in der Deutschen Nationalbibliografie; detaillierte bibliografische Daten sind im Internet über http://dnb.d-nb.de abrufbar.

Bei der Herstellung des Werkes haben wir uns zukunftsbewusst für umweltverträgliche und wiederverwertbare Materialien entschieden.
Der Inhalt ist auf elementar chlorfreiem Papier gedruckt.

ISBN 978-3-7475-0556-4
1. Auflage 2023

www.mitp.de
E-Mail: mitp-verlag@sigloch.de
Telefon: +49 7953 / 7189 - 079
Telefax: +49 7953 / 7189 - 082

Druckprodukt mit finanziellem
Klimabeitrag
ClimatePartner.com/18246-2411-1009

Lektorat: Sabine Schulz
Sprachkorrektorat: Nicole Winkel
Cover: Desirée Delâge
Layout: Desirée Delâge
Druck: ADverts in Riga, Lettland

Inhalt

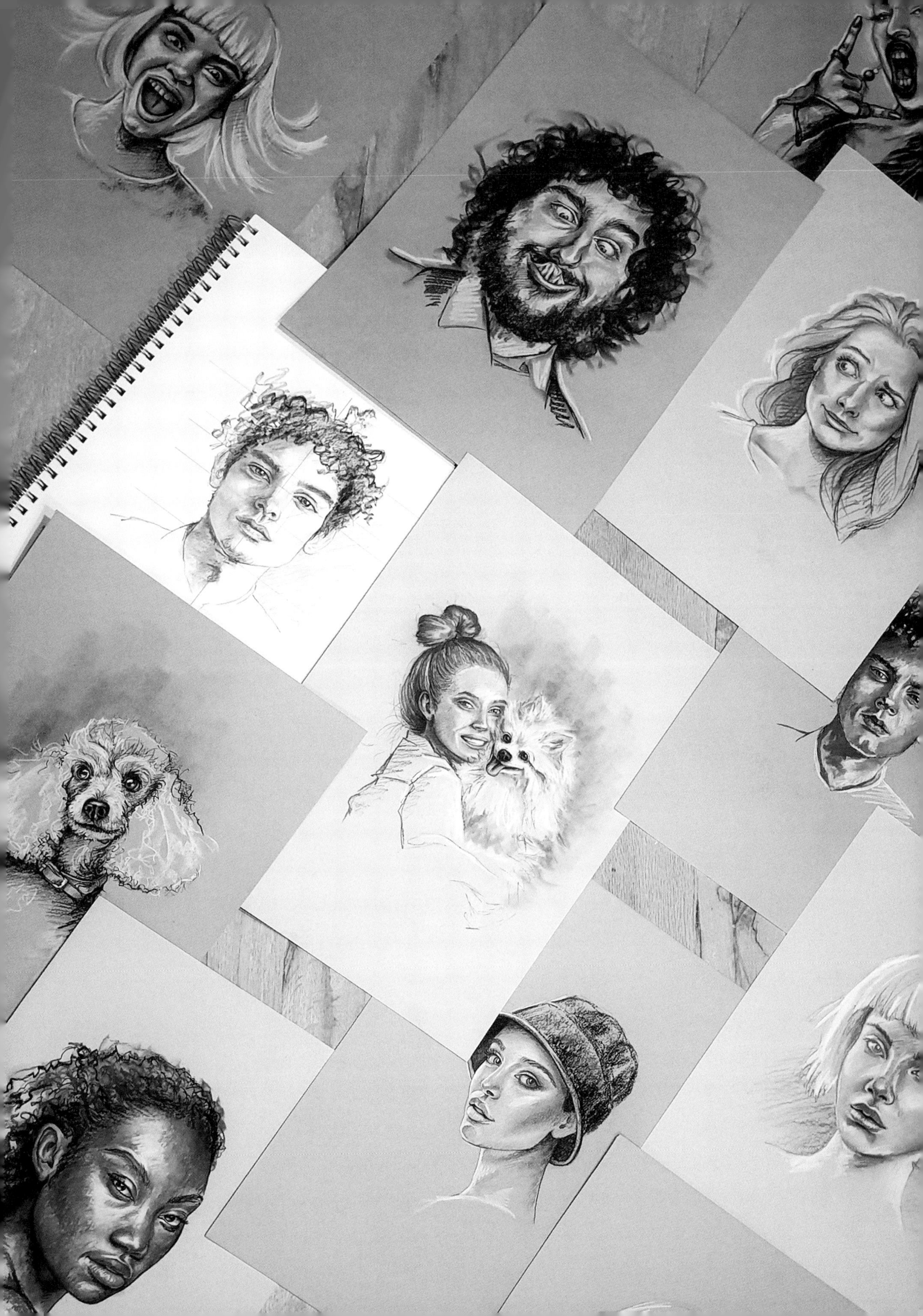

Vorwort

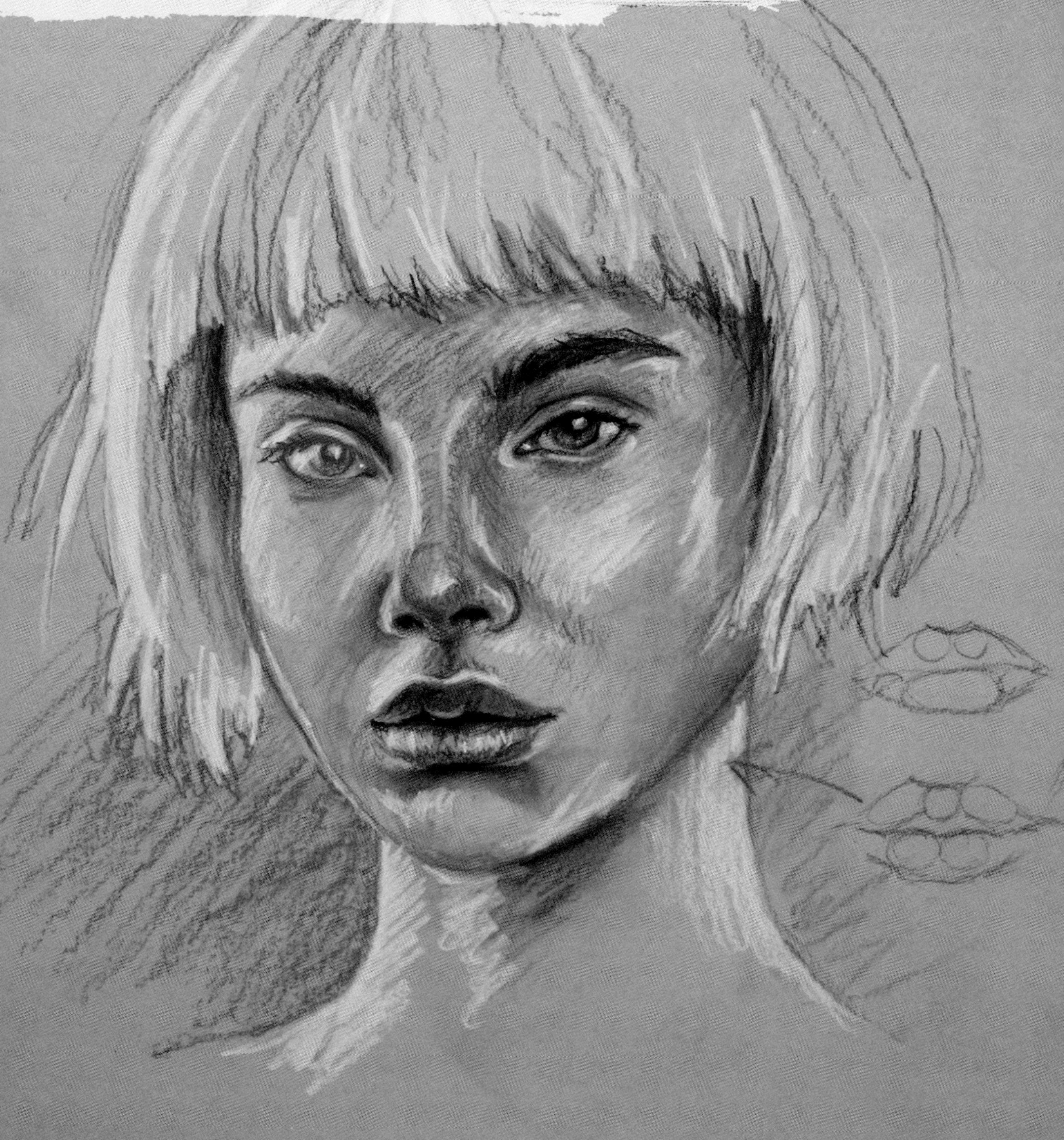

Vorwort

Mit diesem Buch habe ich versucht, dem gigantischen Thema des Gesichter-Zeichnens ein weiteres wertvolles Nachschlagewerk mit konkreten und detaillierten Anleitungen zu bieten. Es geht mir vor allem darum, zu vermitteln, dass es im Genre »Zeichnen« die Disziplin gibt, das Zeichnen von Gesichtern anatomisch und systematisch aufzubauen, ohne dabei stumpf abzuzeichnen. Es geht um das Verständnis von Anatomie, räumlichem Vorstellungsvermögen, der Zeichenmethoden und der Stile dahinter.

Dabei erfinde ich das Rad nicht neu. All die Techniken sind eine Sammlung dessen, was ich im Laufe der Jahre über das Zeichnen gelernt habe. Die Methoden sind alt, die Systematik dahinter entwickelte sich zusammen mit meinen Schülern.

Die Idee dazu kam nämlich, als ich nach Malereikursen zu Porträts auf Leinwand gefragt wurde. Meine Überlegung dazu war, dass man Schülern schlecht das Malen von Porträts beibringen kann, wenn diese zuvor nie richtig gelernt haben, Gesichter zu zeichnen. Deswegen: erst Zeichnen lernen, dann Malen. So entstanden damals meine Online-Kurse zum Zeichnen lernen von Gesichtern und dazu nun begleitend dieses Buch.

Es bietet Anfängern die Basis für das freie Zeichnen und Aufbauen von Gesichtern und den Gesichtselementen. Dieses Wissen hilft natürlich auch enorm beim Zeichnen nach Fotovorlage. Denn sobald wir verstehen, was wir abbilden und uns nicht von Kästchen zu Kästchen hangeln müssen, haben wir die zeichnerische Freiheit erlangt, einen eigenen Stil zu entwickeln und ab dann eigene Kunstwerke zu erschaffen. Nicht kopieren, sondern konstruieren!

Fortgeschrittene und alle, die fleißig üben, erhalten im Verlauf des Buches vertiefendes Wissen über das Zeichnen sowie Einblicke in dem Umgang mit den ältesten Zeichenmitteln der Menschheit: Graphit ist und kann so viel mehr sein als nur ein Bleistift, mit Kohle zeichnet man auch flüssig und die Rötelzeichnung ist der älteste und in diesem Buch komplexeste Zeichenstil.

Das Buch ist während der Corona-Krise, kurz nach dem Ausbruch des Ukraine-Krieges und während der Papier-Krise entstanden. Viele Bücher, die in dieser Zeit hätten veröffentlicht werden sollen, wurden deswegen zurückgehalten. Um dieses Buch dennoch zu ermöglichen, haben wir uns dazu entschieden, einige Teile in Schwarz-Weiß zu drucken. Diese Passagen sind ohnehin zum größten Teil Zeichnungen in Kohle und Graphit – deswegen zügelt bitte euren bunten inneren Kritiker.

Ich wünsche dir von Herzen viel Spaß beim Entdecken und Zeichnen mit diesem konsequent schmucklosen, aber komplexen Buch. Ich hoffe, diesem Thema ein wenig gerecht geworden zu sein, denn ich weiß, dass es viele geniale Zeichner da draußen gibt, deren Leistungen im Zeichnen wirklich großartig sind.

Denn es ist kein Talent und Zeichnen ist nicht trivial.

Deine Desiree

Hinweis

Zur Vereinfachung der Lesbarkeit wird in diesem Buch nach Empfehlung des Rats für deutsche Rechtschreibung ausschließlich die männliche Form verwendet. Dennoch möchten wir betonen, dass damit selbstverständlich alle Menschen gemeint sind, egal welchen Geschlechts.

1 Grundlagen

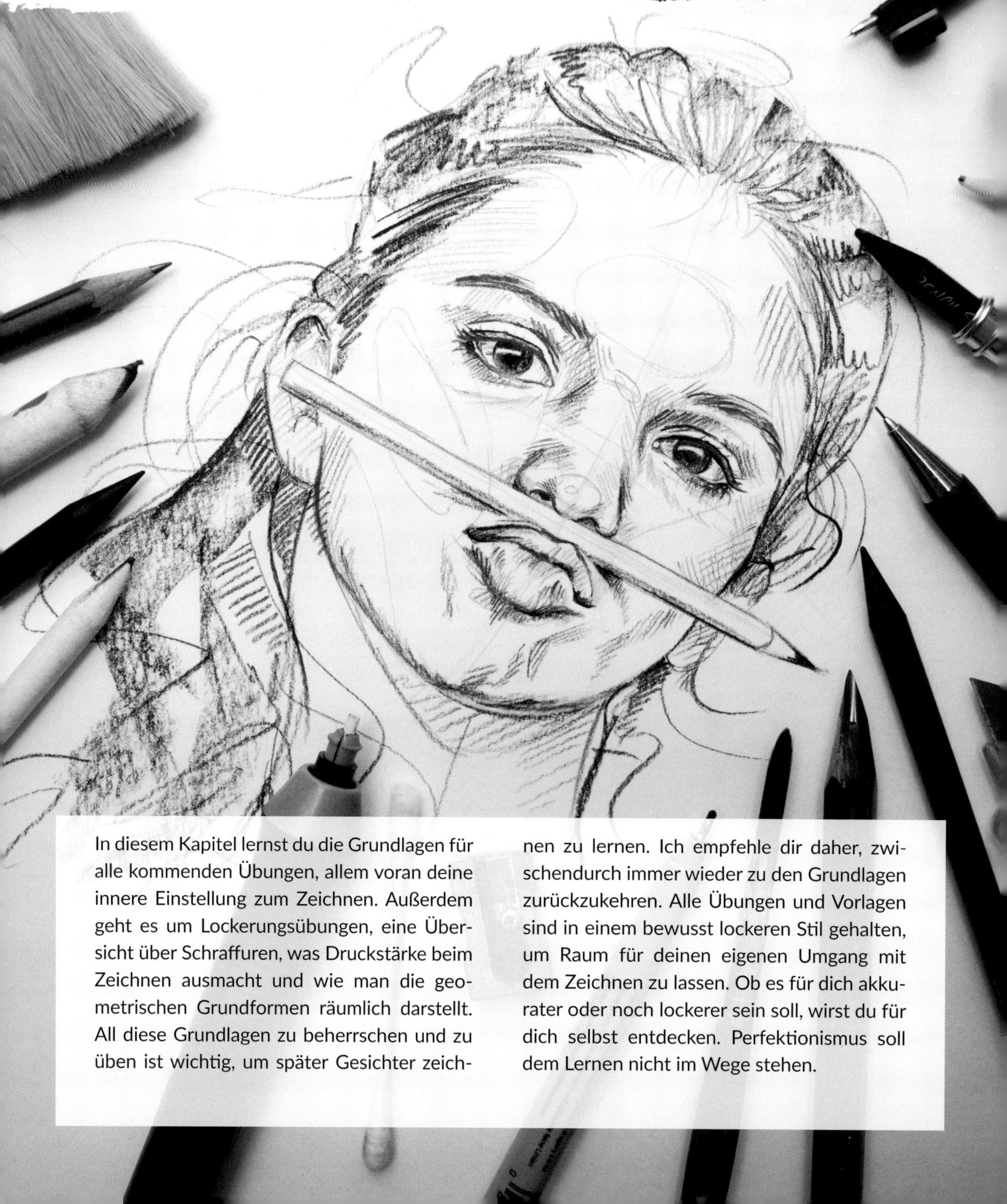

In diesem Kapitel lernst du die Grundlagen für alle kommenden Übungen, allem voran deine innere Einstellung zum Zeichnen. Außerdem geht es um Lockerungsübungen, eine Übersicht über Schraffuren, was Druckstärke beim Zeichnen ausmacht und wie man die geometrischen Grundformen räumlich darstellt. All diese Grundlagen zu beherrschen und zu üben ist wichtig, um später Gesichter zeichnen zu lernen. Ich empfehle dir daher, zwischendurch immer wieder zu den Grundlagen zurückzukehren. Alle Übungen und Vorlagen sind in einem bewusst lockeren Stil gehalten, um Raum für deinen eigenen Umgang mit dem Zeichnen zu lassen. Ob es für dich akkurater oder noch lockerer sein soll, wirst du für dich selbst entdecken. Perfektionismus soll dem Lernen nicht im Wege stehen.

1.1 Die innere Einstellung

Das Zeichnen ist nicht trivial. Neben den Werkzeugen und dem Wissen über das Zeichnen braucht es die richtige innere Einstellung, um Zeichnen zu lernen. Diese richtige innere Haltung gegenüber dem Zeichnen gehört, wie der Stift, zu den wichtigsten Grundlagen.

Aber was bedeutet das? Es ist so wunderbar, einfach zum Stift zu greifen und zu zeichnen. Viele Menschen beginnen zu zeichnen und zählen es zu ihren liebsten Hobbies. Der Tenor aus der Allgemeinheit ist nun, da viele zeichnen und die Ergebnisse schön sind, dass es sich um etwas handeln müsse, das entweder simpel ist, oder zu dem es echtes Talent braucht, damit es gut wird. Beides ist falsch.

Außerdem gibt es einen riesigen Unterschied zwischen dem zeichnerischen Verständnis für Anatomie und Proportionen und dem flachen Abzeichnen, also dem zeichnerischen Kopieren eines Fotos. Das sind zwei unterschiedliche Disziplinen innerhalb des Zeichnens.

Die meisten Hobbyzeichner kommen nicht über die Bleistiftzeichnungen hinaus, weil diese zwar in der Schule gelehrt werden, mehr aber auch nicht. Die »großen Talente« sind in Wahrheit diejenigen, die sehr, sehr viel Zeit in das Üben ihres Zeichenhandwerks stecken.

Gute Zeichner haben Jahre geübt, sich belesen und im Zeichnen weitergebildet. Dahinter steckt eine echte Leistung. Das Zeichnen ist nicht trivial, nur weil es viele beginnen und es bei manchen leicht aussieht. Es gibt so viel mehr als nur den Bleistift.

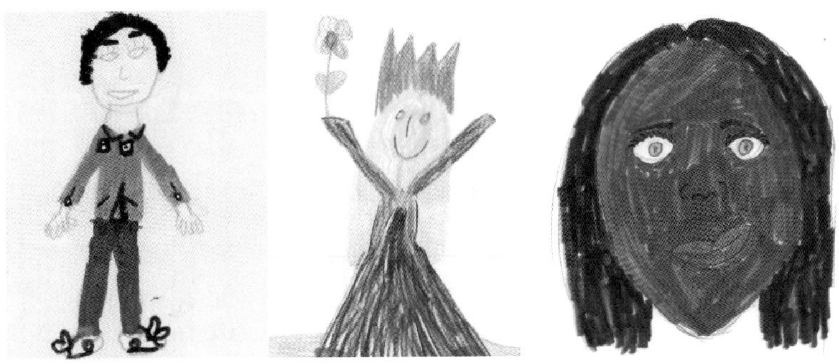

Der nächste logische Schritt unserer inneren Haltung zum Zeichnen ist: Es ist ein Handwerk, das man richtig studieren und üben muss. Das bedeutet, dass man sehr lange »schlecht« sein darf.

Ich beobachte in meinen Kursen, dass einige Schüler eine enorme Strenge gegenüber sich selbst haben. Sie reißen missglückte Zeichnungen aus ihren Skizzenbüchern, sind traurig und frustriert.

Sie denken, ihnen fehle ein Talent oder Gen. Dabei glauben sie insgeheim, Zeichnen sei trivial. Auch ihr Umfeld glaubt das! Von dort kommen Kommentare, die das eigene Selbstvertrauen und die Motivation angreifen. Zeichnen muss man wie das Spielen eines Musikinstruments lernen. Wir müssen es unserem Gehirn richtig beibringen.

Es gibt viele Mechanismen, die in die Anfänge des Zeichnenlernens von Gesichtern reingrätschen. Um Zeichnen zu lernen, braucht es Wissen, Geduld mit sich selbst und vor allem Spaß. Die »Talente« hatten in ihren Anfängen Spaß, weil sie gelobt — also belohnt — wurden.

Diese Form der Anerkennung ist die größte Motivation. Ob eine Zeichnung von einem echten Talent stammt, das weiter übt, oder ob die Person richtig belohnt wurde, um weiterzumachen, ist am Ende egal: Beide Zeichnungen sehen virtuos aus.

1.2 Materialkunde

Im Großen und Ganzen ist jedem klar, was es zum Zeichnen braucht: Stift und Papier. Es gibt aber auch einige Materialien, die das Zeichnen raffinierter machen. In diesem Teil der Materialkunde geht es überwiegend um die Bleistiftzeichnungen. Diese sind die einfachste Art und Weise, um Zeichnungen auf Papier zu bringen. Im farbigen Teil des Buchs (Kapitel 5) geht es dann um die Materialkunde zu Rötel-, Kohle- und kreativen Graphitzeichnungen.

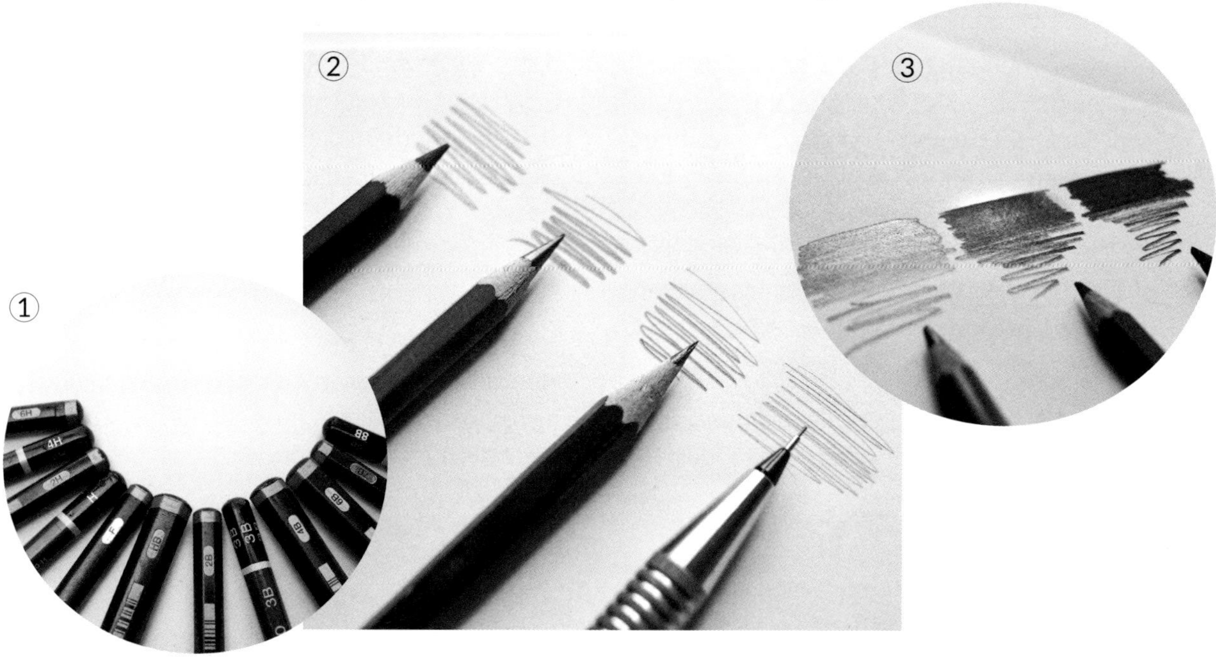

Bleistifte gibt es u.a. in den Härtegraden von H9 bis B9. »H« steht für hard und »B« für black. Je dunkler, also schwärzer der Strich, desto weicher der Härtegrad. Wobei »black« irreführend ist, denn kein Bleistift kann Schwarz zeichnen, nur dunkle Grautöne. Richtiges Schwarz bekommst du nur mit Kohlestiften. Eine weitere Eigenschaft des Bleistifts ist sein Glänzen. Es gibt »matte« Bleistifte, jedoch sind sie nur semi-matt. Abb. ③ zeigt dies im Vergleich: links Bleistift, mittig semi-matter Stift, rechts der wirklich matte Kohlestift. Glänzende Zeichnungen reflektieren beim Fotografieren, wodurch eine realistische Darstellung der Zeichnung unmöglich wird, da Tiefen nicht dargestellt werden können.

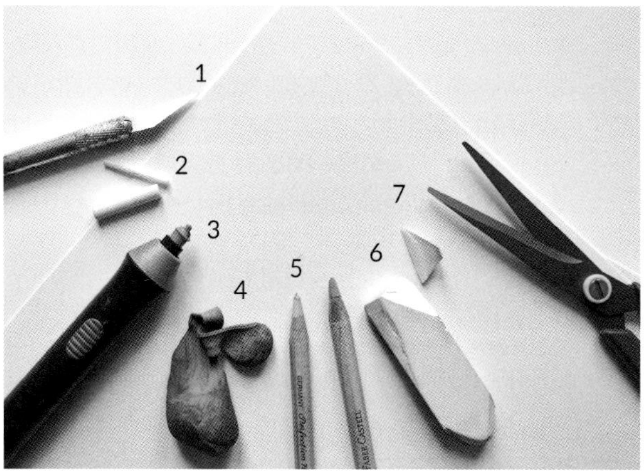

Radierer gibt es in vielen Formen. (1) Das Skalpell kann feine Linien für Haare ziehen. (2/3) Die Gummiminen für den elektrischen Radierer sind für Feinheiten. (4) Du kannst mit dem Knetradiergummi auch tupfen, er ist formbar und hinterlässt keine Krümel. (5) Die Radierstifte gibt es in verschiedenen Stärken. (6) Der klassische Radiergummi ist am besten weiß, um nicht abzufärben. (7) Für Feinheiten lässt er sich auch zuschneiden.

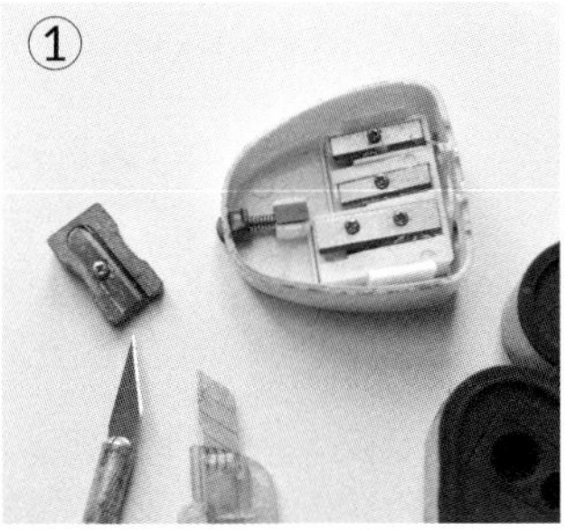

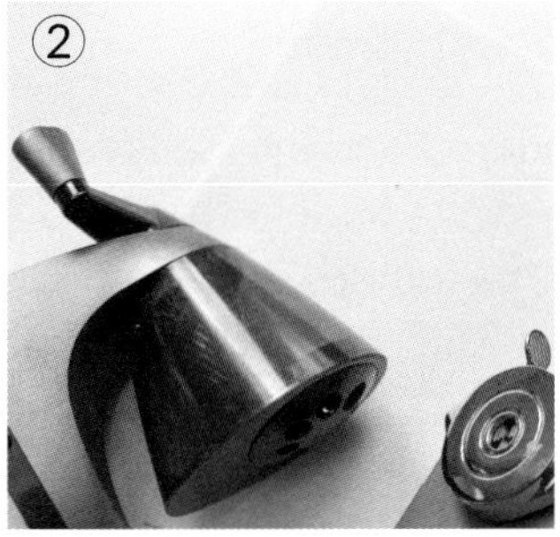

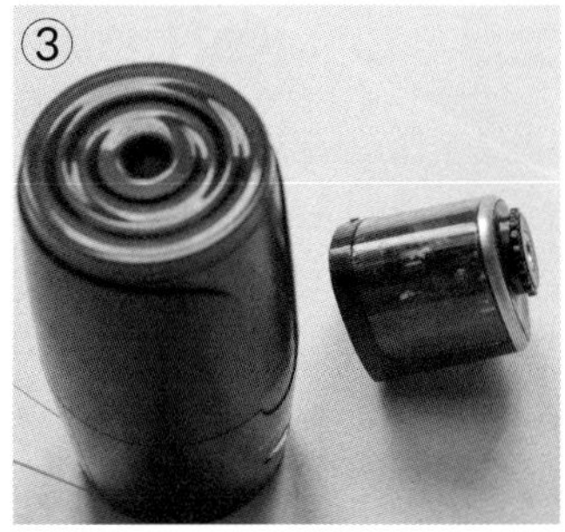

① **Spitzer** gibt es in der klassischen Form, aber natürlich auch in verschiedenen Größen für breite Bleistifte. Du kannst Bleistifte auch mit Messern, z.B. einem Cutter oder einem Skalpell, anspitzen. Das ergibt eine interessantere Spitze für kreative Zeichnungen. ② Die Kurbelanspitzer sind die nächste Stufe: Ihr Gewinde formt eine schmale oder kurze Bleistiftspitze. ③ Und dann gibt es noch die elektrischen Spitzer für verschiedene Größen, die per Batterie und Gewinde ebenso schön anspitzen. Übrigens: Wenn dein Stift beim Spitzen splittert, ist dein Spitzer stumpf!

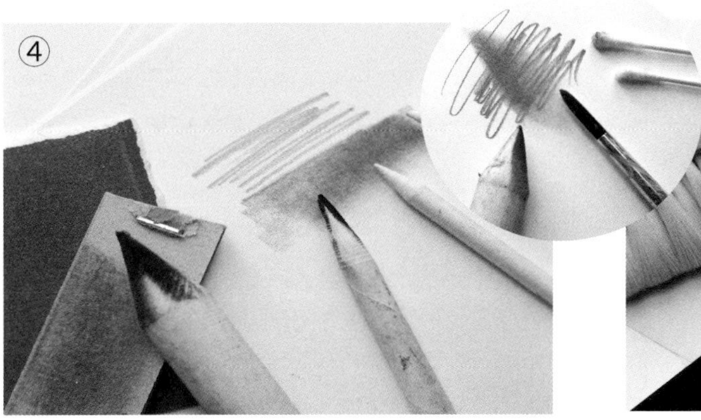

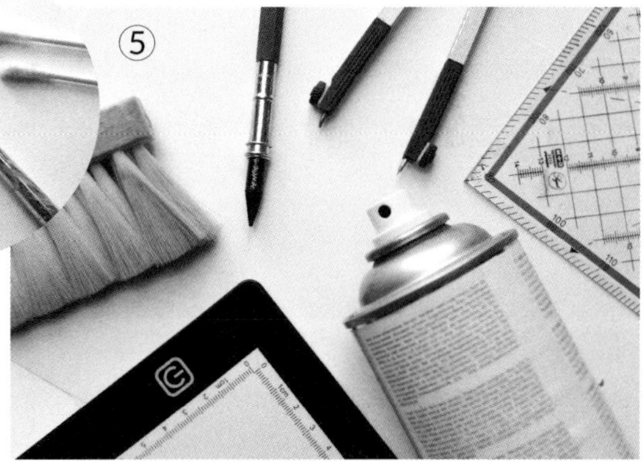

④ **Zubehör** zum Zeichnen sind auf jeden Fall die Papierwischer, auch Estompe oder Tortillon genannt. Du steckst sie zum Anspitzen nicht in den Spitzer, sondern spitzt und reinigst sie mit Sandpapier. Es gibt sie in verschiedenen Größen. Alternativ kannst du zum Verwischen auch Pinsel oder Wattestäbchen nutzen. ⑤ Außerdem brauchst du beim Zeichnen Fixierspray – kein Haarspray! Das vergilbt mit der Zeit.
Es gibt Stifthalter, um kurze Bleistifte und Minen noch verwenden zu können. Einen Pultfeger für Krümel, Geodreieck, Zirkel und auch ein Durchleuchtpult sind nützlich.

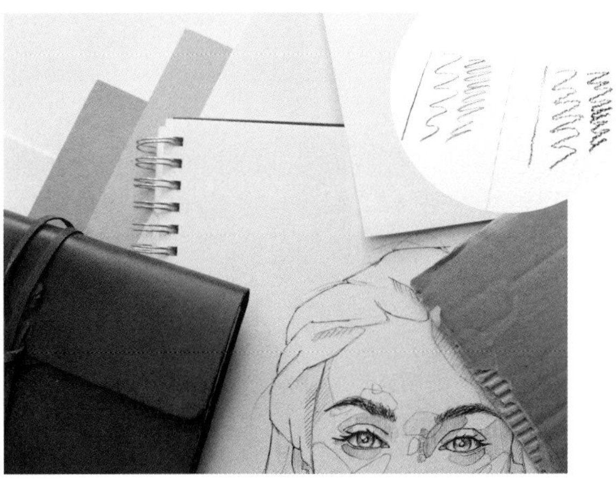

Papier ist so wichtig wie der Stift. Je nach Struktur entsteht eine andere Linie und Wirkung. Den Umgang mit farbigem Papier findest du im hinteren Teil des Buches.

Ganz wichtig sind **Skizzenbücher**. Nicht nur zum Üben, sondern auch, um deinen Fortschritt zu beobachten und zu realisieren - am besten ein Skizzenbuch pro Zeichenthema.

Ein Tipp: Abgerissener Karton ist eine kreative und günstige Alternative zum Zeichnen!

1.3 Lockerungsübungen

Lockerungsübungen dienen nicht nur dazu, deine Hände aufzuwärmen und deine Strichführungen zu lockern. Sie sollen auch die Angst vor dem weißen Blattpapier nehmen. Nach dem Stress des Alltags muss man sich erst mental auf das Zeichnen einstimmen. Du kannst den Kopf freikritzeln, um in den Flow zu kommen. Dies gelingt mit einfachen Übungen. Einfach kritzeln! Aus diesen kleinen Übungen sind schon großartige Ideen entstanden.

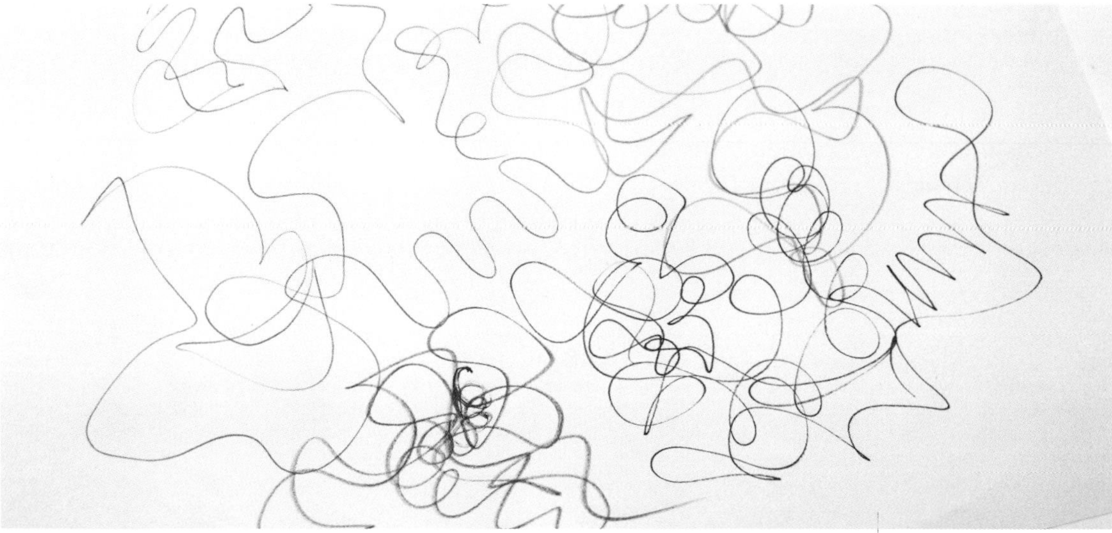

Die einfachste Übung ist, dir ein Schmierpapier zu schnappen und drauflоszukritzeln. Aus diesen Kringeln und Kurven, vielleicht auch Zacken, lässt du dann simple Figuren entstehen. Mach dir dazu Musik an. Je nach Song entstehen vielleicht andere Muster. Beim Telefonieren kritzelt man auch oft vor sich hin. Nimm gleichzeitig einen zweiten Stift dazu oder eine andere Stiftsorte und sieh zu, was passiert. Es geht darum, die Hand zu lockern und sich mit Spaß auf das Zeichnen einzustellen. Das Papier ist die Bühne. So entstehen vielleicht lockere Blumenmuster, die du später weiter gestalten kannst, zum Beispiel mit Schraffuren aus dem nächsten Kapitel. Unten siehst du ein solches Scribble.

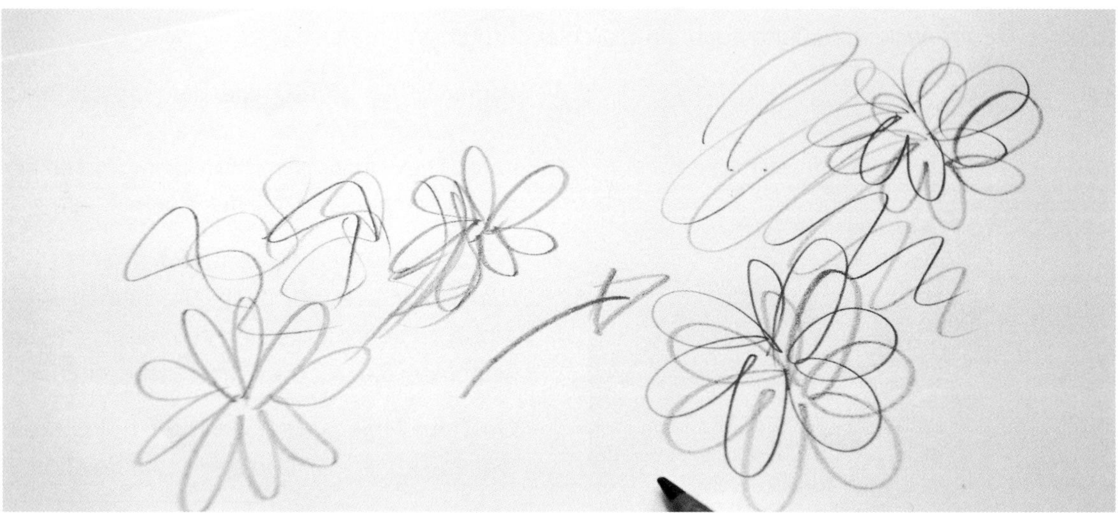

Wenn dir das Blatt Papier zu weiß und leer ist, um einen Anfang zu finden, zeichne dir einfache Kreise bzw. Ovale darauf und gestalte sie. Manchmal braucht es erst einen Rahmen, um dann ein Bild zeichnen zu können. Damit ist der Anfang gemacht: Du kannst ausbrechen und dich auf dem ganzen Papierlocker austoben. Lockerungsübungen sind nicht nur für die Hand da, sondern auch, um sich selbst locker zu machen. Zeichnungen werden sowohl bei Anfängern als auch bei Fortgeschrittenen besser, wenn sie aus einem lockeren Handgelenk entstehen, das ein entspannter Geist führt.

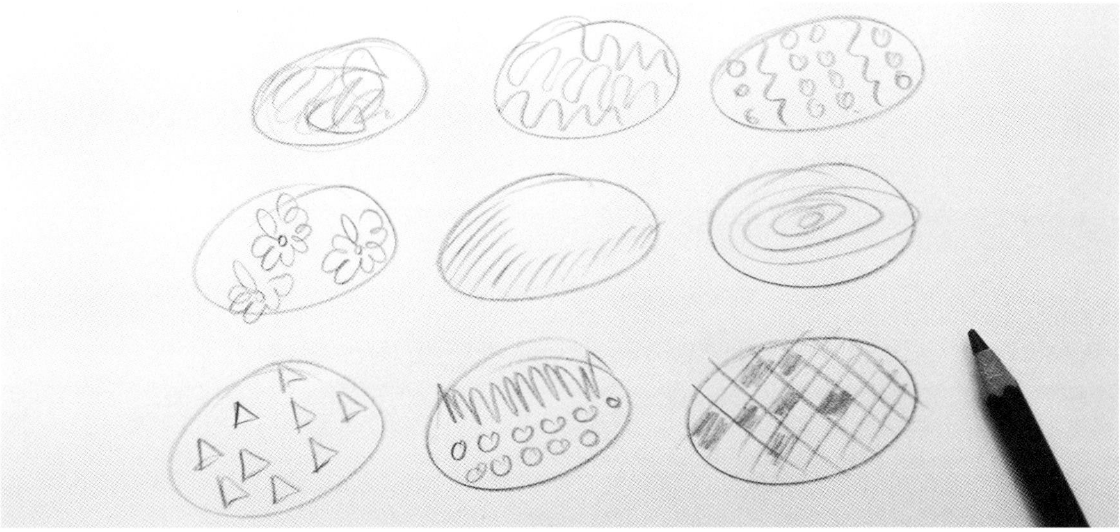

Für ein wenig Abwechslung und um die Gehirnwindungen aufzuwärmen, nimm auch mal die Hand, die normalerweise nicht schreibt. Es wird sich positiv auf deine geübte Hand auswirken, den Unterschied in der Strichführung nachzuspüren. Der nächste Schritt ist dann, blind zu kritzeln! Entweder schließt du die Augen und zeichnest aus der Fantasie oder du schaust starr auf die Fotoreferenz, ohne auf das Zeichenpapier zu blicken. Aus solchen abstrakten Gesichtern können kreative Gestaltungsideen für echte Porträts werden. Das Bild unten zeigt meine blinde Zeichnung zweier Gesichter. Ich bevorzuge wirklich Rötel auf sandfarbenem Papier, um sehen zu können, was ich tue...

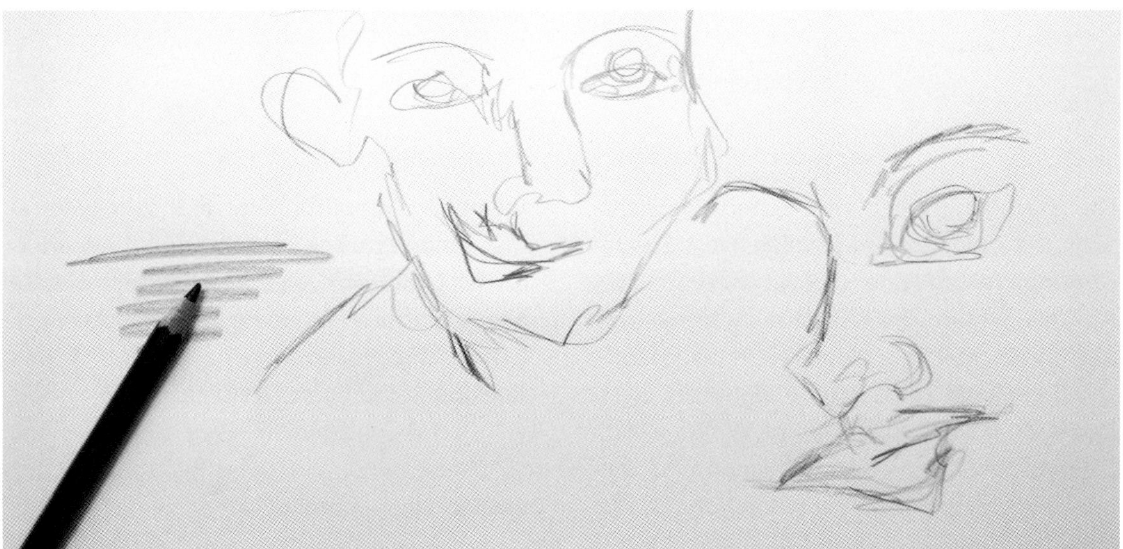

1.4 Schraffur

Eine Zeichnung besteht aus Kontur und Schraffur. Mit der Kontur setzt du die Außenlinien der Gesichtselemente, mit der Schraffur gestaltest du die Form, Schatten und Licht, Höhen und Tiefen. Schraffuren kannst du in vielen unterschiedlichen Stilen anlegen. Hier zeige ich dir ein paar der Basisschraffuren und deren Varianten. Alle Beispiele zeichne ich mit einem 2B Bleistift.

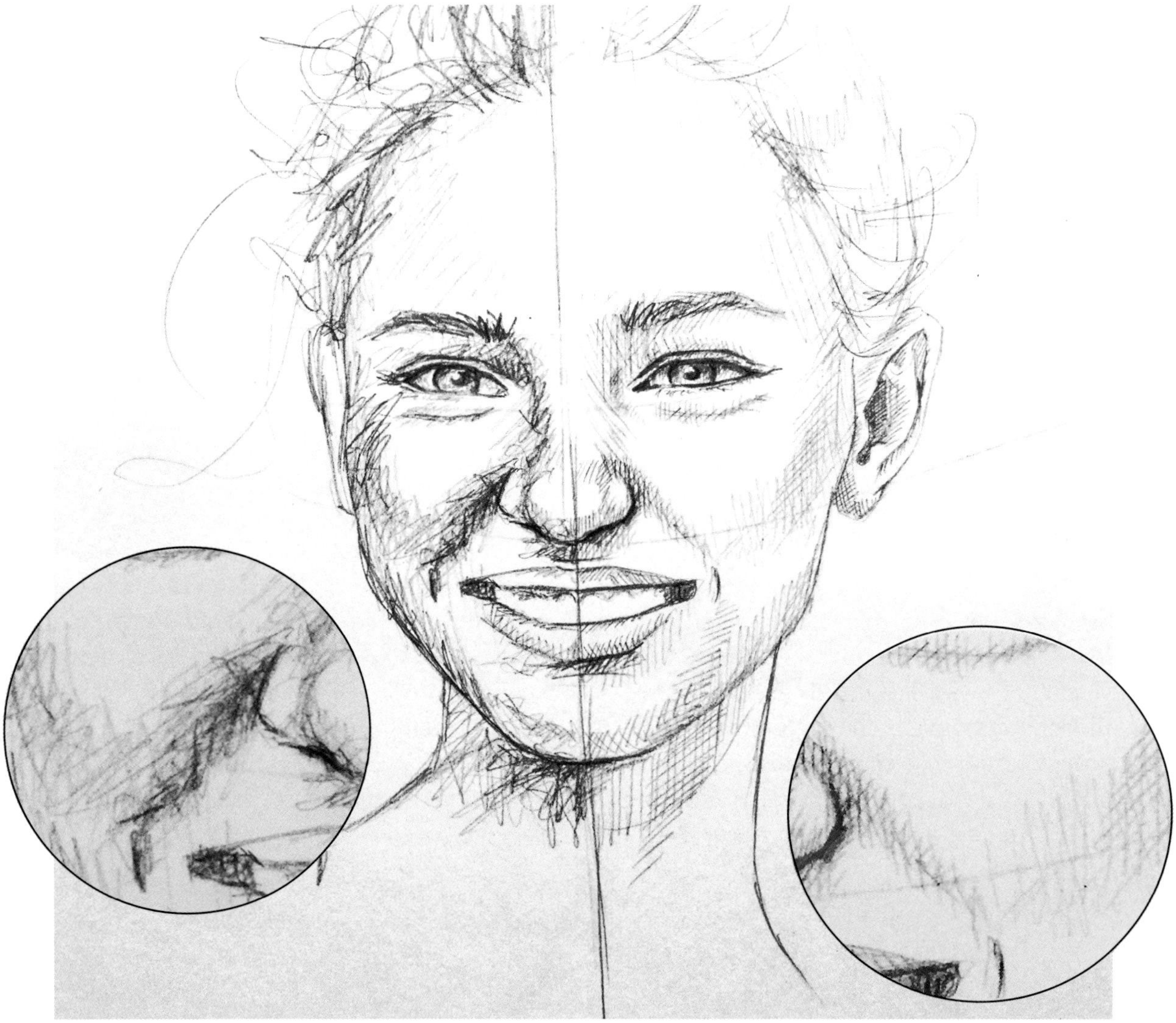

Die Zeichnung zeigt zwei unterschiedliche Schraffurarten: links eine wilde, freie Strichführung, rechts eine lockere Kreuzschraffur. Alle Schraffuren kannst du sehr akkurat ausführen oder mit deiner eigenen »Handschrift«. Diese Zeichnung verdeutlicht, dass das Schraffurbild eine direkte Wirkung hat. Es kann Emotionen unterstreichen und Dynamiken erzeugen. Du kannst als Übung alle folgenden Schraffurbilder mal sehr akkurat, fast schon grafisch ausführen und ein anderes Mal wild. Ich zeige dir in diesem Kapitel alle Schraffuren in einem lockeren Stil, denn ich möchte es einfach halten, damit dem Zeichnenlernen von Gesichtern kein unnötiger Perfektionismus im Weg steht. Du entscheidest dann, in welche Richtung du dich entwickeln möchtest.

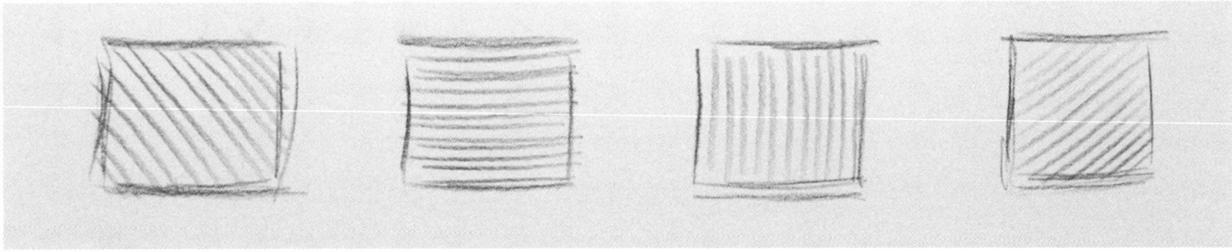

Die Schraffur hat ihren Ursprung im Mittelalter, als Grauwerte und damit Höhen und Tiefen mittels einfacher Linien in Kupferstichen dargestellt werden mussten. Der Kupferstich ist ein Tiefdruckverfahren, bei dem komplexe Bilder mit nur einem Farbton gedruckt werden. Dazu wurden Linien so gezogen, dass Schattierungen entstanden. In der obigen Abbildung siehst du die Grundschraffur: parallele Linien mit gleichem Abstand. Die Richtung wählt man dabei nach dem Verlauf der zu zeichnenden Form. Zeichne dir Kästchen auf und übe eine gleichmäßige Grundschraffur in den verschiedensten Richtungen. Parallele Grundschraffuren sind genauso wichtig wie die Außenlinien.

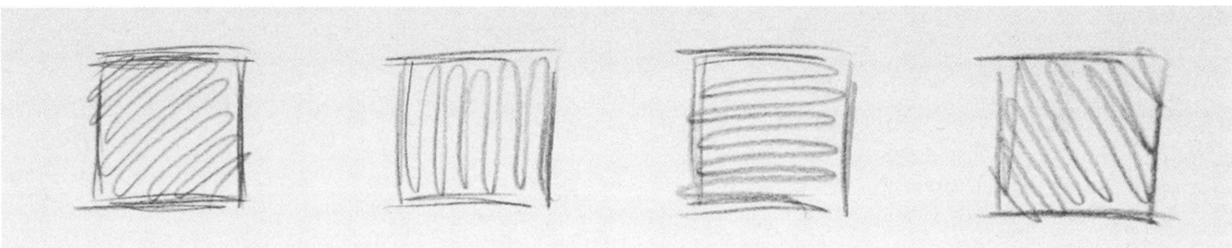

Diese Grundschraffur lässt sich in modernen Zeichnungen auch variieren, zum Beispiel mit einer locker geschwungenen Strichführung. Das Prinzip ist das gleiche: möglichst gleichmäßige Abstände in eine Richtung. Dies trainierst du, um in monochromen, also einfarbigen Zeichnungen eine Fläche mit einem gleichmäßigen Ton zu kreieren. Gelingt dir das, kannst du diese mit anderen Flächen in unterschiedlichen Schraffurstärken kombinieren und gestaltest so Höhen und Tiefen. In farbigen Zeichnungen helfen dir dabei die Farbtöne, die du bei Schwarz-Weiß und Grautönen nicht hast.

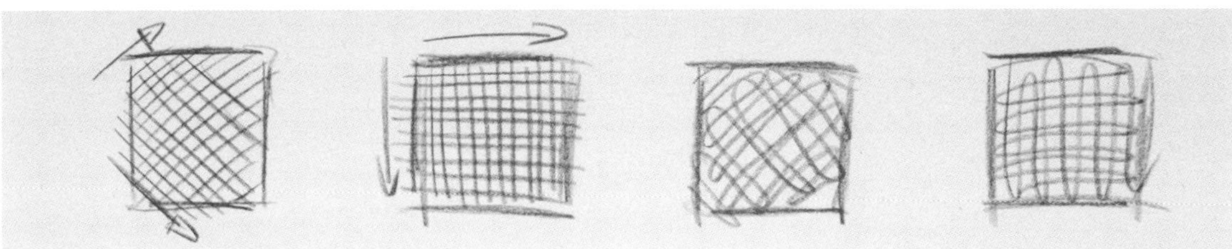

Bei der **Kreuzschraffur** kombinierst du nun die Grundschraffur einer Richtung mit einer üblicherweise direkt entgegengesetzten Schraffur darüber. Achte auch hier darauf, die Abstände regelmäßig zu halten, wenn durch die Schraffur ein gleichmäßiger Ton erzielen werden soll. Diagonale Schraffuren wirken dynamisch, horizontal-vertikale Schraffuren statisch und schwer. Mit diesen Schraffuren könntest du Bewegung oder Ruhe darstellen und der eigenen Zeichnung mit diesem Wissen mehr Tiefe geben. Kreuzschraffuren, auch wild angelegt, erzielen einen dunkleren Ton als die Grundschraffur. Du kannst beide Schraffurarten in Zeichnungen kombinieren.

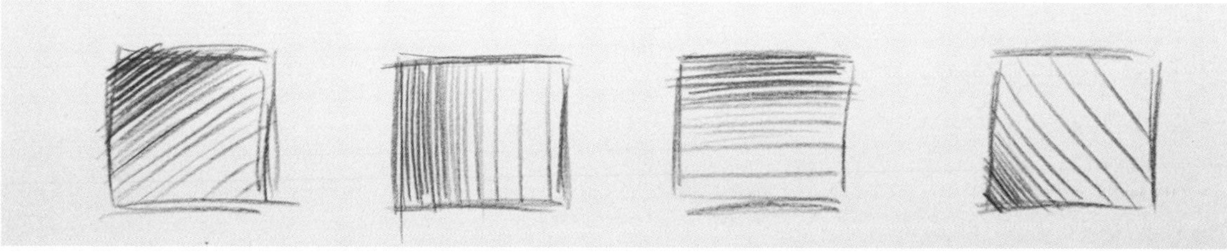

Aus der Grundschraffur kreierst du eine **Schraffur mit Verlauf**, wenn du die Abstände der Linien von »sehr dicht« zu »weit auseinanderliegend« zeichnest. So entsteht ein Verlauf von Dunkel nach Hell. Übe dies für alle möglichen Richtungen. Du brauchst diese Schraffuren für Schattenverläufe im Gesicht. Die Richtung der Schraffur folgt wieder der Gesichtsform oder dem dynamischen Eindruck, den deine Zeichnung bekommen soll. In Kapitel 1.2 (»Materialkunde«) habe ich unterschiedliche Papiere erwähnt. Probiere Schraffuren zum Beispiel auf strukturiertem Papier aus und beobachte, wie sich die Strichführung verändert. Zeichenpapier mit Struktur findest du unter »Grain« oder verwende Aquarellpapier.

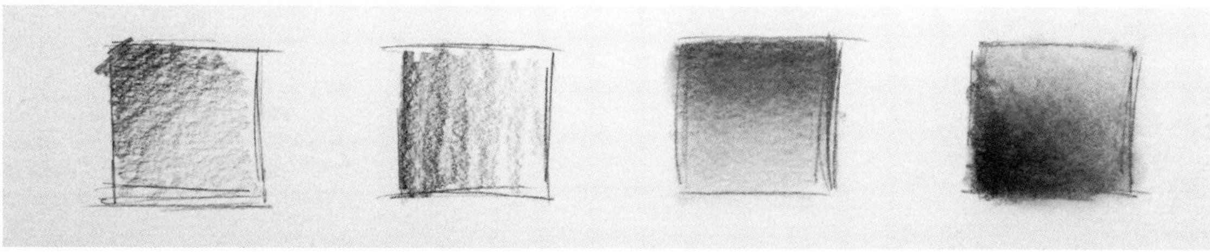

Eine weitere einfache **breite Schraffur** gelingt dir, wenn du den Stift flach auflegst und mit der ganzen Breite der Mine zeichnest. Dieses Schraffurbild eignet sich besonders für Hintergründe, die Darstellung von Unschärfe, das Zeichnen von Haaren und das Andeuten von Kleidung. Auch hier zeichnest du dunklere Bereiche mit mehr Dichte mit Verlauf zu helleren Stellen. Diese, wie auch alle anderen Schraffuren, lassen sich natürlich verblenden. Die breite Schraffur aber am besten, weil es hier keine dünne Linienführung gibt, die sich möglicherweise nicht ganz durch den Papierwischer auflösen lässt. Flächen, die von hell nach dunkel weichgezeichnet werden, sehen besonders gleichmäßig aus.

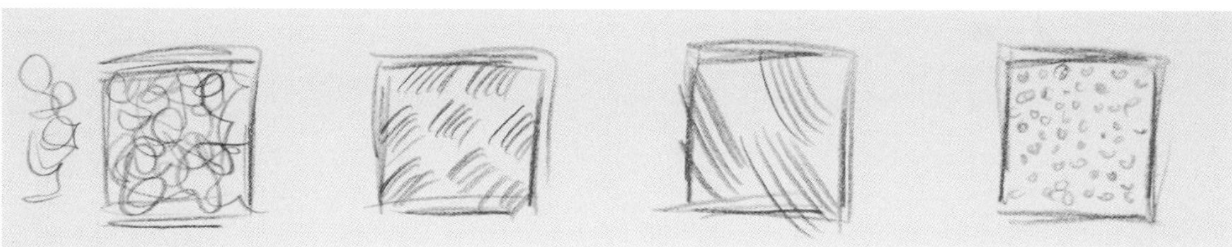

Bei Schraffuren bleibt es nicht bei einer durchgängigen Linienführung. Im Grunde kann eine Schraffur jede mögliche Form haben, Hauptsache, es bildet sich eine gleichmäßige Struktur. Kreative Schraffuren können aus lauter kleinen Bereichen kurzer Linien bestehen, aus Gekritzel, das ein Muster ergibt, Pünktchen und allem, was dir einfällt. Es gibt Künstler, die viele winzige Fotos verwenden, die sie aneinander reihen, um eine Schraffur zu erzielen. Von Weitem sieht man dann ein richtiges Gesicht. Deiner Kreativität sind also keine Grenzen gesetzt. Kreative Schraffuren verwendet man sonst rund um das Gesicht: für die Umgebung, Hintergründe, Kleidungsstücke und Begleitfiguren.

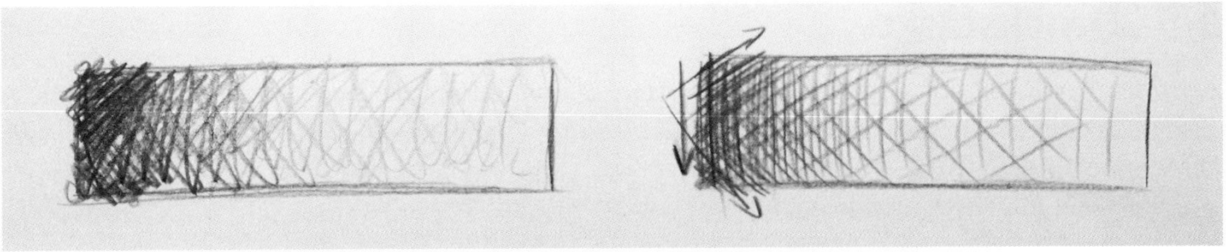

Mit der Kreuzschraffur zeichnest du den Verlauf von Dunkel nach Hell ebenfalls durch größer werdenden Abstand der einzelnen Linien. Von Hell nach Dunkel zeichnen funktioniert auch, jedoch fällt es den meisten Zeichnern andersherum erfahrungsgemäß leichter. Je nach Richtung kannst du dein Blatt Papier dafür drehen. Hier siehst du links eine wilde Kreuzschraffur mit Verlauf und rechts eine Kreuzschraffur aus locker angelegten Linien, die sowohl diagonal als auch vertikal zueinander verlaufen. Um solche Verläufe zu üben, zeichne dir diese langen Rechtecke. Dies ist ein Thema für dein erstes Skizzenbuch, um zu beobachten, wie dein Fortschritt ist und festzustellen, ob dein Training wirklich hilft.

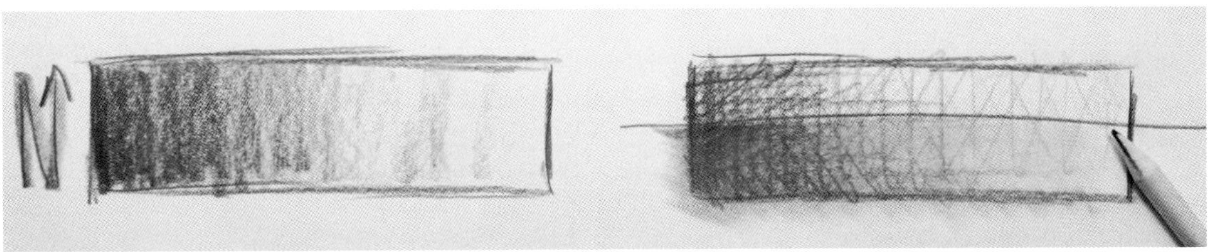

Mit dem flach aufgelegten Stift erreichst du schnell eine einfache Schraffur mit Verlauf. Du zeichnest in einem schmalen Zickzack hin und her und nimmst bei dieser Art von Schraffur zum hellen Ende hin den Druck vom Stift. Im nächsten Kapitel erfährst du noch mehr über Druckstärke beim Zeichnen. Dies ist wichtig, da es kaum ausgesparte Zwischenräume gibt, um den Helligkeitswert zu kontrollieren. Alle Schraffuren mit Verlauf lassen sich auch verblenden, um ein weicheres Ergebnis zu erzielen. Man verblendet je nach Stil einzelne oder alle Flächen miteinander. Man kann sich auch für Bildebenen entscheiden, zum Beispiel Hintergründe oder Gesichtspartien, die weiter hinten liegen.

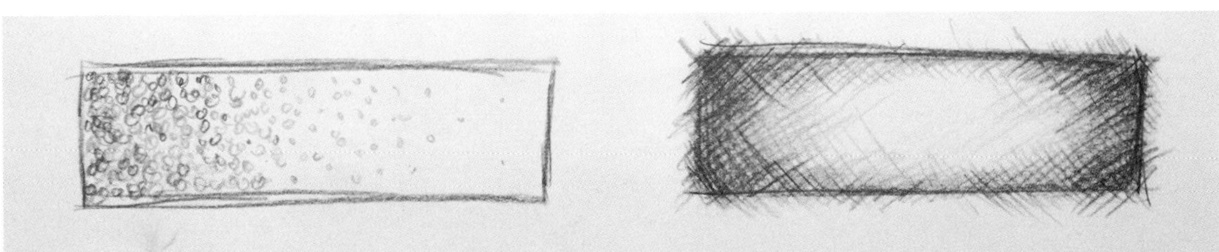

Mit den kreativen Schraffuren gelingen dir ebenfalls Verläufe, wenn du die Dichte der einzelnen Teilchen von sehr gering zu immer größeren Abständen verlaufen lässt. Du gestaltest hier mit dem Weißraum, der zwischen deinen Zeichnungen liegt. Gerade mit den kleinen Dots könntest du ein Gesicht darstellen, das sich nach außen hin sogar auflöst. Experimentiere am besten – dabei entstehen kreative Ideen. Als Variante der Kreuzschraffur mit Verlauf kannst du beispielsweise den hellen Bereich in die Mitte legen und die Dichte nach außen erhöhen. Dadurch entsteht der dunkle Bereich am Rand und damit der Effekt einer Vignette.

1.5 Druckstärke

Zeichnen bedeutet, aus dem ganzen Repertoire zu schöpfen, das sich uns bietet. Ein gezeichnetes Gesicht besteht aus der Fläche und der Kontur. Die Fläche gestaltest du mit Schraffuren. Die Kontur ist aber mehr als nur eine Linie. Diese Linie, wie auch die Schraffuren, gestaltest du zusätzlich mit der Druckstärke, die du auf den Stift ausübst. So entstehen Zeichnungen mit mehr Tiefe. Anfänger zeichnen oft mit nur einer Bleistiftstärke und, aus Unsicherheit oder Unkenntnis, mit konstant gleicher Druckstärke. Dabei ist eine Zeichnung genau wie ein Musikstück: Dieses wird erst dann dynamisch, wenn man mehrere Töne verwendet und unterschiedlich stark und schnell spielt. Auf dem Papier sind dies die Druckstärke und Geschwindigkeit der Strichführung.

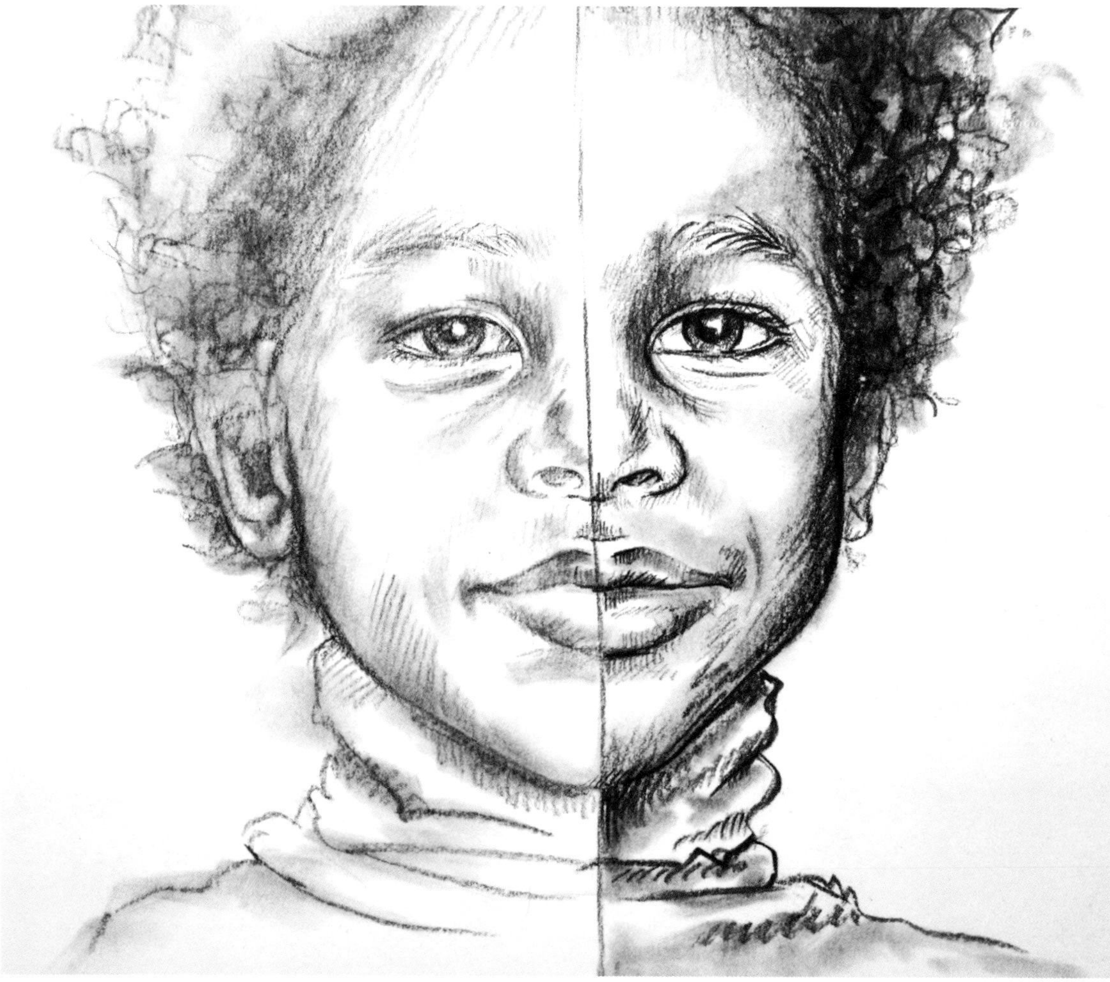

Auch diese Zeichnung ist mit einem einzigen Stift entstanden. Hier wurde nicht radiert. Die schwache, linke Seite wurde mit einer konstanten Druckstärke gezeichnet, mit vorsichtiger Ausführung der Konturen und Schraffuren. Rechts besteht die Strichführung aus unterschiedlich festen Druckstärken innerhalb der Linien. Wenn du mutiger bist, werden deine Zeichnungen mit dem gleichen Stift viel intensiver. Mehrere Stifthärtegrade erzielen richtig plastische Zeichnungen. Der HB wird eher zum Vorzeichnen verwendet. Mit allen weicheren Bleistiften (den B-Varianten) und Kohlestiften arbeitest du die Zeichnung aus – auch bei Sketchen. So erzielst du schöne Kontraste.

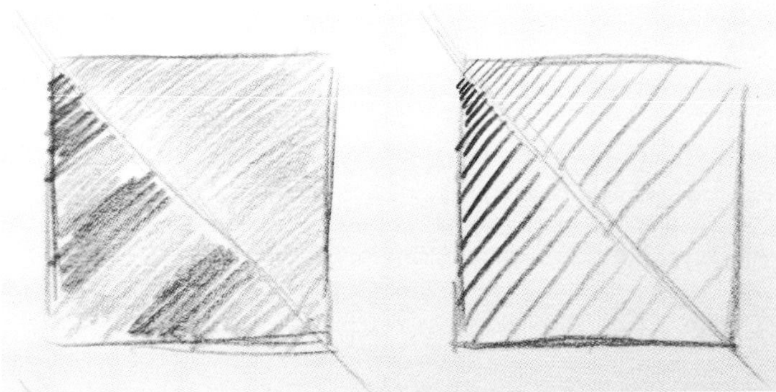

Stell in dieser Schraffurübung beide Arten der Strichführung gegenüber: einmal eine Schraffur mit konstanter Druckstärke und dann mit unterschiedlich fester Ausführung. Du erzielst mit demselben Stift dunklere Töne, Muster und sogar Verläufe.

Selbst mit nicht sauber ausgeführten Strichen, aber unterschiedlicher Druckstärke erzielst du bei diesen Kästchen fast schon einen räumlichen Eindruck. Im rechten Kästchen siehst du eine weitere Variante: eine Wellenschraffur mit unterschiedlich fester Linienführung.

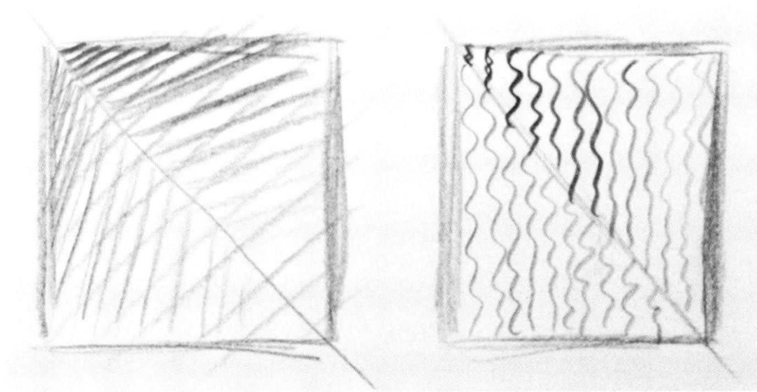

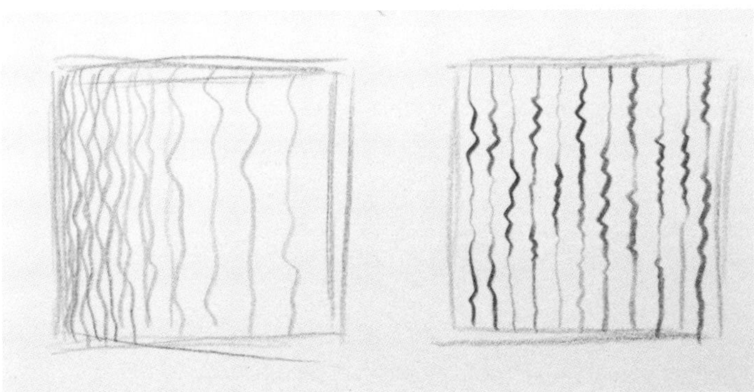

Hier wurden zwei ähnliche Schraffurarten völlig unterschiedlich ausgeführt: Links gestaltest du einen Verlauf bei gleichbleibendem Druck. Rechts wechselt die Druckstärke innerhalb der Wellenlinien. Kreativität ist das Kombinieren all dieser Möglichkeiten.

Der Verlauf der Kritzel-Schraffur wird hier nicht durch die Strukturdichte geschaffen, sondern durch zu- oder abnehmenden Druck. Dies gelingt mit den weichen B-Varianten. Die Strichführung wird dunkler und breiter, da sich die weichen Stifte zum breiteren Schaft hin abnutzen: Dynamik mit einer Strichführung.

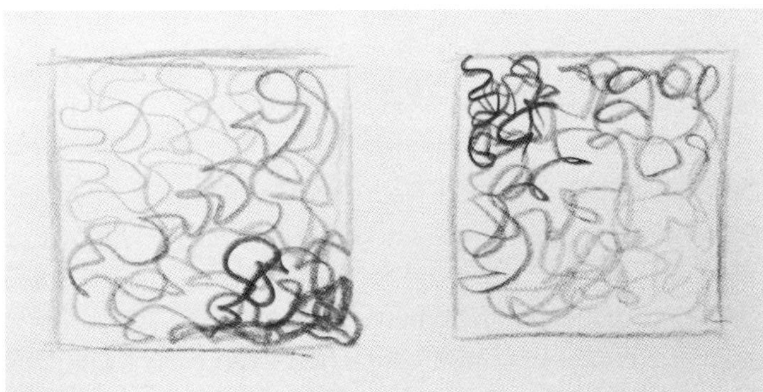

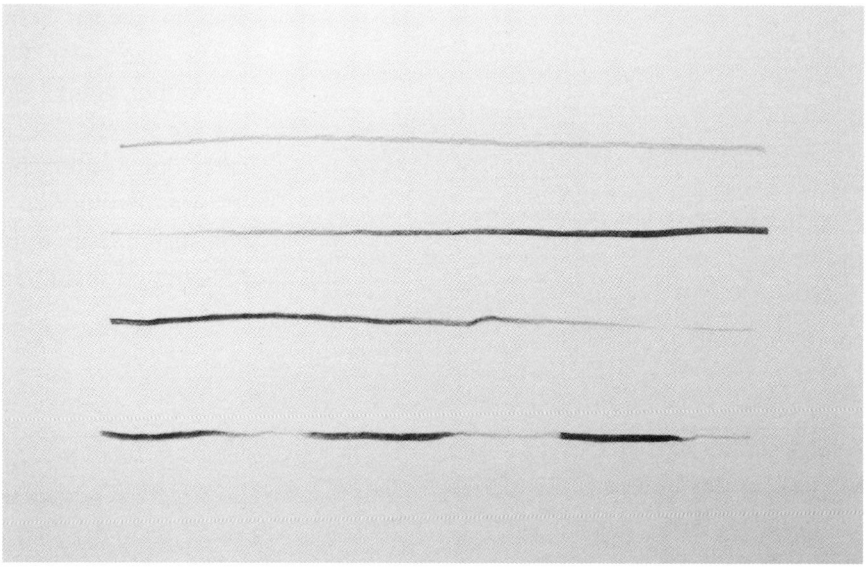

Hier siehst du die Ausführung der Druckstärke im Detail. Die oberste Linie zeigt einen gewöhnlichen Verlauf. Die zweite Linie wurde mit nach rechts immer stärkerem Druck aufgesetzt. Bei den beiden unteren Linien siehst du einen kreativen Verlauf. So entstehen Konturen mit Akzentlinien, die einer Gesichterzeichnung eine virtuose Note geben. Übe diese Arten der Linienführungen mit allen Stiftarten. Bei Bleistiften verschiedener Härtegrade verhält sich die Mine unterschiedlich. Bei kreativen Linien ist das Anspitzen deines Stiftes ausschlaggebend: Wenn du mit dem Messer spitzt, bekommst du aufgrund der ungleichen Spitze bei unterschiedlicher Druckstärke die interessantesten Linien.

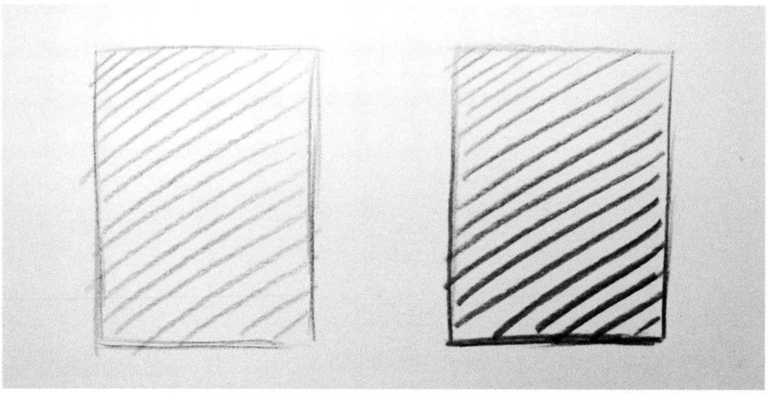

Diese Grundschraffur mit gleichbleibenden Abständen erhält mit stärker werdendem Druck einen Verlauf von Hell nach Dunkel. Dies findet vor allem in den Gesichtsbereichen Verwendung, wo es um starke Kontraste geht und deutliche Höhenunterschiede dargestellt werden. Mit dieser einfachen Grundschraffur bildet sich so der Verlauf einer Form ab, zum Beispiel eine Wangenwölbung von Licht nach Schatten. Die Druckausübung macht Zeichnungen viel dynamischer. All das lernst du in den Kapiteln zum Gesichterzeichnen. Die Grundlagen dazu müssen dir jedoch vorher bekannt sein. Übrigens kannst du solche Verläufe in der einfachen Grundschraffur auch mit einem Kugelschreiber erzielen.

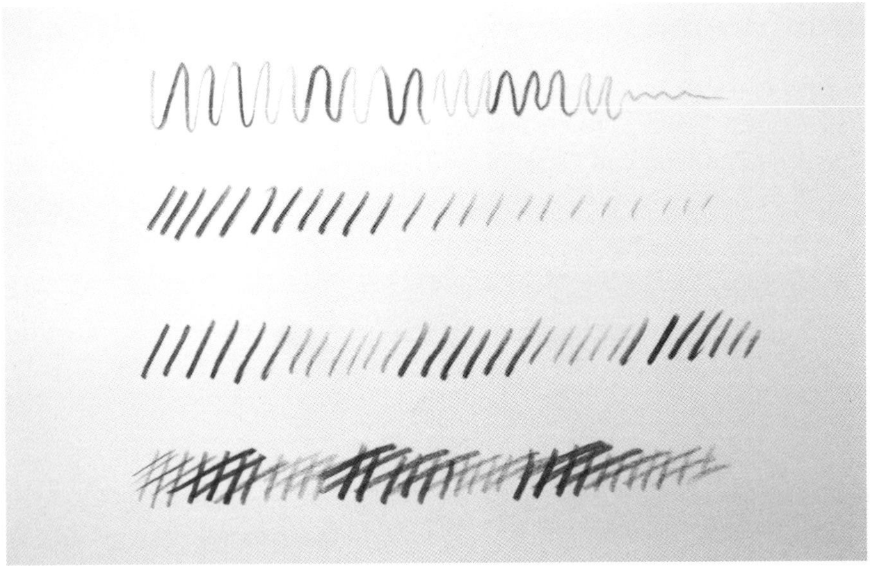

Neben der einfachen Linie, die durch Druckstärke interessanter wird, gibt es alle möglichen Varianten. Variiere in dieser Übung Wellen- oder Schlangenlinien durch eine unterschiedlich starke Strichführung **und** Geschwindigkeit! Denn schnelle Linien werden meist leichter ausgeführt als langsame. So bekommst du ein kreatives Gespür dafür, wie viel mehr möglich ist. Du entwickelst langsam deinen eigenen Stil.

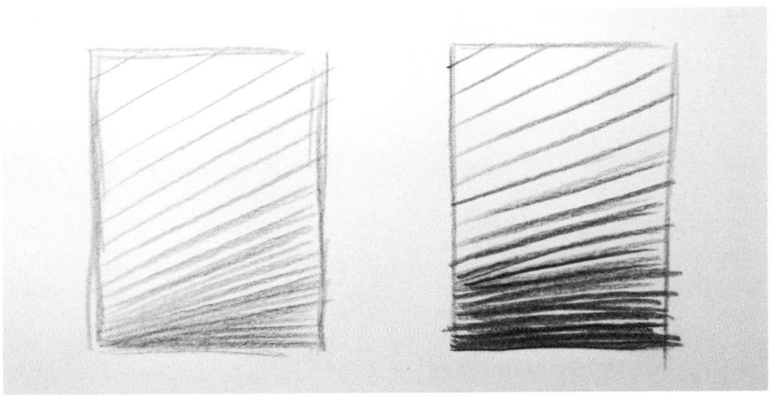

In einem aufrechten Rechteck kannst du auf einfache Weise sehen, wie aus einer simplen Schraffur die abstrakte Darstellung von Himmel und Horizont wird, einfach nur durch die Verstärkung von Druck, um einen Verlauf zu erzielen. Was hier auch anders ist: Die Schraffurrichtung der Linien ist frei angesetzt. Dies ist ein Beispiel dafür, dass du beim Zeichnen machen kannst, was du willst, wenn es der Darstellung deiner Kreativität dient. Im oberen Teil ist die Schraffur diagonal weit auseinandergesetzt. Auf diese Weise wird in der abstrakten Grafik oft Himmel dargestellt. Zum unteren Teil des Rechtecks hin wird die Schraffur dichter und stärker, was auf den Landschaftsbereich hindeutet.

1.6 Grundformen zeichnen

Was hat das Zeichnen von geometrischen Formen in einem Buch über das Gesichterzeichnen verloren? Ganz einfach: Diese Formen sind viel einfacher als ein Gesicht und du lernst erst an ihnen das räumliche Zeichnen von Figuren. Ein Gesicht ist viel komplexer. Bevor du dich daran wagst, solltest du deinem Gehirn beibringen, wie man mit dem Stift Dinge räumlich abbildet.

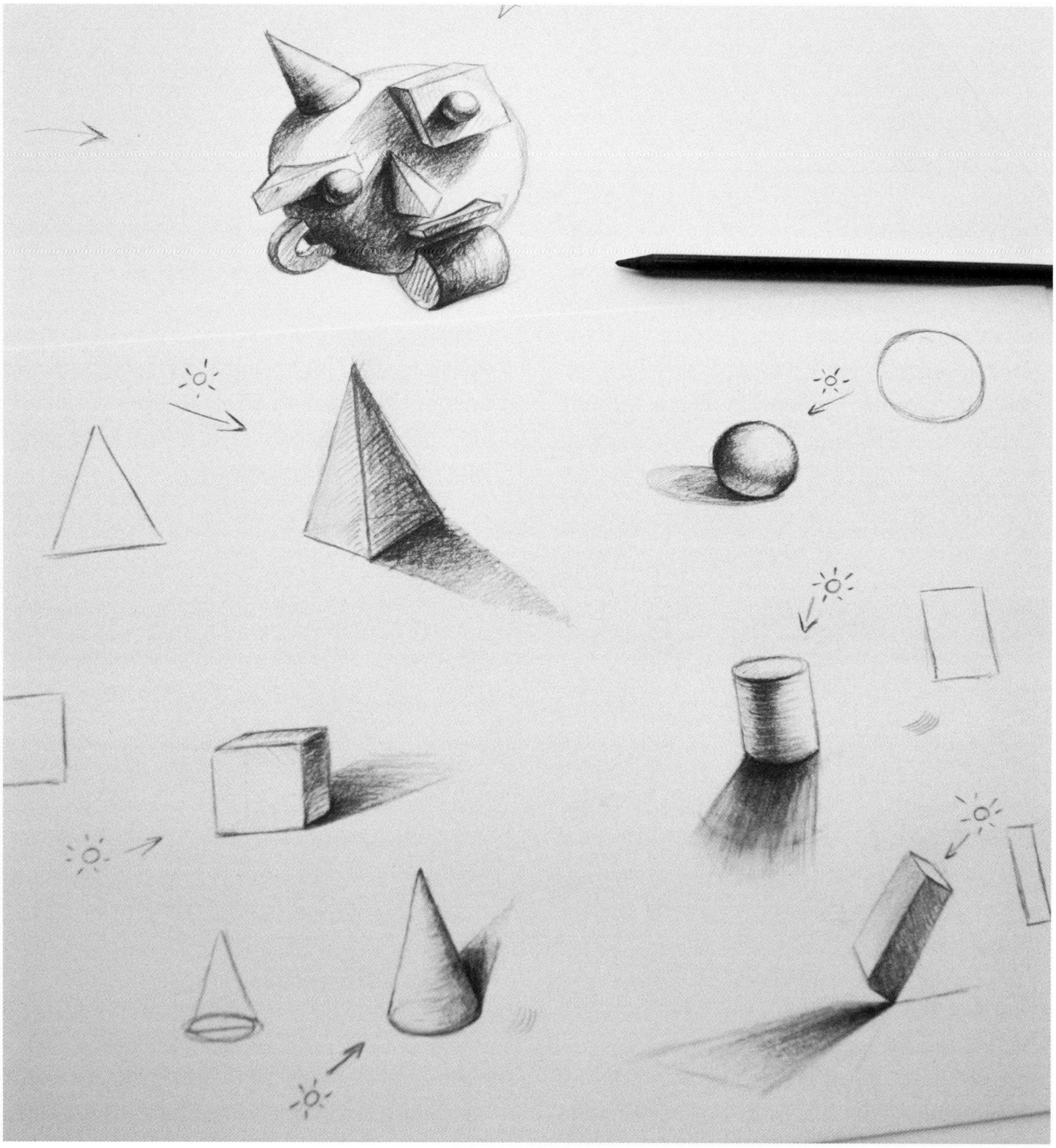

Mit Schraffuren zeichnest du sowohl Formen als auch Schatten. Es ist gibt einen großen Unterschied zwischen dem Kopieren flacher Informationen von einem Foto auf Papier und dem tatsächlichen Sehen und Verstehen, wo und wie Form und Schatten verlaufen. Daher üben wir erst an geometrischen Formen, die später auch an Nase und Mund zu finden sind. Dies trainiert das räumliche Vorstellungsvermögen für das Zeichnen.

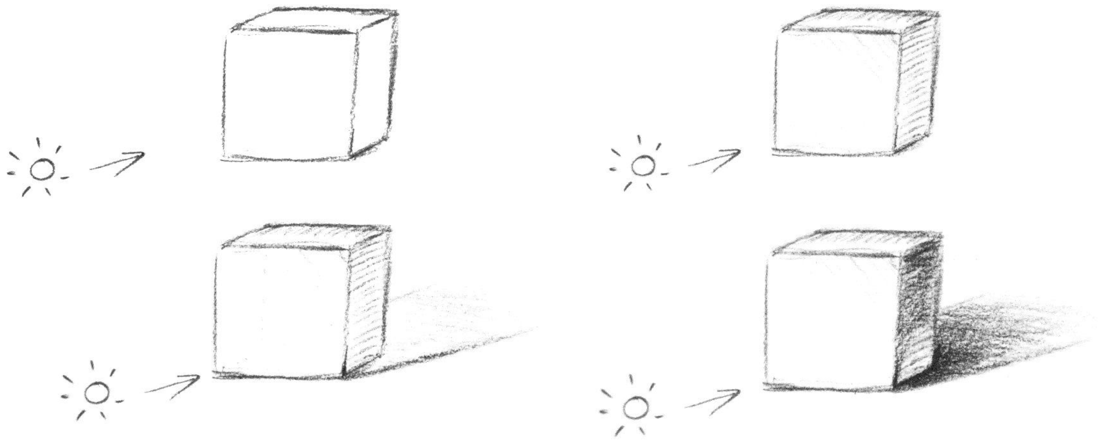

Der Würfel entsteht aus einem Quadrat. Zeichne ihn dreidimensional und entscheide dann, aus welcher Richtung das Licht kommt. Alle Übungen kannst du abwandeln, indem du das Licht aus einer anderen Richtung kommen lässt. Schraffiere die Seiten des Würfels, die diagonal zum räumlichen Verlauf im Schatten liegen. Du könntest an der Seite auch senkrecht schraffieren, was den Würfel schwerer wirken lässt. Achte auf Schatten und Kernschatten sowie die Reflexionen vom hellen Boden auf die Würfelseite.

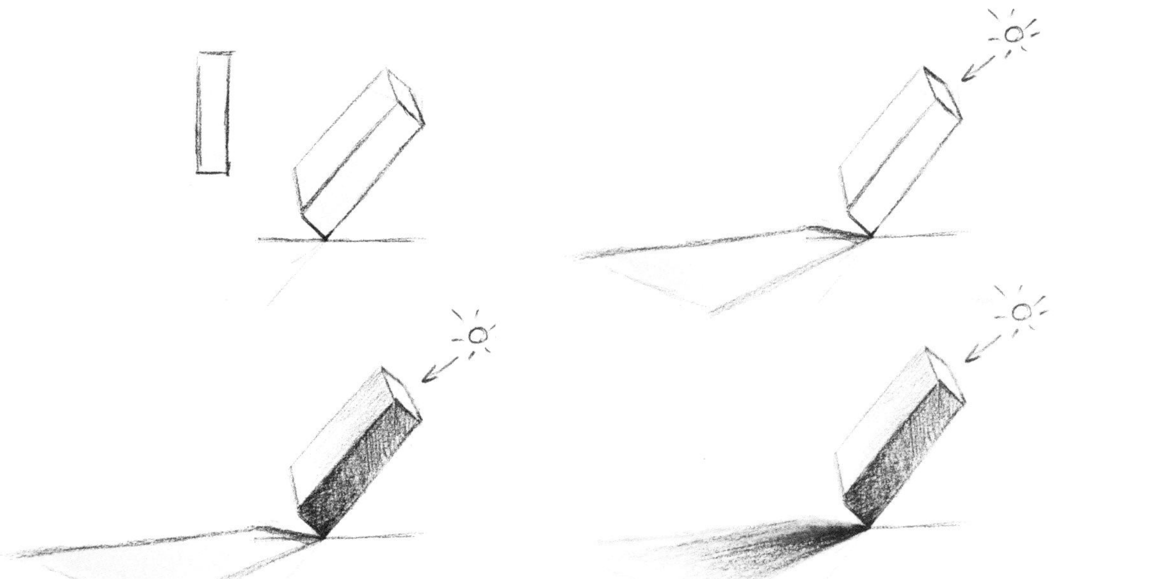

Der Quader ist eine Schwierigkeitsstufe höher, vor allem, wenn du ihn frei im Raum positionierst und eine ausgedachte Lichtquelle hinzufügst. Dies dient dem Training und der Fertigkeit, komplett erfundene Situationen räumlich darzustellen. Dabei muss es physikalisch nicht absolut korrekt sein. Das Zeichnen dieser Formen und Lichtsituationen schult dein Gehirn. Zeichne die Form schrittweise nach. Die Kontur des Schattens habe ich leicht weggradiert und nur die Schraffur stehengelassen. Auch den Schatten an der Frontseite habe ich mit einem Stiftradiergummi korrigiert.

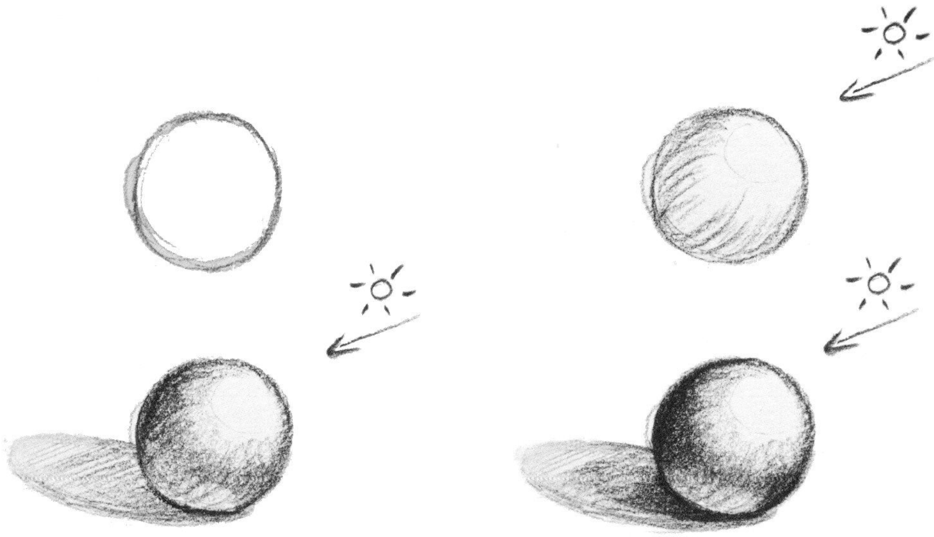

Die Kugel entwickelt sich aus einem Kreis. Lege hier die Schraffuren am besten geschwungen zur Verlaufsform an. Du kannst auch Kreuzschraffuren anwenden, wenn du bewusst auf den Verlauf der Kontraste achtest. Zeichne einen ovalen Schatten, der von der Kugel geworfen wird, und arbeite den Eigenschatten der Kugel aus, wobei du auf Reflexionen der hellen Umgebung auf die Kugel achtest. Im letzten Schritt verstärkst du den Kernschatten im Schatten der Kugel mittels mehr Druck auf den Stift.

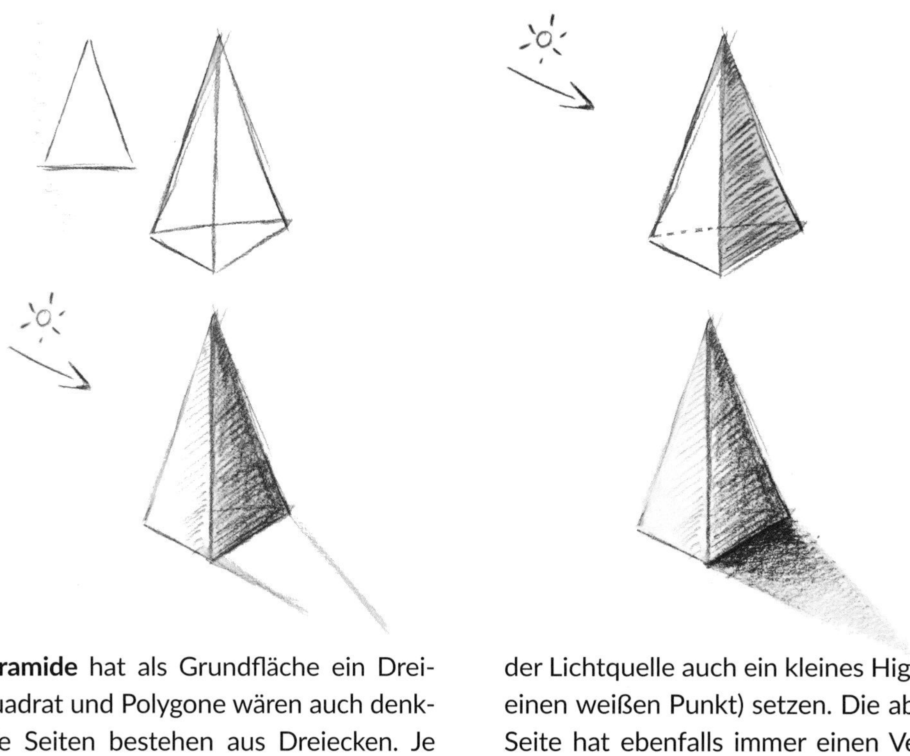

Die Pyramide hat als Grundfläche ein Dreieck. Quadrat und Polygone wären auch denkbar. Die Seiten bestehen aus Dreiecken. Je nach Stärke der Lichtquelle hat die helle Seite auch eine leichte Schraffur, um Kontrast für die grellsten Bereich der Fläche darzustellen. Hier kannst du für die direkte Reflexion der Lichtquelle auch ein kleines Highlight (z.B. einen weißen Punkt) setzen. Die abgewandte Seite hat ebenfalls immer einen Verlauf, den du von einem mittleren zu einem dunkleren Ton schraffierst. Der Schlagschatten hat einen dunklen Kernschatten. Schatten im äußeren Bereich sind die helleren Halbschatten.

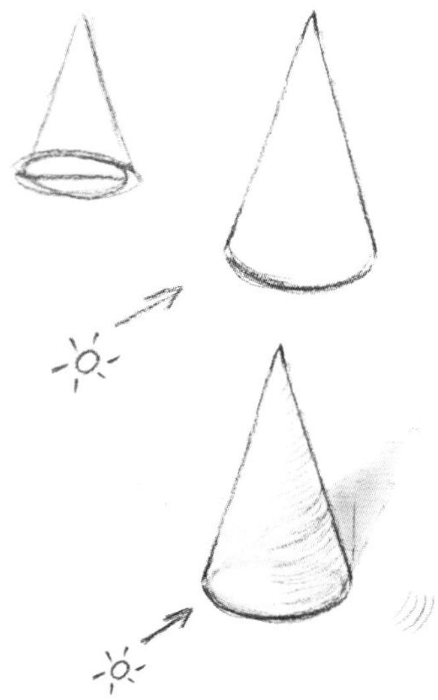

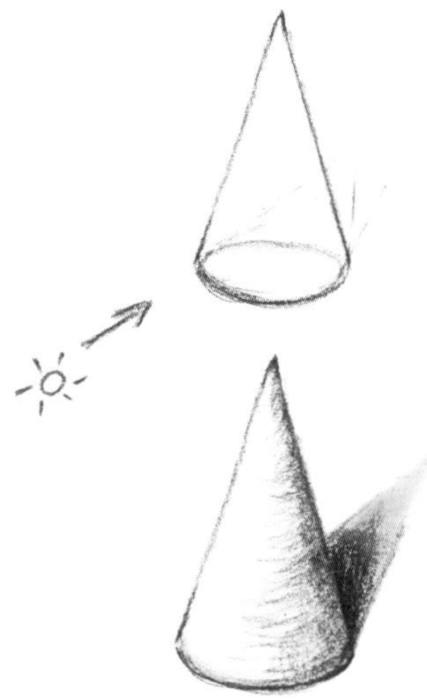

Der Kegel hat eine runde Grundfläche mit senkrechtem, gewölbtem Aufbau ohne plane Flächen. Die Schraffur folgt hier der Form in kleinen gebogenen Linien. Solche Formen ähneln der des Gesichts, da sie keine Kanten haben. Sie sind schwerer zu schraffieren, da du den dunkelsten Bereich im Eigenschatten gewölbt ausarbeiten musst. Um den Verlauf des Schlagschattens zu bestimmen, strichelst du eine Linie von der Grundfläche nach hinten, die du auf der Form wegradierst. Achte auf Kern- und Halbschatten.

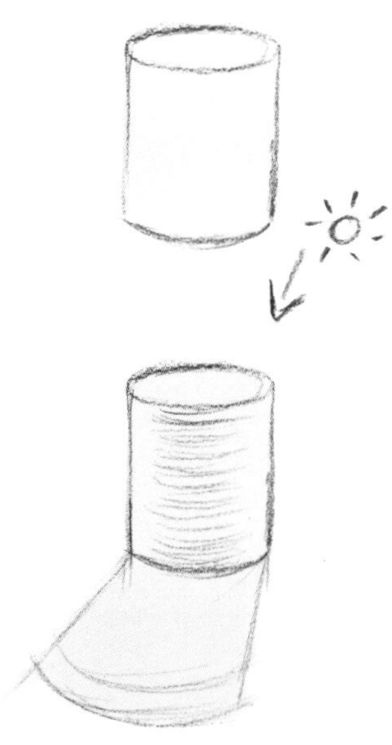

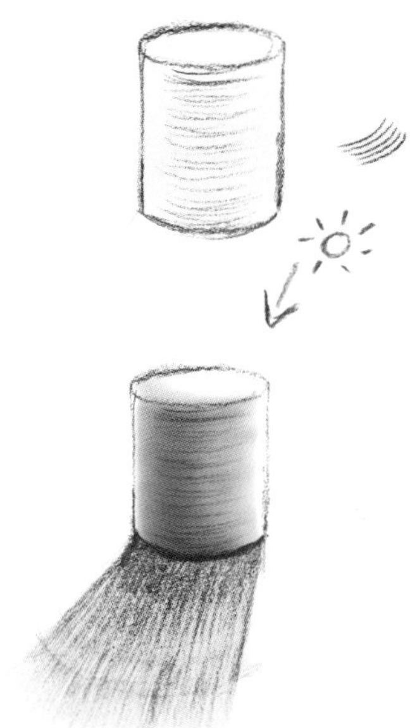

Der Zylinder hat zwei runde Flächen und einen gewölbten Aufbau der Seiten. In diesem Beispiel kommt das Licht von hinten. Du musst den Eigenschatten mittig auf der dem Betrachter zugewandten Seite ausarbeiten und zu den Flanken hin heller werden lassen. Das Highlight würde auf der Kontur der Seiten liegen. Auch hier ist die Schraffur am besten kurvig, um einen runden Eindruck zu unterstützen. Das Besondere ist der Schlagschatten der Figur: Die Schraffur ist nicht, wie bei den anderen Objekten, parallel, sondern geht strahlenförmig vom Zylinder weg. Eine Schraffur sorgt für einen grellen Eindruck.

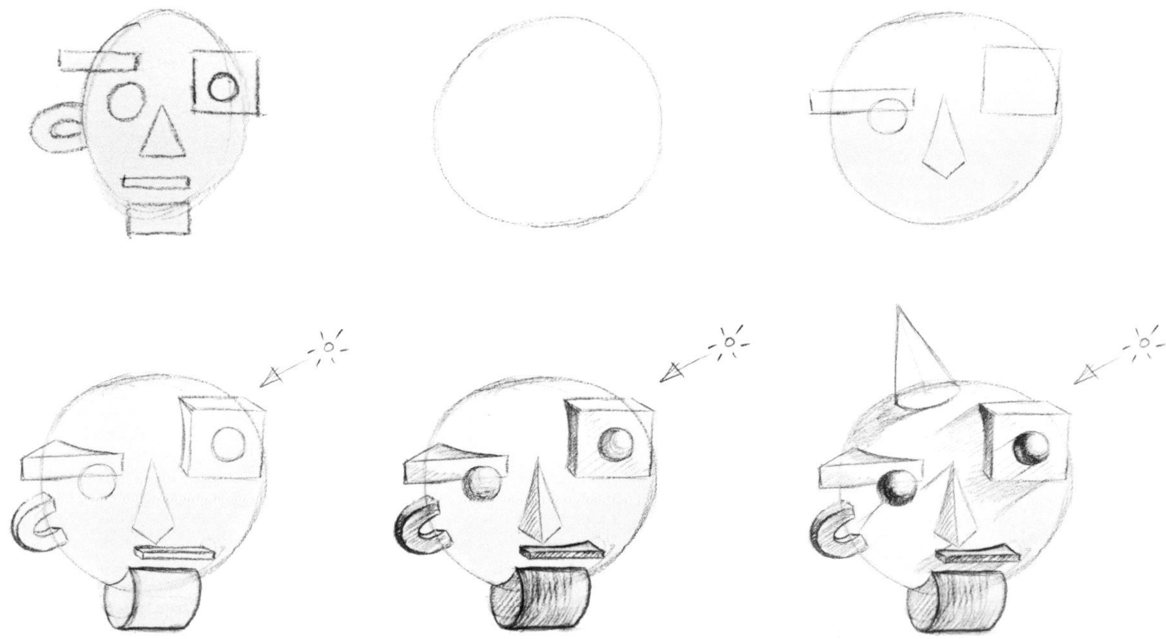

Ein Gesicht aus Grundformen zu zeichnen ist eine schöne Übung, um sich locker an das Setzen von Licht und Schatten in einem Gesicht zu wagen. Auch hier muss es physikalisch nicht absolut korrekt sein. Es macht Spaß, die uns nun bekannten Formen zu einem Gesicht zu formen und ausgedachte Lichtquellen hinzuzufügen. Probiere auch andere Kombinationen aus. Das trainiert die Vorstellungskraft. Gleichzeitig übst du spielerisch Schraffieren und Konturieren. Du wirst erstaunt sein, welche tollen plastischen Figuren entstehen.

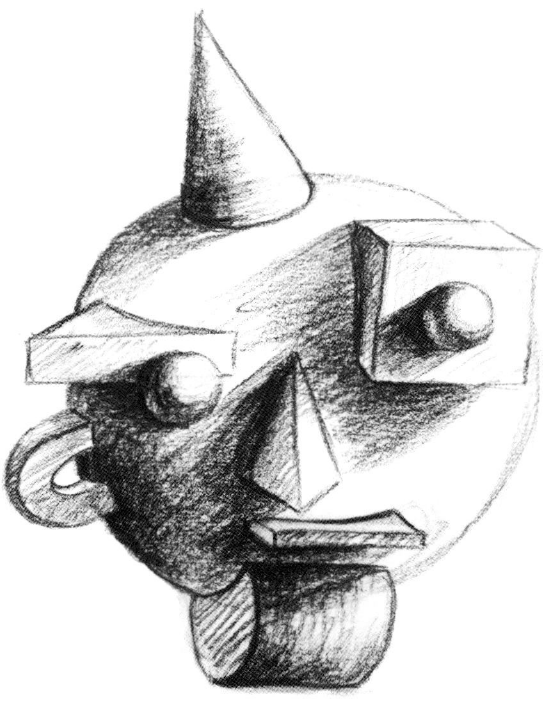

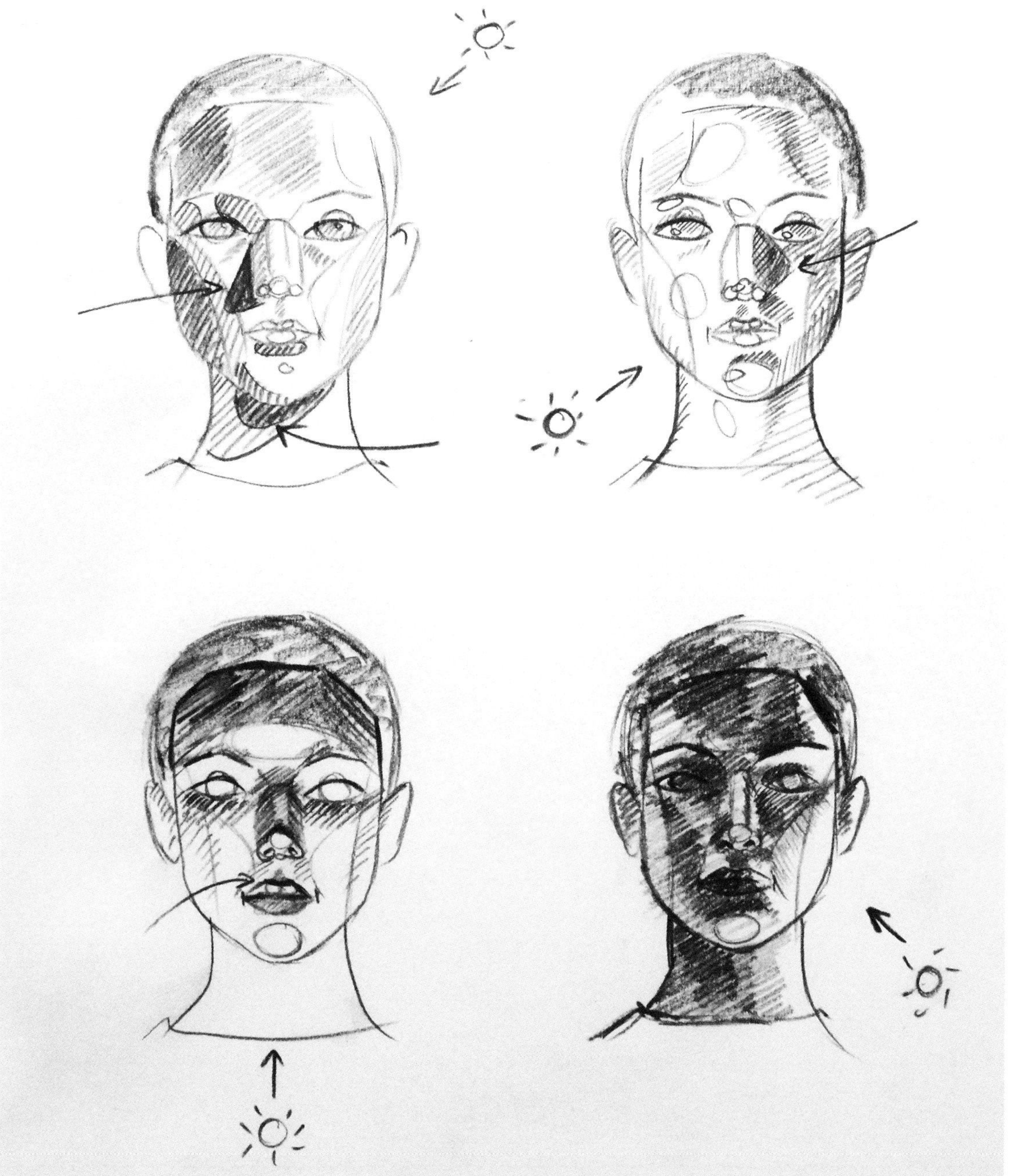

Schatten im Gesicht zeige ich hier an einem groben Schema, damit du weißt, wo die Übungen Anwendung finden. Die Pfeile deuten auf die Schlagschatten mit Kernschatten. Die vier Gesichter sind mit groben, schnellen Schraffuren angedeutet und wirken trotzdem plastisch. In einer taghellen Situation mit Lichtquelle ist die Druckstärke der Schraffuren moderat. In extremeren Lichtsituationen, wie in der unteren Reihe, üben wir mehr Druck für starke Kontraste aus. Die Schraffurrichtung für grobe Eigenschatten ist diagonal, während wichtige Schatten der Gesichtselemente der Form folgen. Das siehst du zum Beispiel bei den Nasen oder der rechten Wagenpartie des vierten Schemas. Den Verlauf der Gesichtsbereiche lernst du mittels der Methoden auf den nächsten Seiten.

2 Wahrnehmungsschulung

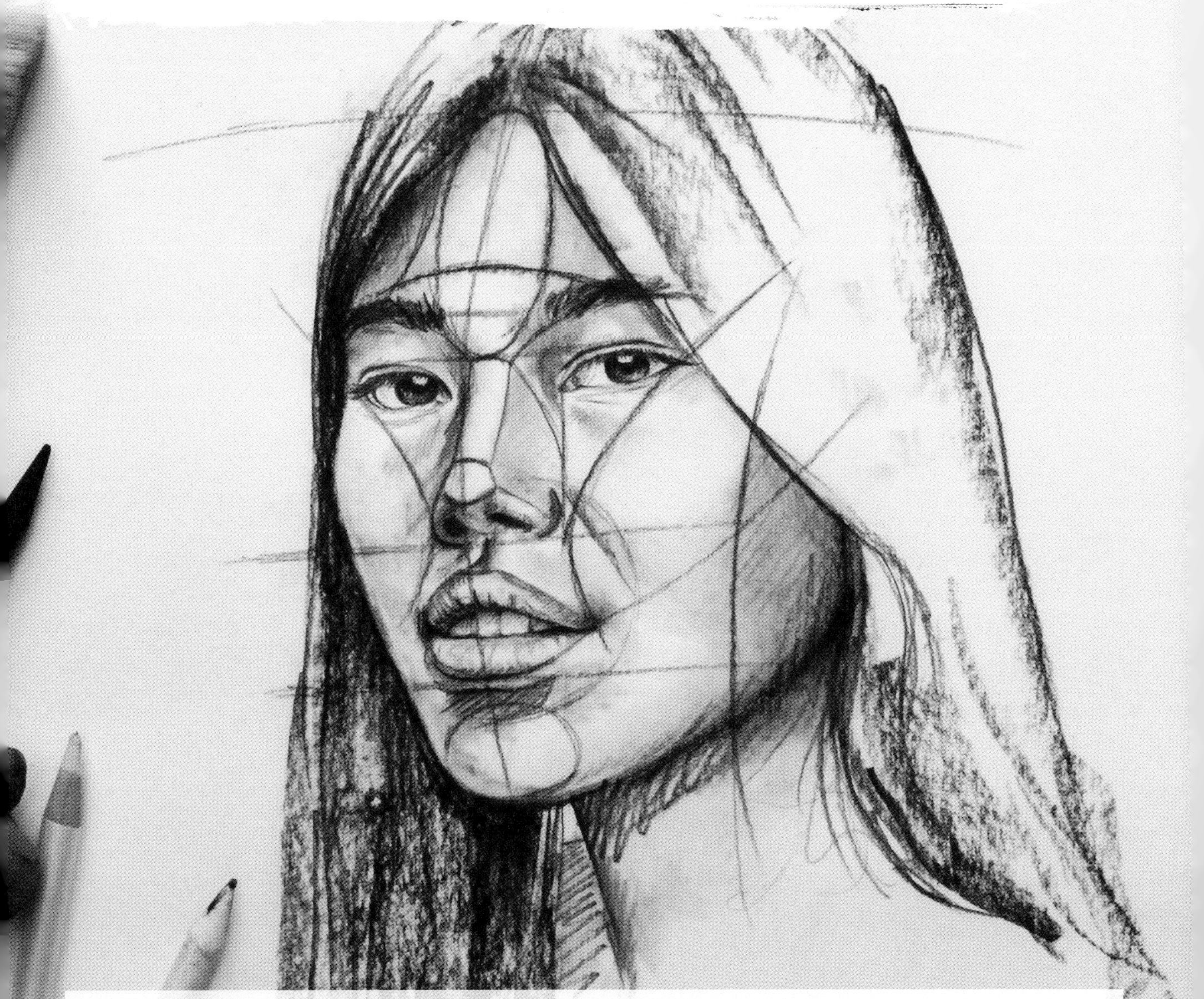

Im großen Kapitel zur Wahrnehmungsschulung geht es darum, zu verstehen, was du siehst. Es ist mitunter das wichtigste, um Gesichter zeichnen zu lernen: sie selbst zu konstruieren – nicht zeichnerisch zu kopieren. Warum, erzähle ich dir auf der nächsten Seite. Darauf aufbauend zeige ich dir das Wesentliche unserer Schädelanatomie. Wir machen uns die verschiedenen Gesichtsbereiche und deren Verlauf bewusst und gehen schließlich zu der klassischen und der modernen Methode über, ein Gesicht ohne Fotovorlage aufzubauen. In diesem Kapitel lernst du, Gesichter systematisch zu zeichnen. Dieses Wissen ist auch wichtig für das Zeichnen nach Fotovorlagen, denn dies gelernt zu haben, macht im Ergebnis einen sichtbaren Unterschied und verkürzt jahrelanges Üben.

Wahrnehmungsschulung nenne ich dieses Kapitel, weil wir nur richtig darstellen können, was wir erlernt haben, zu sehen, und was uns unsere linke Gehirnhälfte erlaubt, zu zeichnen. Zeichnen zu lernen bedeutet, unser Gehirn zu trainieren — es also immer wieder mit tatsächlichen Informationen zu füttern. Ein ungeübtes Gehirn spekuliert die ganze Zeit und dies hat Auswirkungen auf die Hand-Auge-Koordination. Die linke Gehirnhälfte hat große Macht darüber. Während wir richtig zeichnen lernen, versorgen wir unser Gehirn mit tatsächlichen Informationen. Je mehr wir echte Informationen über das Gesicht sammeln und diese umsetzen, desto realistischer werden unsere Abbildungen mit dem Stift.

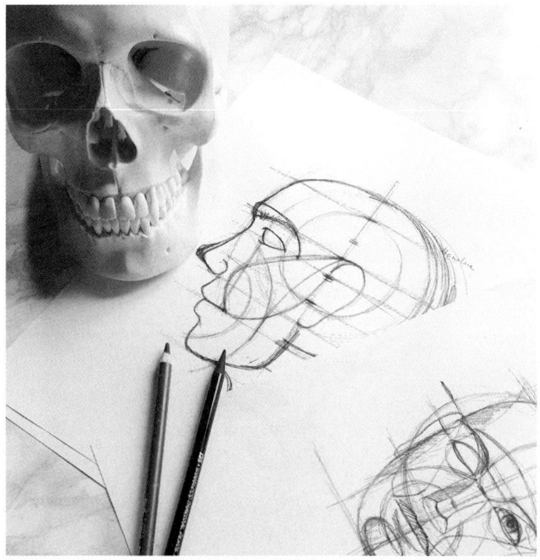

Dies ist der Grund, warum die Zeichnungen bei ungeübten Zeichnern verzerrt oder deformiert aussehen: Unser Gehirn greift regulierend ein — es biegt Dinge hin, weil es sich nicht anders zu helfen weiß. Woher auch? Und dies ist ebenfalls der Grund dafür, warum es ungeübten Zeichnern selbst nicht auffällt. Für sie sehen die Zeichnungen meisten völlig okay aus. Erst nach einiger Zeit sehen sie, was auf dem Papier tatsächlich passiert ist. Für ihr Gehirn sieht es richtig aus, weil Zeichnungen mit den bis dahin untrainierten Erfahrungen abgeglichen werden. Deswegen erkennst du erst nach einer Weile des Trainings deinen Fortschritt - das Gehirn hat echte, bewusste Informationen über das Darstellen von Motiven erhalten.

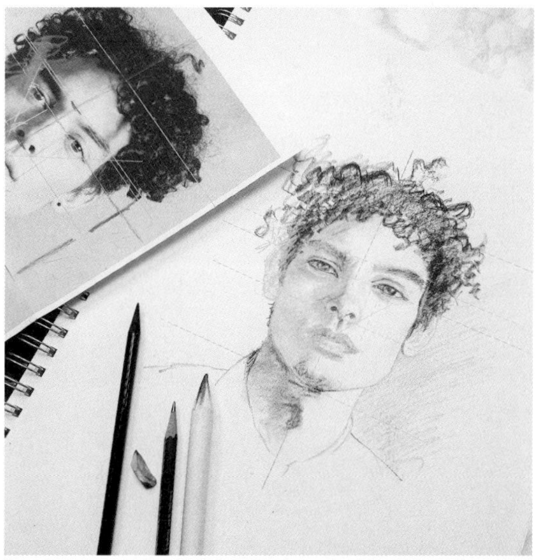

Gut zu zeichnen bedeutet, die Wahrnehmung zu schulen, einen Sinn für Höhen und Tiefen zu entwickeln und das räumliche Verstehen zu trainieren. Wir beschäftigen uns bewusst mit unserer Schädelanatomie und machen einen Exkurs zum Modellieren ab Seite 96. Und dazwischen lernst du den methodischen Aufbau von Gesichtern nach der klassischen und der modernen Methode, was auch beim Zeichnen nach Fotovorlage hilft.

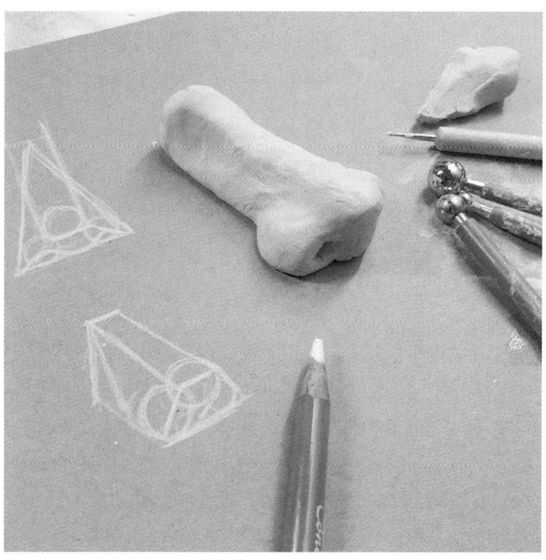

2.1 Schädelanatomie

Die meisten Menschen visualisieren eine Kugel oder eine Ballon-Form, wenn sie an unseren Kopf denken, auf jeden Fall etwas sehr Rundes. Tatsächlich aber ist unser Kopf alles andere als rund. Er ist in Wirklichkeit viel länger als breit und dabei an drei Seiten ziemlich flach, also von oben gesehen eher ein Kastenbrot als ein Ballon. Das ist ein lustiger Vergleich und der erste Schritt da-

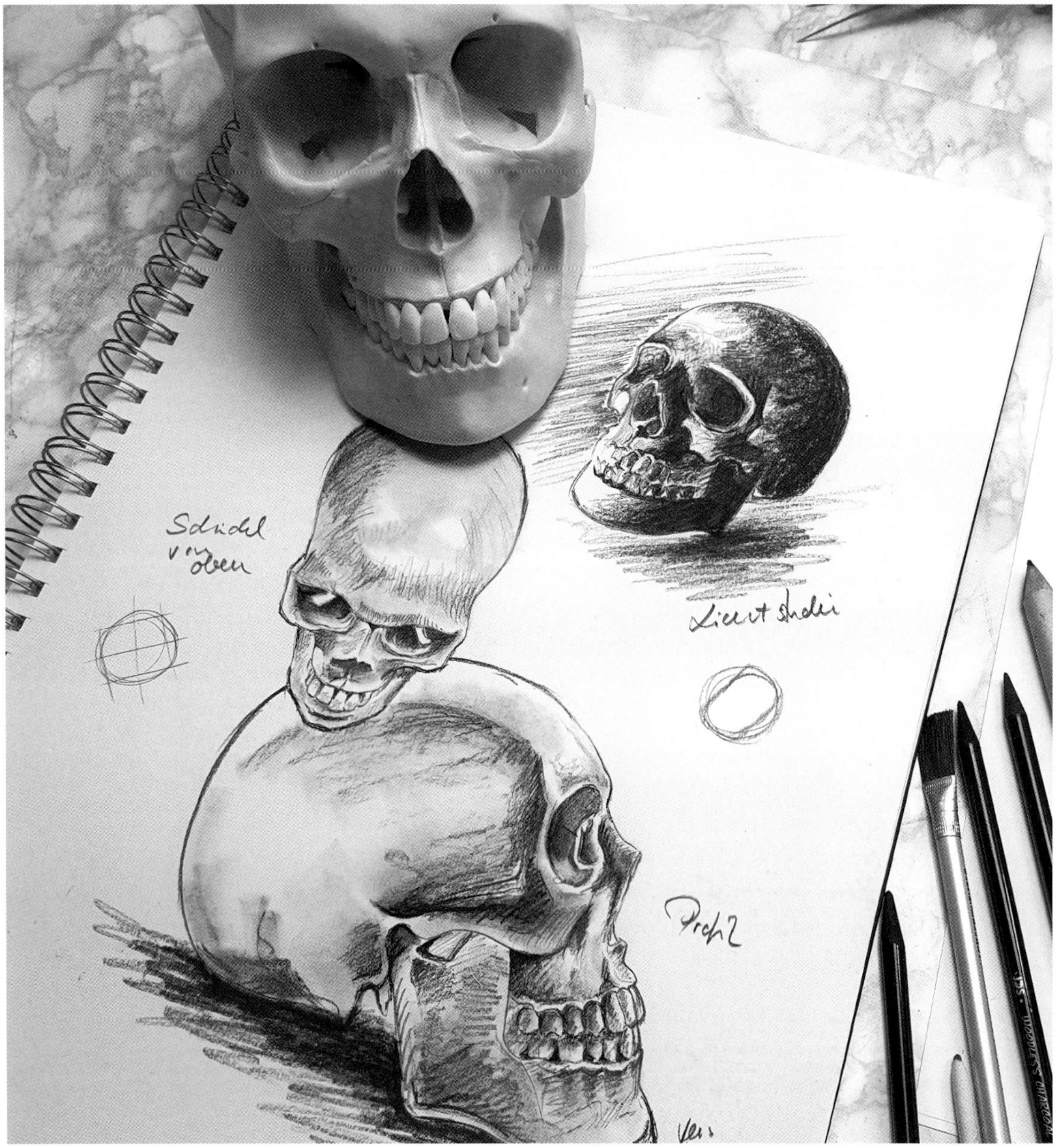

hin, zu begreifen, was man zeichnen möchte. Das ist wichtig, um Schraffuren und Proportionen richtig anzulegen. Die Gesichtselemente Auge, Nase, und Mund liegen auf dieser Basis auf. Ihre Position und der Verlauf der Wangen, Schläfen und Kiefer werden von diesem absolut nicht runden Schädel bestimmt. Ich empfehle dir, einen anatomisch korrekten Kunstschädel zu kaufen und diesen in deinem Skizzenbuch aus allen möglichen Perspektiven heraus zu zeichnen. Auf den Fotos siehst du einen solchen Schädel.

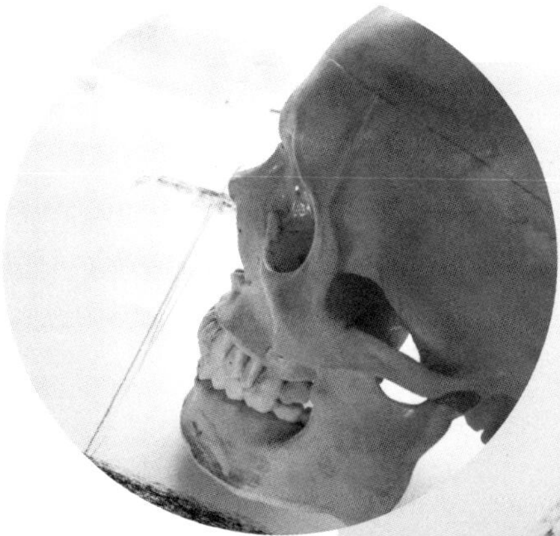

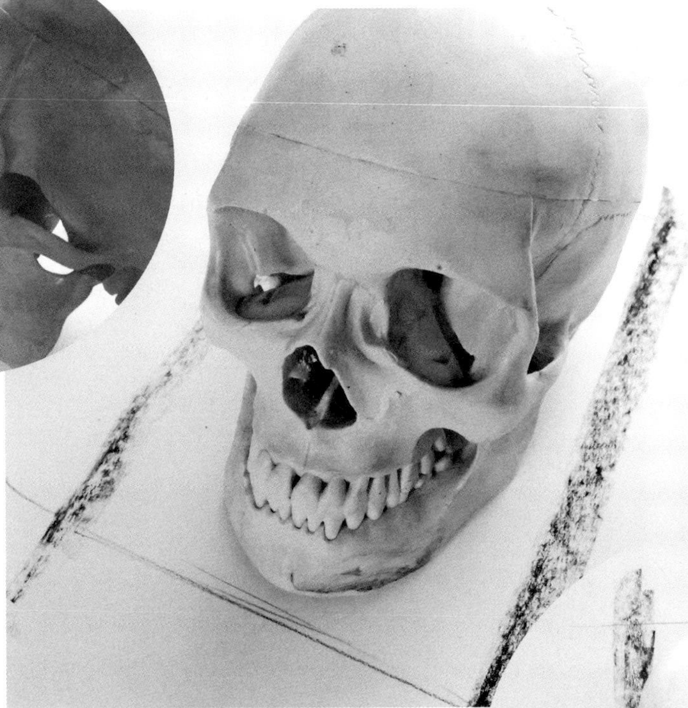

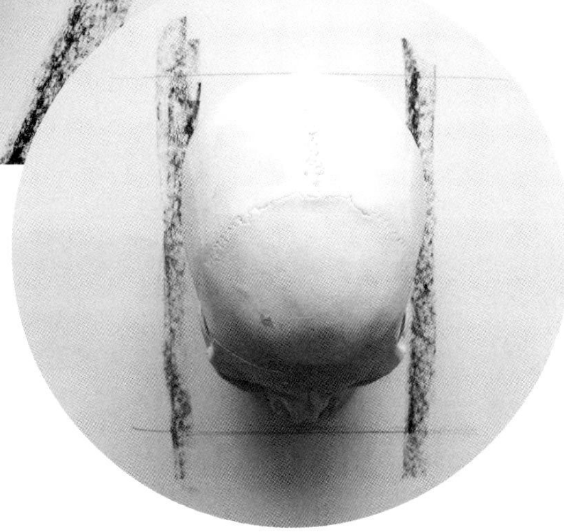

Solche Kunstschädel sind nicht teuer und schulen allein durch das Berühren, Drehen und Wenden deine räumliche Vorstellungskraft von Gesichtern. Wenn du noch keinen Schädel hast, fühle in deinem eigenen Gesicht nach, wie flach deine seitlichen Gesichtspartien nach hinten weglaufen. In der Abbildung rechts siehst du von oben, wie lang unser Schädel ist. Allein die Augen, die Nase und der Mund befinden sich auf der ebenfalls flachen Frontseite. Alles andere flüchtet nach hinten. Hier siehst du, dass unser Kopf nicht rund ist.

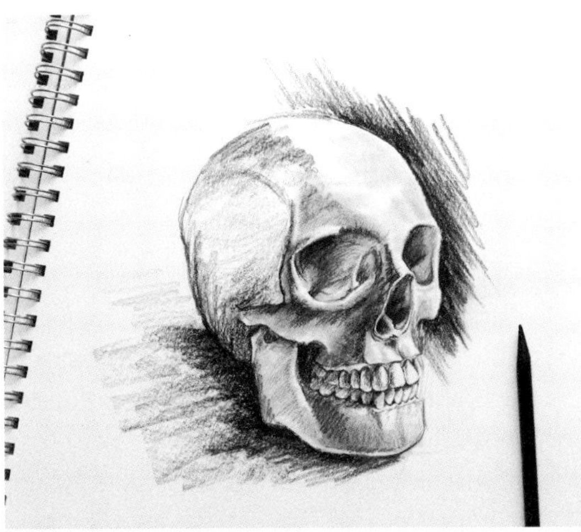

Um den Schädel lässt sich ein Rechteck zeichnen. Auch von der Seite betrachtet fallen die flachen Wangenpartien und die flache Front auf. Die Nase stellt eine signifikante Erhöhung dar, die deswegen ihren Schlagschatten wirft. Wirklich rund ist nur unser Hinterkopf.

Die Augen sind direkt nach vorne ausgerichtet. Ebenfalls siehst du den Grund für die Wölbung und den Verlauf der Wangen: den Wangenknochen. Die Nase sitzt direkt in der Mitte und in der Zahnreihe sind einzig die Schneidezähne vorne platziert. Zeichnen lernen bedeutet, unseren Schädel zu studieren und echte Informationen zu sammeln. Das sind viele Motive für dein Skizzenbuch!

2.2 Gesichtsbereiche einzeichnen

Nach der Schädelanatomie wissen wir nun, was unter dem sichtbaren Teil des Gesichts liegt. Nun gilt es, die Gesichtsbereiche kennenzulernen und einzuzeichnen. Das dient auch dem Sammeln echter Informationen, damit unser Gehirn immer mehr tatsächliche Eindrücke von dem Gesicht abspeichert. Taste jeden Bereich, den du auf den Fotos siehst, in deinem eigenen Gesicht ab.

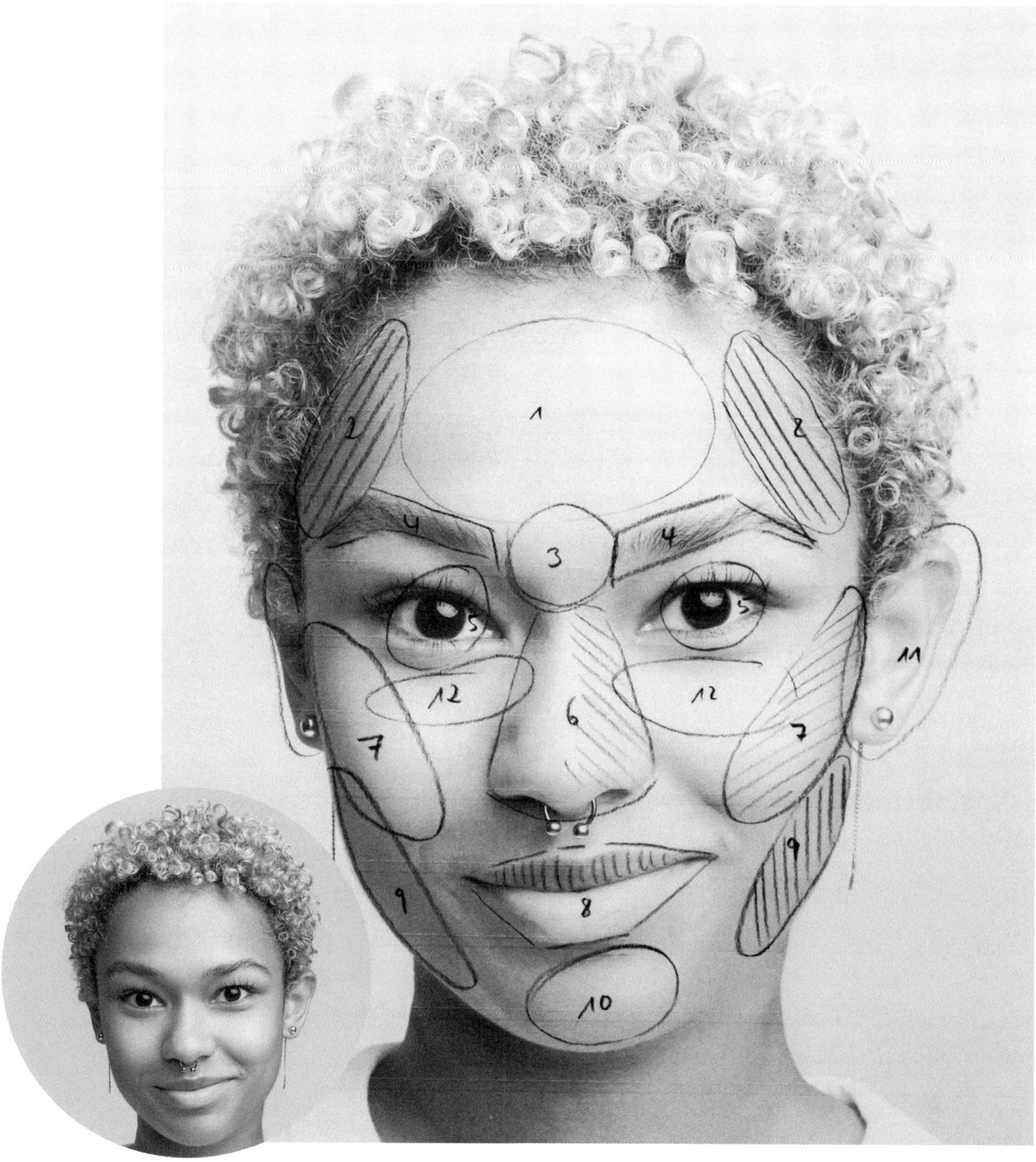

Ist dir zum Beispiel die Mulde zwischen Nasenansatz und Stirn schon einmal bewusst aufgefallen? Das Ziel dieser Übung ist es, dich mit dem Gesicht, wie bei einer topografischen Landkarte, vertraut zu machen. Es ist ein Vertrautmachen mit echten, erlebten Fakten, um die Wahrnehmung zu schulen. Zeichne dafür die sichtbaren Gesichtsbereiche ein und schraffiere sie in der Verlaufsrichtung. Nutze Fotoausdrucke oder Fotos aus Magazinen.

In der **frontalen** Ansicht links habe ich die groben Gesichtsbereiche eingezeichnet und teilweise schraffiert. Das Modell hat eine große flache Stirn (1) und ausgeprägte Wangen (7). Ein Bereich (3) wird oft gar nicht beachtet und das Kinn (10) ist durch seine runde Einzeichnung schon ein Teil der kommenden Methodik. Die Kieferpartie (9) flüchtet, wie wir es gelernt haben, flach nach hinten und was wir frontal sehen, ist eigentlich nur ein kleiner Teil. Die Augen zeichne ich hier kreisrund ein: Die Augen sind kugelige Augäpfel, die in den Augenhöhlen hinter der Haut liegen!

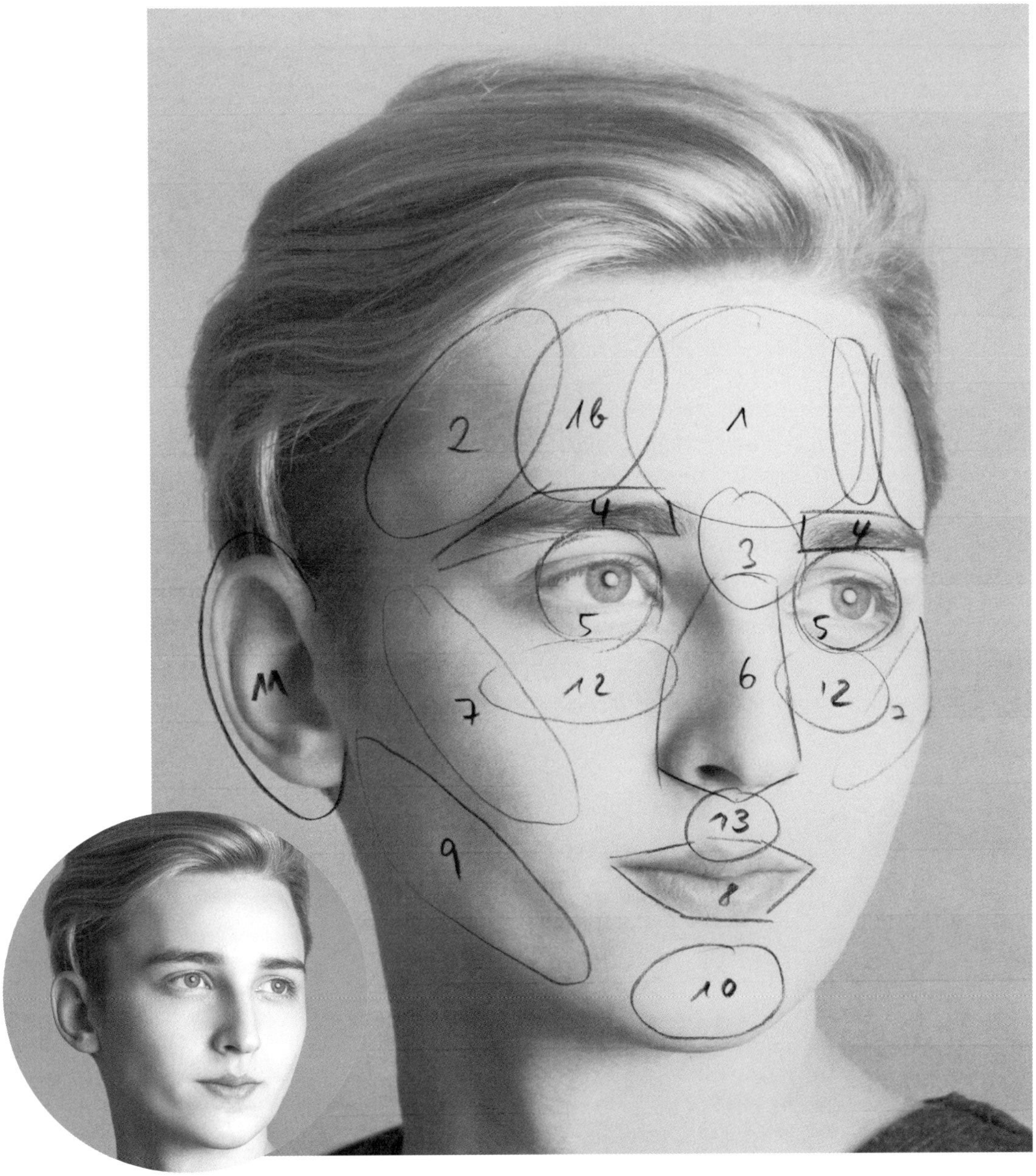

In diesem **Halbprofil** ist die Stirn aufgrund der Form nochmal zusätzlich (1b) eingeteilt. Wenn du dir den Verlauf bewusst machst, werden die Schraffuren präziser. Außerdem wird hier auch das Philtrum (13) beachtet. Dich mit den Gesichtsbereichen zu beschäftigen, macht die kommenden Methoden der klassischen oder modernen Zeichenformel logischer. Durch das Einzeichnen lernst du die grundlegende Anatomie des Schädels.

In der **Profilansicht** habe ich die Bereiche aus den anderen Ansichten eingezeichnet. Beobachte genau, wie sich die Form in der Perspektive ändert: Kiefer und Wangenpartie sind hier als flacher seitlicher Bereich als Fläche (14) gekennzeichnet. Zwischen den Bereichen (1) und (2) kannst du den Übergang (1b) hinzufügen, wenn du es ganz genau haben möchtest. Zu den unterschiedlichen Porträtansichten lernst du noch mehr im Verlauf des Buchs.

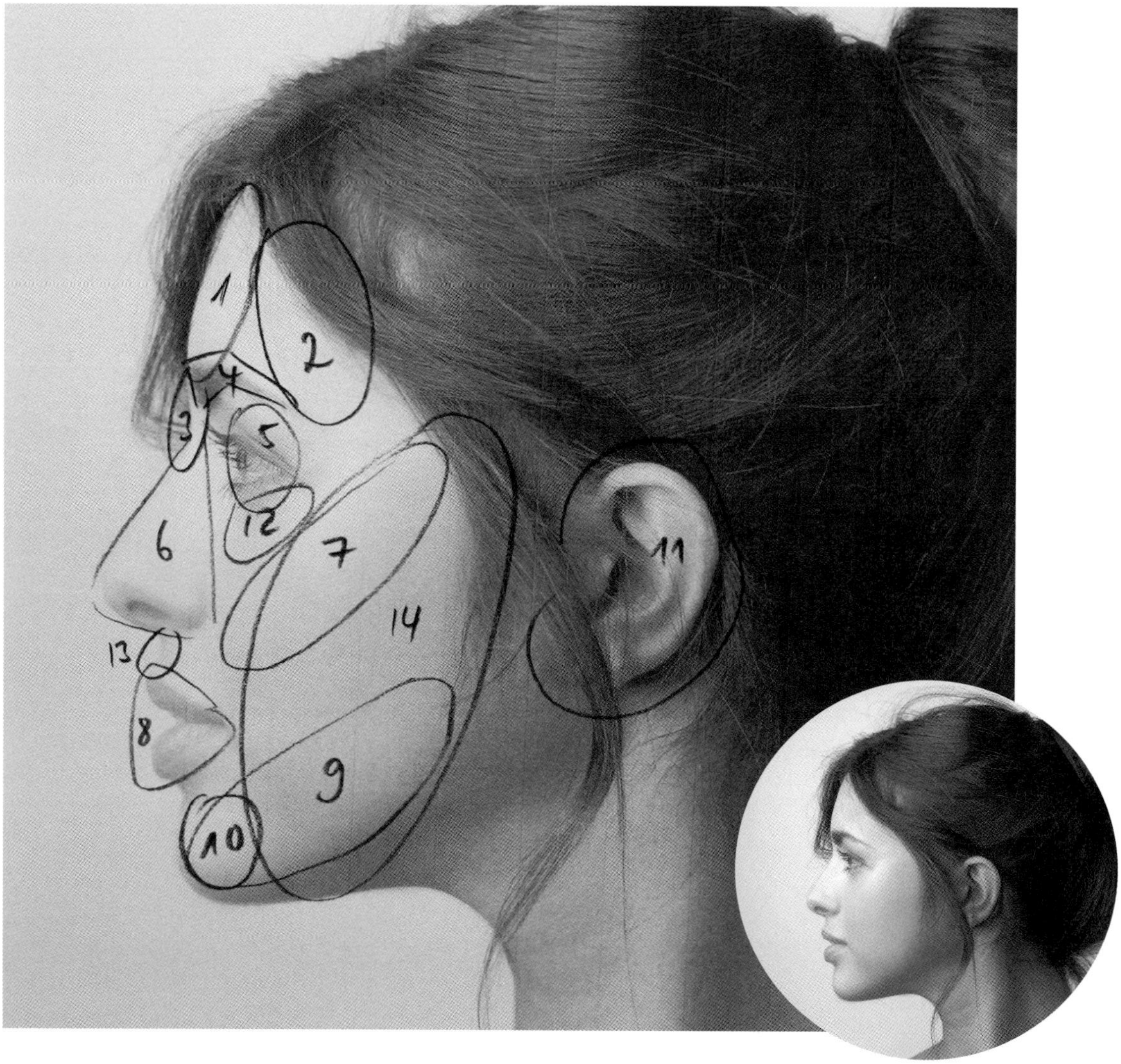

Drucke dir für diese Übungen Fotos aus, am besten auf DIN A4. Du kannst, um Druckerpatronen zu sparen, auf Schwarz-Weiß-Druck umstellen. Wenn du die Übungen wiederholen oder sie einem anderen Familienmitglied zur Verfügung stellen möchtest, lege dir Transparentpapier über die Ausdrucke – so kannst du zusätzlich Papier und Farbpatronen sparen. Anschließend kannst du aus deinen Zeichnungen auf Transparentpapier die One-Line-Art auf der nächsten Seite entwickeln. Alle Übungen in diesem Kapitel habe ich mit einem weichen Kohlestift für einen satten Schwarzton eingezeichnet. Ein kleiner Hinweis: In meinem passenden Online-Video-Kurs zu diesem Buch findest du über 50 geeignete Porträtfotos zum Üben solcher Aufgaben – auch die Fotovorlagen in diesem Buch findest du dort zum Ausdrucken, wenn du Kursteilnehmer bist.

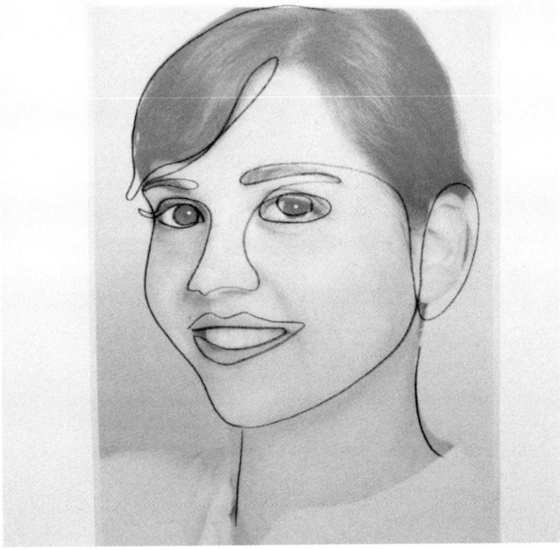

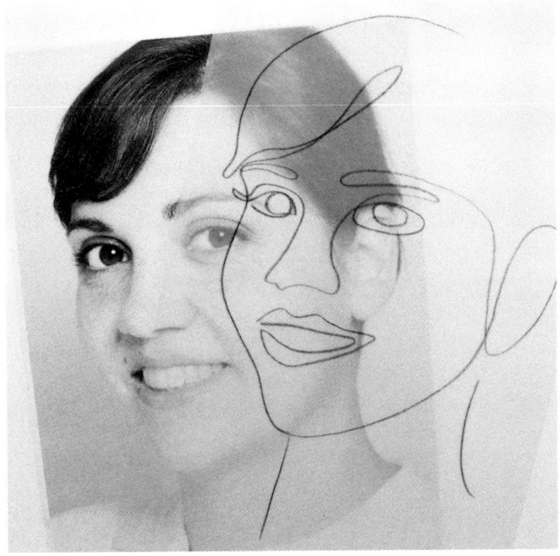

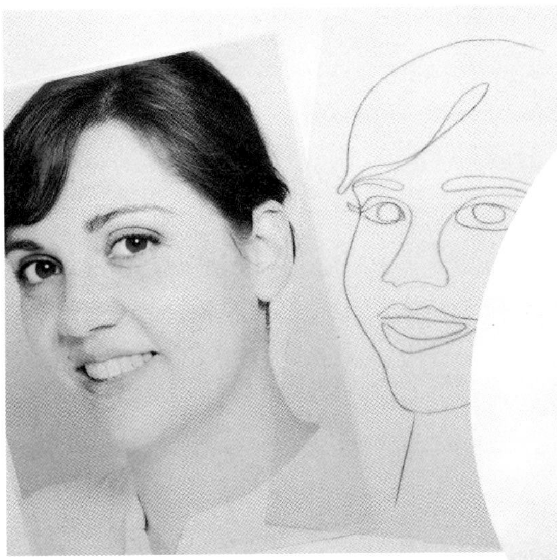

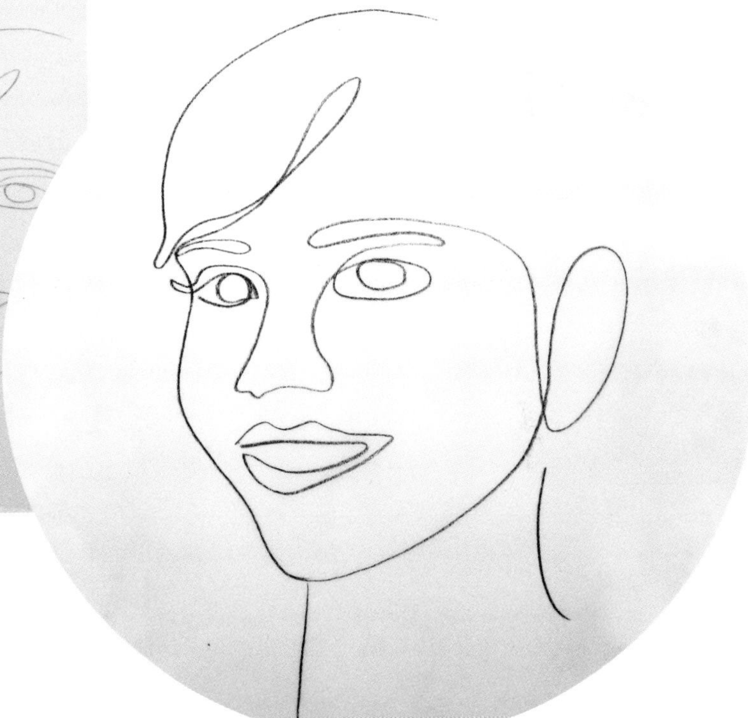

Die One-Line-Art entwickelt sich aus dem groben Einzeichnen der Gesichtsbereiche mit nur einer lockeren Linie. In diesem Beispiel ist es eine einzelne lange Line mit zusätzlichen kurzen Linien für Details, aber das Prinzip ist klar: Abstraktion durch simples Nachzeichnen der charakteristischen Gesichtselemente. Da dir diese nun durch die vorherigen Seiten bekannt sind, sollte es dir leichter fallen, dieses Beispiel nachzuzeichnen. Die einzige Schwierigkeit liegt darin, einen Anfang und einen Weg zu finden, der eine Strichführung nicht doppelt entstehen lässt. Hier heißt es Trial and Error. Bei diesem Motiv habe ich beim Haar angefangen und mich über die linke Gesichtshälfte zur rechten Seite vorgearbeitet. Eine gelungene Zeichnung kannst du dann sauber auf ein gutes Papier übertragen und reinzeichnen. Das ist minimalistische Kunst mit One-Line-Art.

2.3 Gesichtsaufbau klassisch

Gesichter zeichnet man nach einer Vorlage oder aus dem Kopf mit Hilfe einer systematischen Zeichenmethode. Bei einer Vorlage – sei es einem Foto oder einer Person, die dir direkt Modell steht – helfen die Methoden ebenfalls. Daher ist es sehr wertvoll zu wissen, wie du Gesichter frei zeichnest und dabei die Proportionen der Anatomie einhältst.

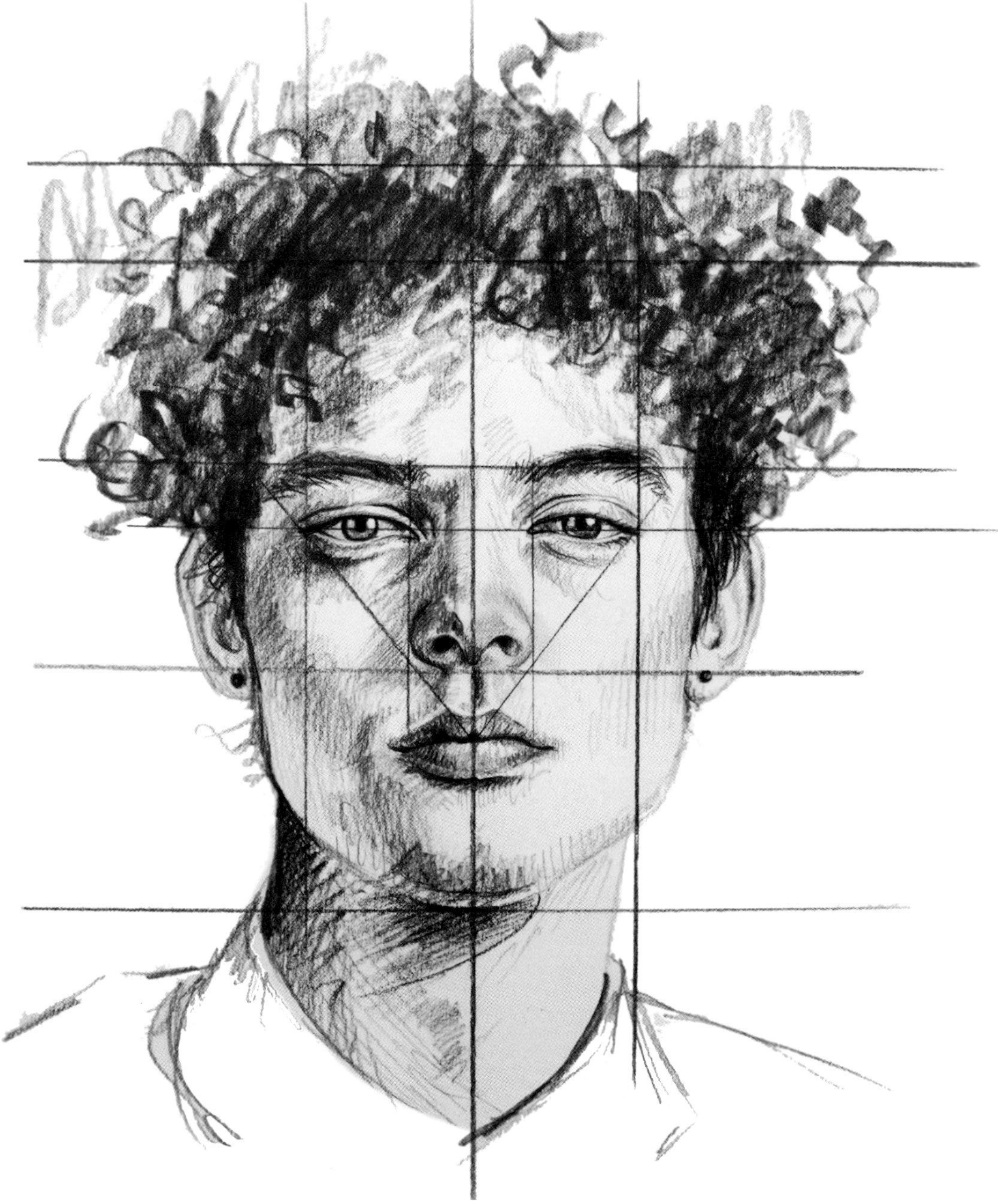

Es gibt dafür einige methodische Vorgehensweisen. Ich fasse hier das Wichtigste aus der klassischen Herangehensweise zusammen. Später kannst du diese mit der modernen Variante vergleichen. Die klassische Methode ist einfacher gehalten als die moderne, aber für proportionales und perspektivisch korrektes Zeichnen von Köpfen fast genauso gut geeignet. Entscheide selbst, welche Variante dir liegt und für deine Projekte geeigneter ist.

Mit der klassischen Methode bekommst du eine Zeichenformel, um Köpfe sowohl in der Perspektive als auch in den Proportionen richtig zu zeichnen. Auch eine Fotovorlage lässt sich damit aufschlüsseln und leichter übertragen, ohne dass Verzerrungen entstehen. Mit der Zeit und andauerndem Training der Methoden wirst du darüber gar nicht mehr nachdenken müssen und die Abstände und Positionen der Gesichtselemente instinktiv richtig zeichnen. Ab diesem Zeitpunkt wird sich dein eigener Stil entwickeln.

Weil das Lernern der klassischen Methode dein Gehirn mit Informationen über das Anlegen von Proportionen und Perspektiven versorgt, trainierst du gleichzeitig deine Wahrnehmung.

Vorerst werden wir auf den nächsten Seiten einfache Gesichter nach diesen Schemata anlegen. Bitte beachte, dass dir durch das schnöde Schema eines Gesichts später alle Abweichungen diverser Köpfe viel besser auffallen werden. Wir zeichnen hier erst einmal schematische Gesichter, um den Aufbau zu lernen, später lernst du, die charakteristischen Gesichtspartien mittels Porträts zu erkennen und gezielt darzustellen.

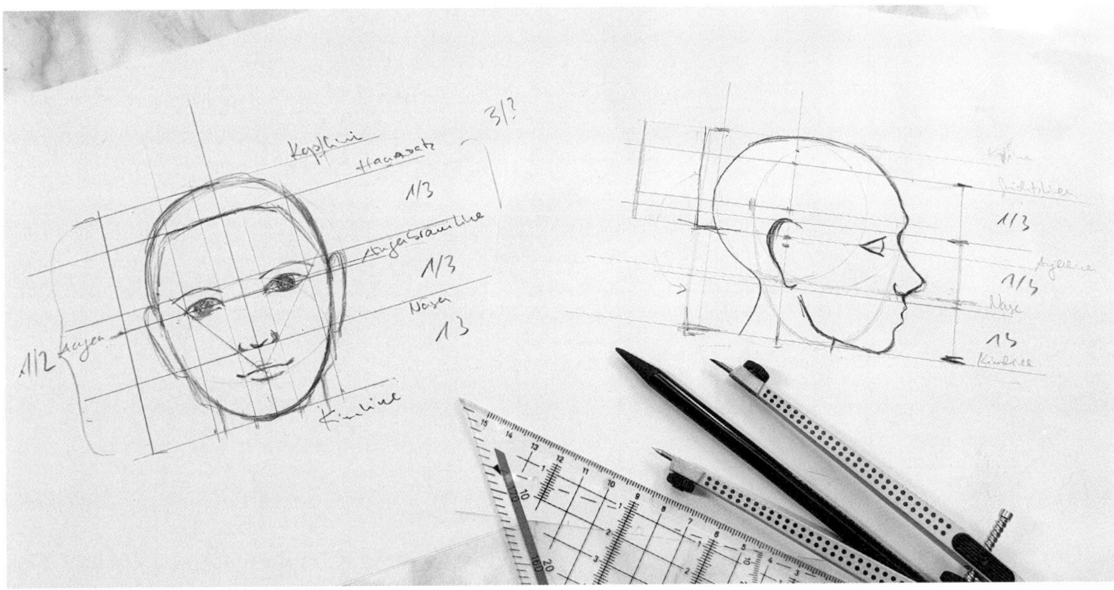

Die Materialien für den klassischen Gesichtsaufbau umfassen einfaches Papier, Bleistifte, Radiergummi, Zirkel und Geodreieck. Zirkel und Geodreieck brauchst du nur am Anfang. Du erlernst mit ihnen, die Abstände und Proportionen anzulegen und einzuhalten. Im Laufe des Trainings können viele Zeichner dies irgendwann ohne die Werkzeuge, weil sie mit ihnen ihre Wahrnehmung geschult haben und automatisch die richtigen Abstände einschätzen und direkt zeichnen können.

Aber erst heißt es, zu verstehen und nachzuempfinden, was bei der Methodik passiert. Ab dieser Stelle ist es wichtig, die vorangegangenen Kapitel genau nachvollzogen und geübt zu haben, denn einiges aus der klassischen Methode baut darauf auf. Ebenso ist es wichtig, erst die Klassik zu lernen und dann die moderne Methode. Letztere ist komplizierter und die Weiterentwicklung der klassischen Zeichensystematik. Du wirst sie besser verstehen, wenn du erst die folgenden Seiten liest und übst.

Das Buch ist systematisch aufgebaut. Um Gesichter zu zeichnen, brauchst du als Erstes das proportional korrekte Grundgerüst, auf das die Gesichtselemente folgen. Es ist besser, diese Lernreihenfolge einzuhalten.

Frontal – Schema

Dieser Gesichtsaufbau ist die Basis für viele moderne Herangehensweisen. Er ist, um Gesichter frei zu zeichnen, mittlerweile etwas veraltet – du musst ihn aber kennen, um die Herleitung der modernen Methoden zu verstehen. Das kannst du dir leider nicht ersparen. Für das Zeichnen nach Foto – das wirst du noch sehen – ist diese Zeichenformel aber nach wie vor geeignet!

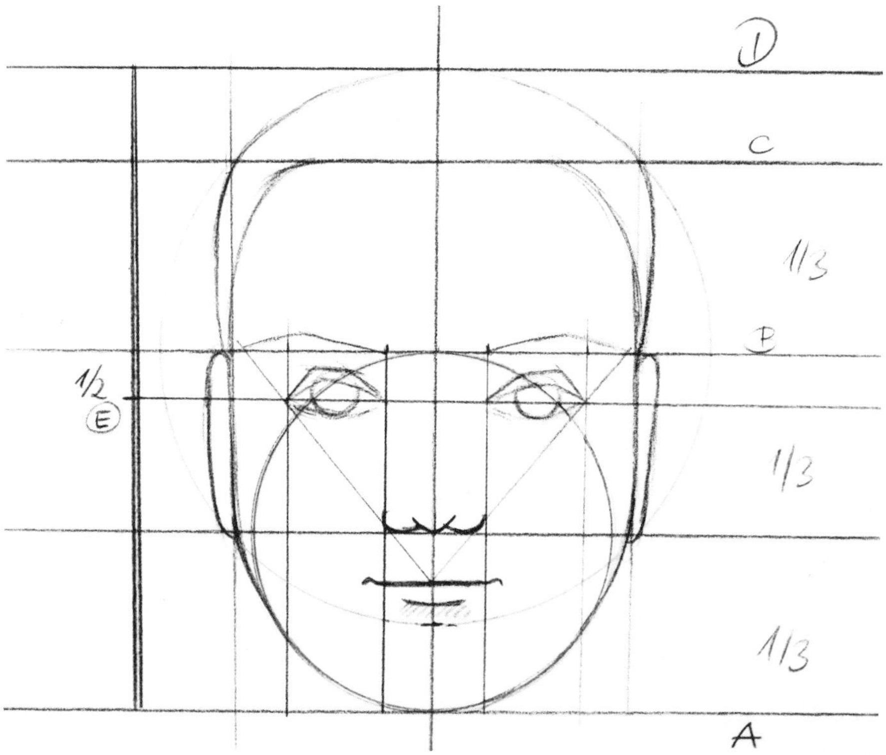

① **Der frontale Aufbau** beginnt, wie alle Zeichenformeln, mit einem Kreis, durch den du Mittelachse und Mittellinie ziehst. Du kannst dafür den Zirkel verwenden. Nimm einen beliebigen Durchmesser, beispielsweise 5 cm

② Das Gesicht ist in drei Drittel aufgeteilt. Das obere Drittel für die Stirn ist so breit wie der Radius des Kreises. Mess einfach diese Breite nach oben ab und zieh dort eine horizontale Linie, dies ist die Haarlinie C. ③ D ist die Schä-

①

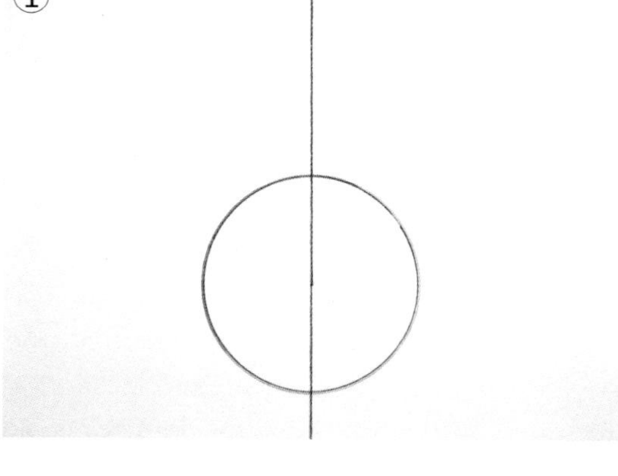

②

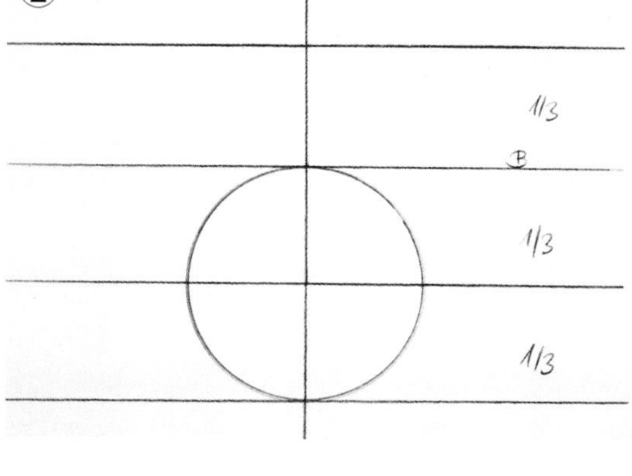

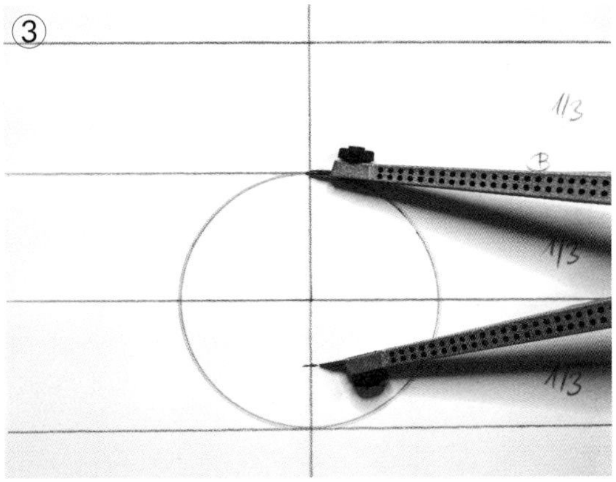

delgrenze, die du erhältst, wenn du das untere Drittel halbierst und den Radius mit dem Zirkel aufnimmst. Ziehe dort einen Kreis.

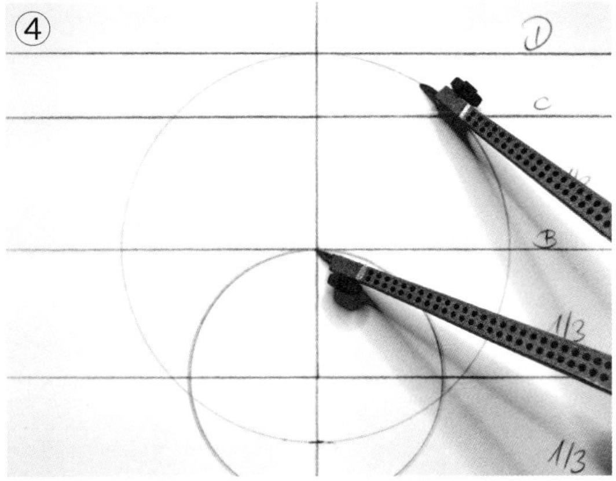

④ Der oberste Schnittpunkt ist die Position für die Linie D. Das Gesicht liegt mit seinen drei Dritteln innerhalb der ganzen Schädelfläche.

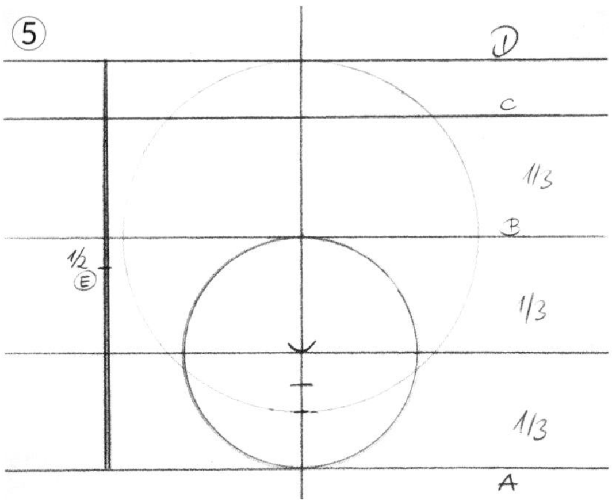

⑤ Um die Augenlinie zu zeichnen, halbiere die komplette Schädelstrecke von der Kinnlinie A bis zur Linie D. Das ist Punkt E für die Augen.

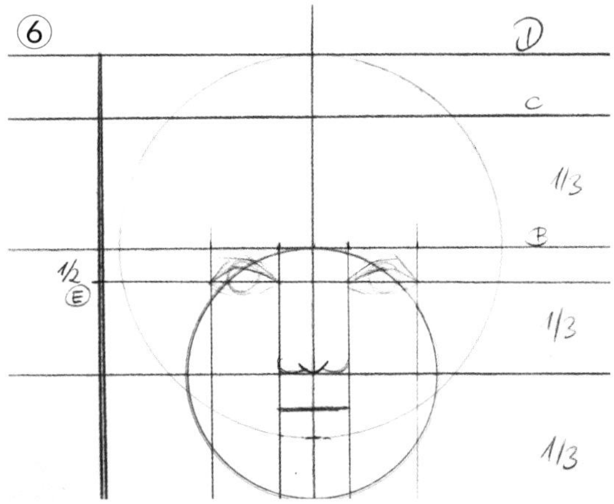

⑥ Es gilt, die Dimensionen des Nasenbereich vertikal links und rechts abzuschätzen. Ein Auge ist in etwa so breit wie die Nase.

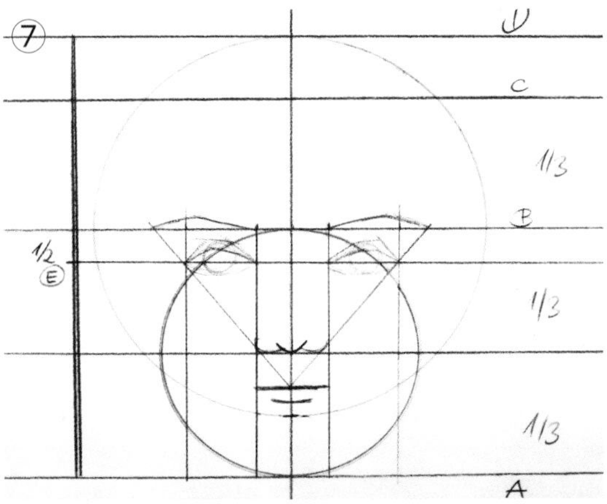

⑦ Der Mund liegt oberhalb des Schnittpunkts des oberen Kreises. Vom Schnittpunkt der Mundlinie ziehst du eine Linie an der Nase und den Augen vorbei auf B.

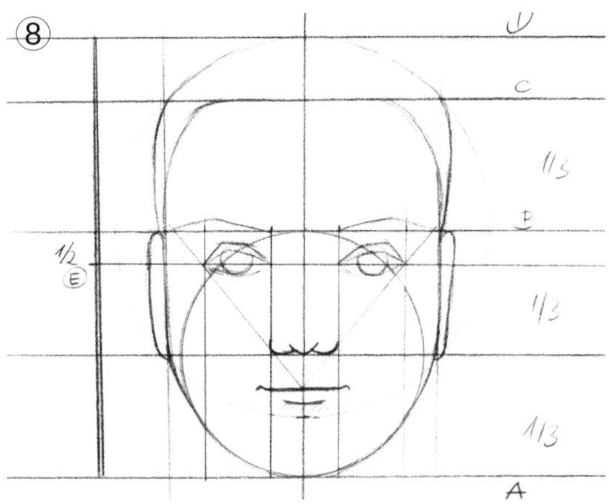

⑧ So erhältst den äußeren Punkt der Augenbrauen. Zeichne zum Schluss die Kopfaußenlinie und die Ohren zwischen B und der Nasenlinie. Dieses grobe Schema wird mit Übung natürlicher.

Frontal – in Fotos einzeichnen

Um die sehr schematische, grobe Gesichtsform der klassischen Methode natürlicher zu gestalten und gleichzeitig die Wahrnehmung für Proportionen zu schulen, gibt es die Übung, die klassische Methode in Fotos einzuzeichnen. Drucke dir dafür verschiedene Fotos auf DIN A4 aus und gehe wie in der Anleitung auf den vorherigen Seiten vor. Du wirst durch das Studieren unterschiedlicher Gesichter die vielen Abweichungen erkennen, die unsere Individualität ausmachen.

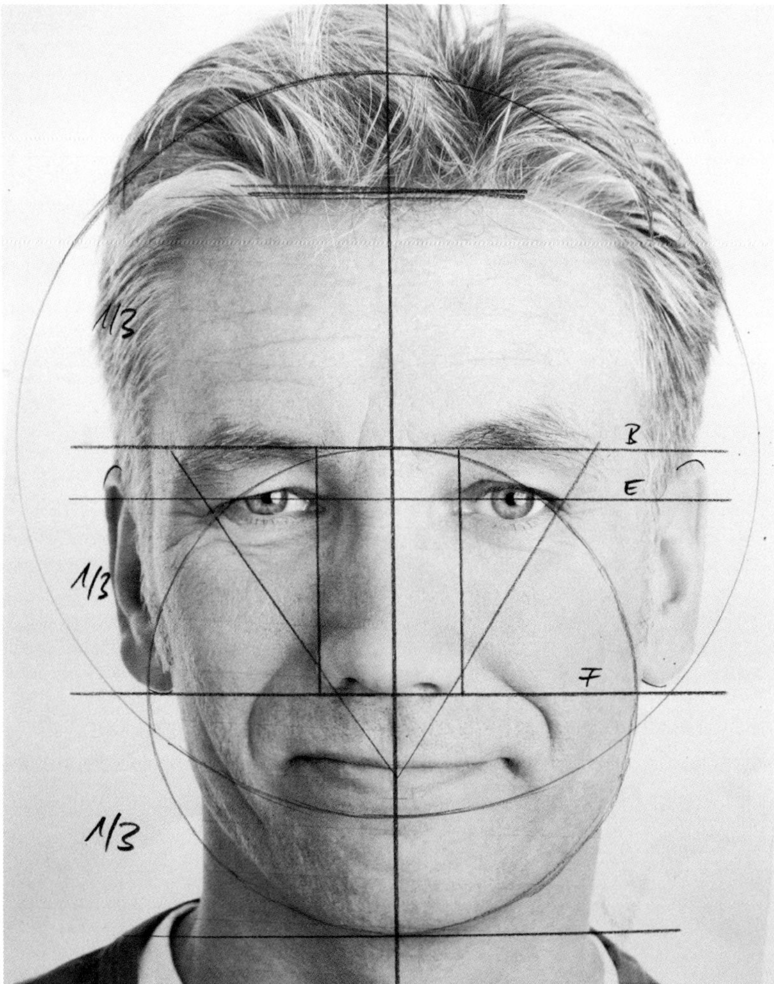

Mit dieser Übung erhältst du auch eine Variante des Rasters. Du kannst dir die Linienstruktur mit den individuellen Abständen einer Fotoübung auf ein Zeichenpapier übertragen und damit dieses Foto abzeichnen.

Das grobe Methodenschema der klassischen Variante, angewendet auf Fotos, hilft dabei, die Gesichtsproportionen der Person zu erfassen. Du kannst diese Methodik 1:1 anwenden oder abstrahieren, indem du Abstände veränderst. So entstehen Karikaturen mit individuellem Charakter.

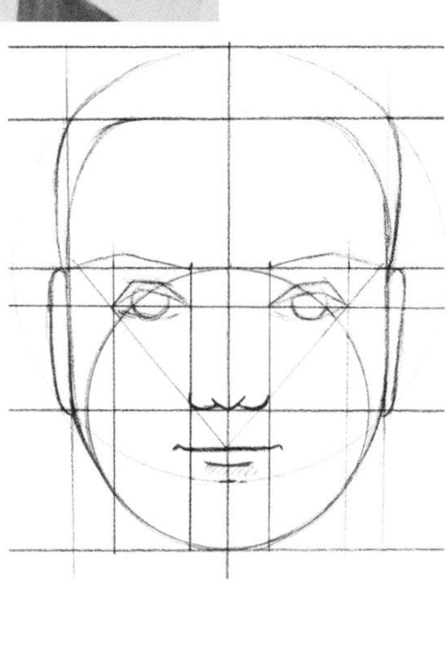

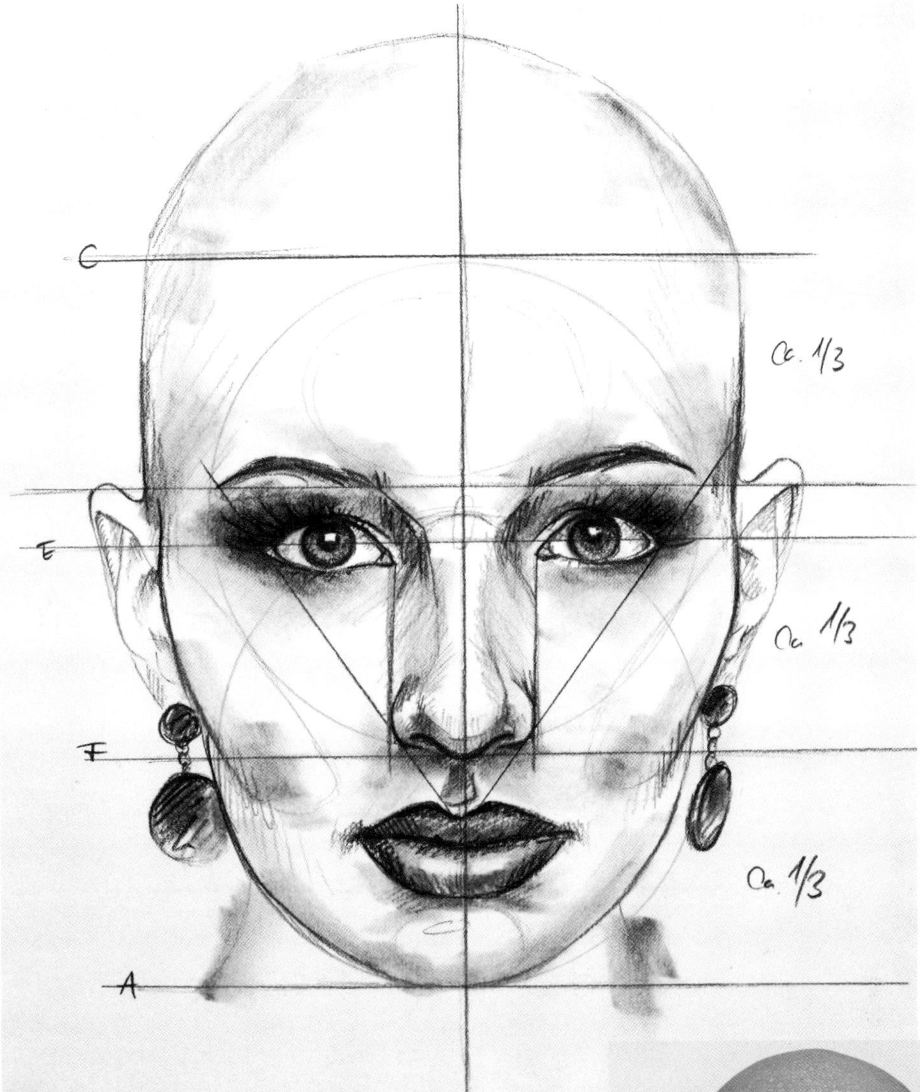

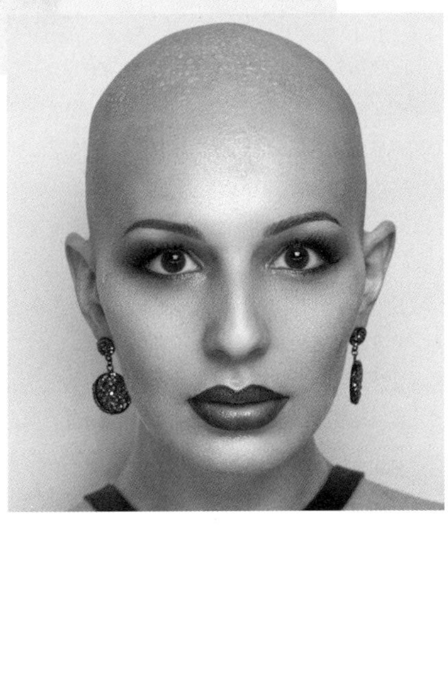

Von allen Zeichenmethoden für Gesichter gibt es viele Varianten. Hier wurde zum Beispiel der obere Kreis unterhalb der Nase angesetzt. Diese Abweichungen werden dir bei deiner Recherche im Internet begegnen. Wenn du den Aufbau der Proportionen verinnerlicht hast, kannst du die Methoden abwandeln und kombinieren.

Du übst das Einzeichnen in Fotos, was du auch digital machen kannst, sehr oft, bevor es an das freie Zeichnen geht. Es geht darum, die Wahrnehmung zusammen mit dem Wissen über tatsächliche Schädelanatomie zu schulen, damit das Gehirn irgendwann echte Proportionen abbilden möchte und nicht die vermuteten, wodurch die bekannten Verzerrungen entstehen. Selbst ein geübter Zeichner greift beim Planen seiner Motive wieder darauf zurück.

Profil – Schema

Gesichter im Profil zu zeichnen bringt dir viel über die richtigen Proportionen bei. Profilporträts kommen seltener vor, aber auch hier gilt natürlich die Ein-Drittel-Formel der Gesichtsaufteilung. Der Anfang ist bei allen Methoden immer ein Kreis, dem die Mittelachse und die Mittellinie folgen. Auch diese Methode, um Gesichter zu zeichnen, ist die Basis für die kommenden modernen Varianten.

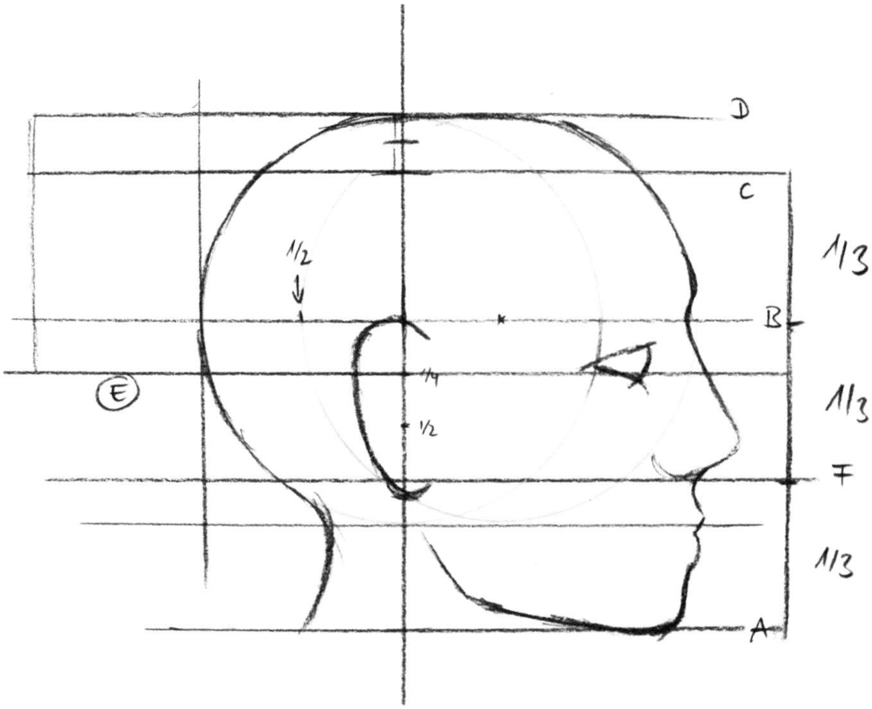

① Nimm mit deinem Zirkel ein beliebiges Maß auf und lasse dieses eingestellt. Zeichne einen Kreis und zeichne mit einem Geodreieck Mittelachse und Mittellinie ein. Du kannst dies auch freihändig anlegen, jedoch ist es mit Hilfsmitteln anfangs leichter, damit du ein Gefühl für die Abstände entwickelst. Mit der Zeit und mit Hilfe der Fotoübungen kannst du das Gesicht ohne Hilfsmittel aufbauen. ② Halbiere die Strecke des oberen linken Viertels auf der Mittellinie. Die Seitenlinie ist nur eine optische Stütze.

①

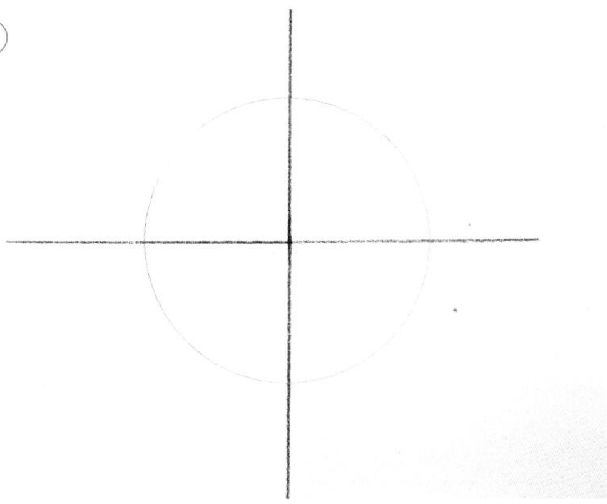

②

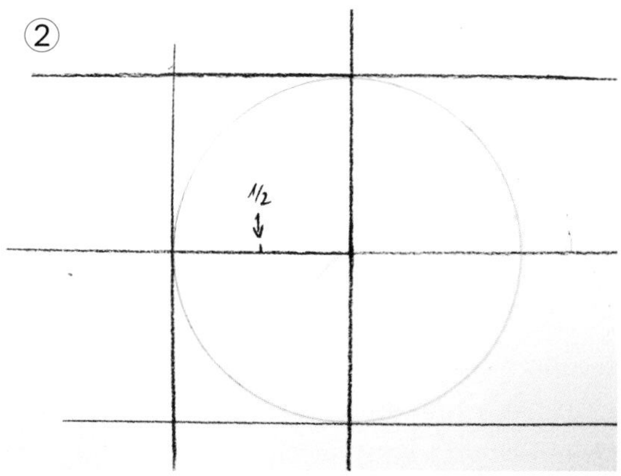

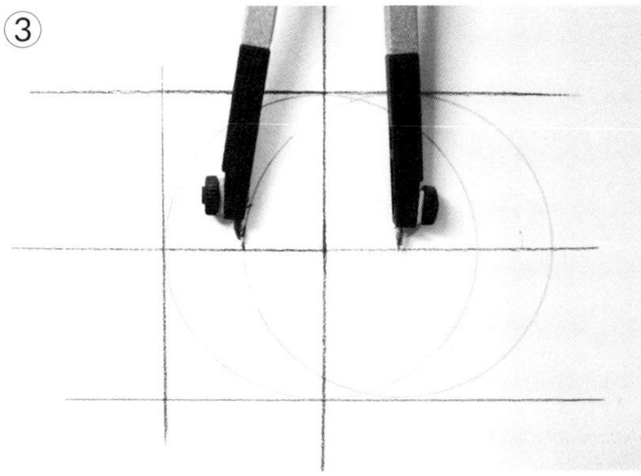

③ Nimm nun den Zirkel mit dem noch eingestellten Abstand, lege die Bleistiftspitze auf dem Punkt an und steche rechts auf der Mittellinie ein. Ziehe hier einen Kreis. So entsteht die Schädelbreite.

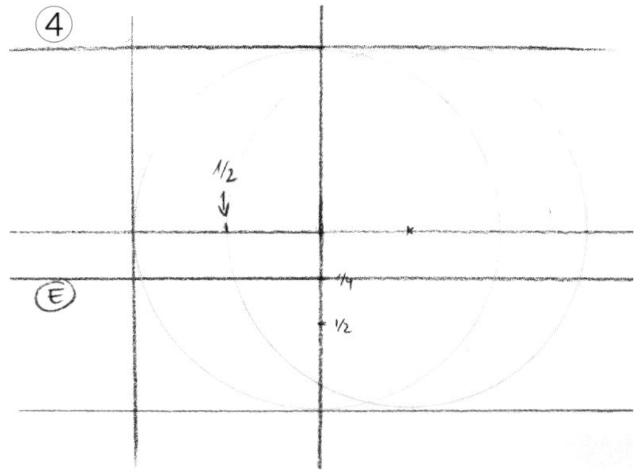

④ E ist die Augenlinie. Diese entwickelst du, wenn die Strecke der unteren Hälfte auf der Mittelachse halbiert und dieses Stück dann nochmals halbiert, also geviertelt, wird. Ziehe durch diesen Punkt eine Linie für das Auge.

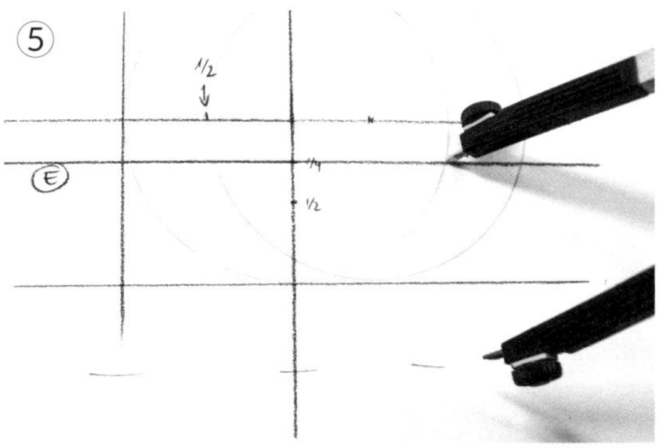

⑤ Nimm mit dem Zirkel einen neuen Abstand auf: Die Strecke vom Schnittpunkt der Linie D mit der Mittelachse bis zum Schnittpunkt der Augenlinie. Dann stichst du mit dem Zirkel auf der Augenlinie E ein und markierst mit dem Zirkel unten die Kinnline A.

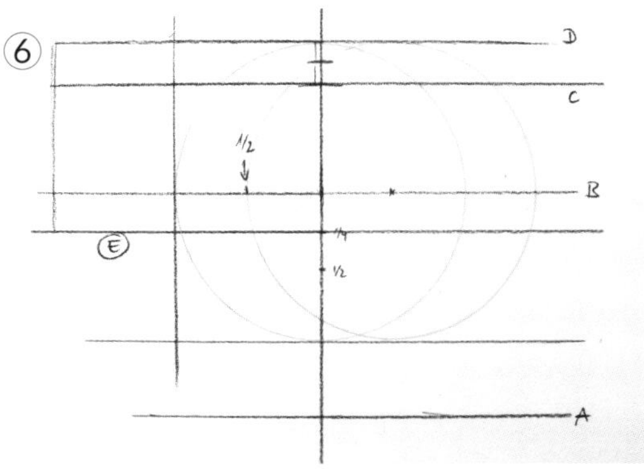

⑥ Ziehe hier eine horizontale Linie A für das Kinn. Die Haarlinie C erhältst du so: Als wir vorhin den zweiten Kreis gezeichnet haben, ergab dies oben einen Schnittpunkt auf der Mittelachse. Den Abstand von der Linie D zu diesem Schnittpunkt misst du ab und verdoppelst die Strecke um dieses Maß nach unten. Dieser Punkt ist die Position für die Haarlinie.

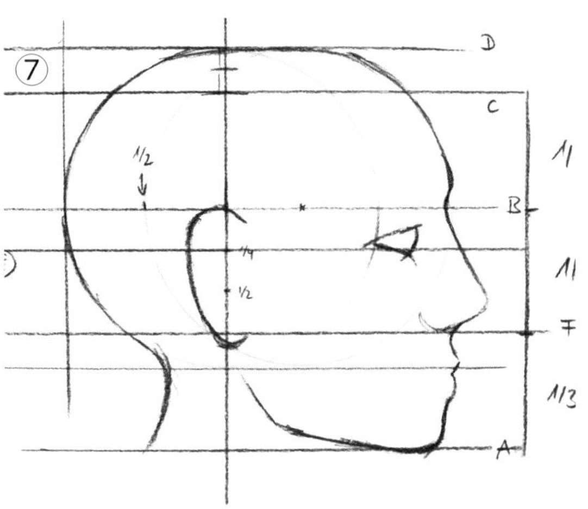

⑦ Den gesamten Kopf zeichnest du, wie in der Abbildung links, auf das Zeichengerüst: Augenbrauenwulst, Nasen- und Mundform musst du dabei grob zeichnen können. Dafür übt man die Gesichtselemente separat. Hier reicht es, wenn die Positionen und Proportionen stimmen. Du lernst in weiteren Kapiteln, Auge, Nase, Mund und Ohren zu zeichnen. Komm dann nochmal hierher zurück, um die Aufgabe zu wiederholen.

Profil – in Fotos einzeichnen

Mit dem Einzeichnen der klassischen Methode in ein Profilfoto, das du dir am besten auf DIN A4 ausdruckst, lernst du den Aufbau direkt mit natürlichen Positionen und Proportionen. Du kannst dies auch digital üben oder dir Transparentpapier über deinen Ausdruck legen, falls du ihn später noch zum Üben von Zeichnungen verwenden möchtest. Klarsichtfolien und wasserlöslicher Folienstift sind auch eine Möglichkeit für diese Übung – dann kann ein weiteres Familienmitglied die Übung mit demselben Ausdruck machen.

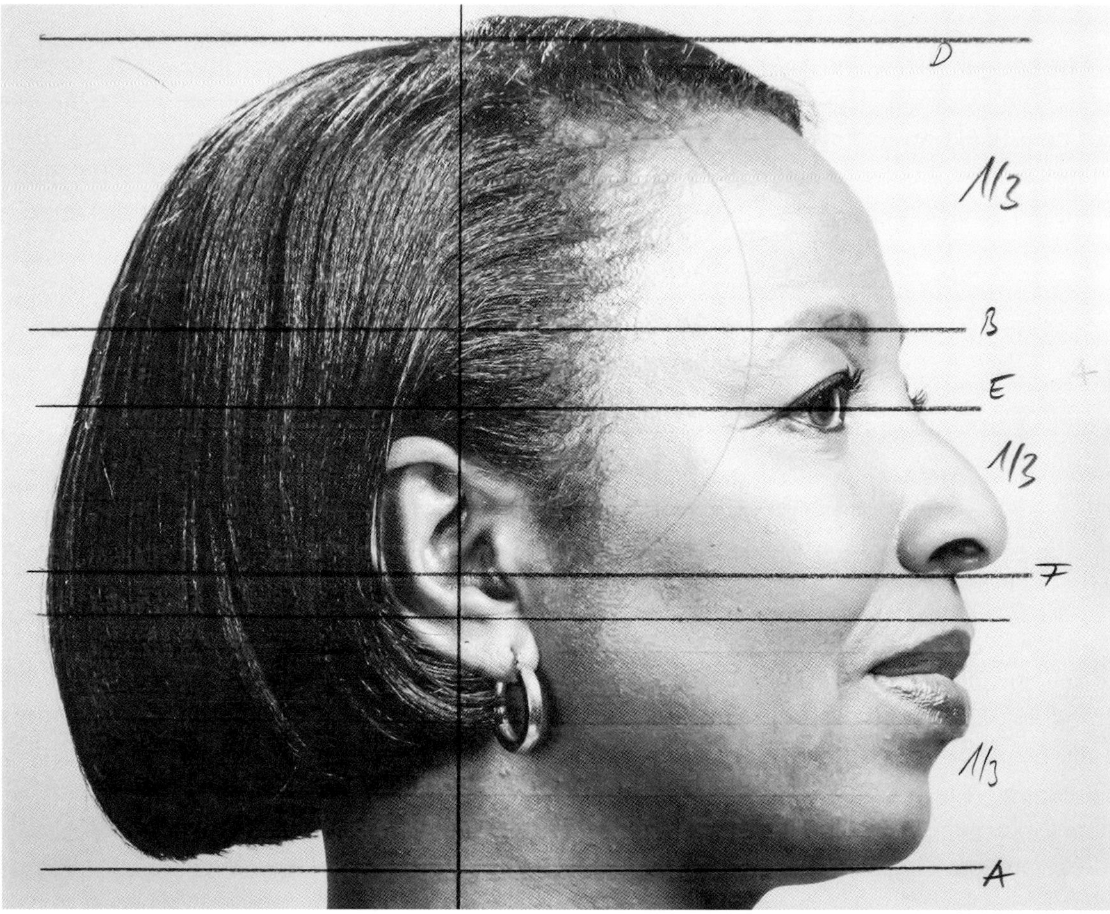

Zeichne die Linien nach der Anleitung auf den vorherigen Seiten in Fotoausdrucke von Profilen ein und beobachte, wie sich verschiedene Gesichter voneinander unterscheiden. Das schult deine Wahrnehmung für echte Proportionen. Achte auch darauf, was meistens ähnlich ist. Beim Zeichnen von Gesichtern geht es nicht darum, korrekte, starre Abstände der Gesichtselemente einzuhalten, sondern die Besonderheiten eines Gesichts zu zeichnen. Zunächst musst du mit vielen solcher Übungen ein Gefühl für die richtigen Proportionen verinnerlichen.

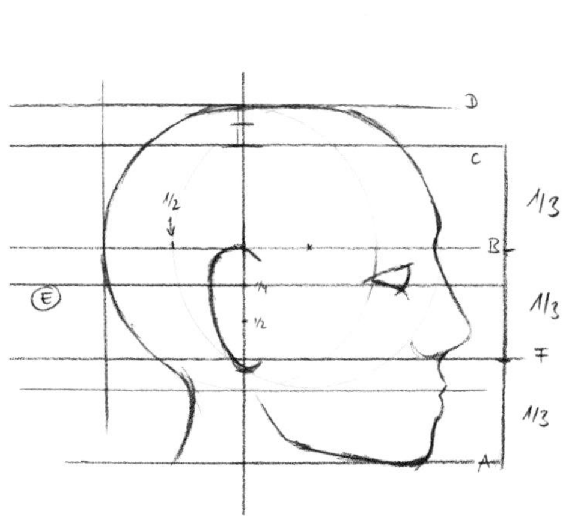

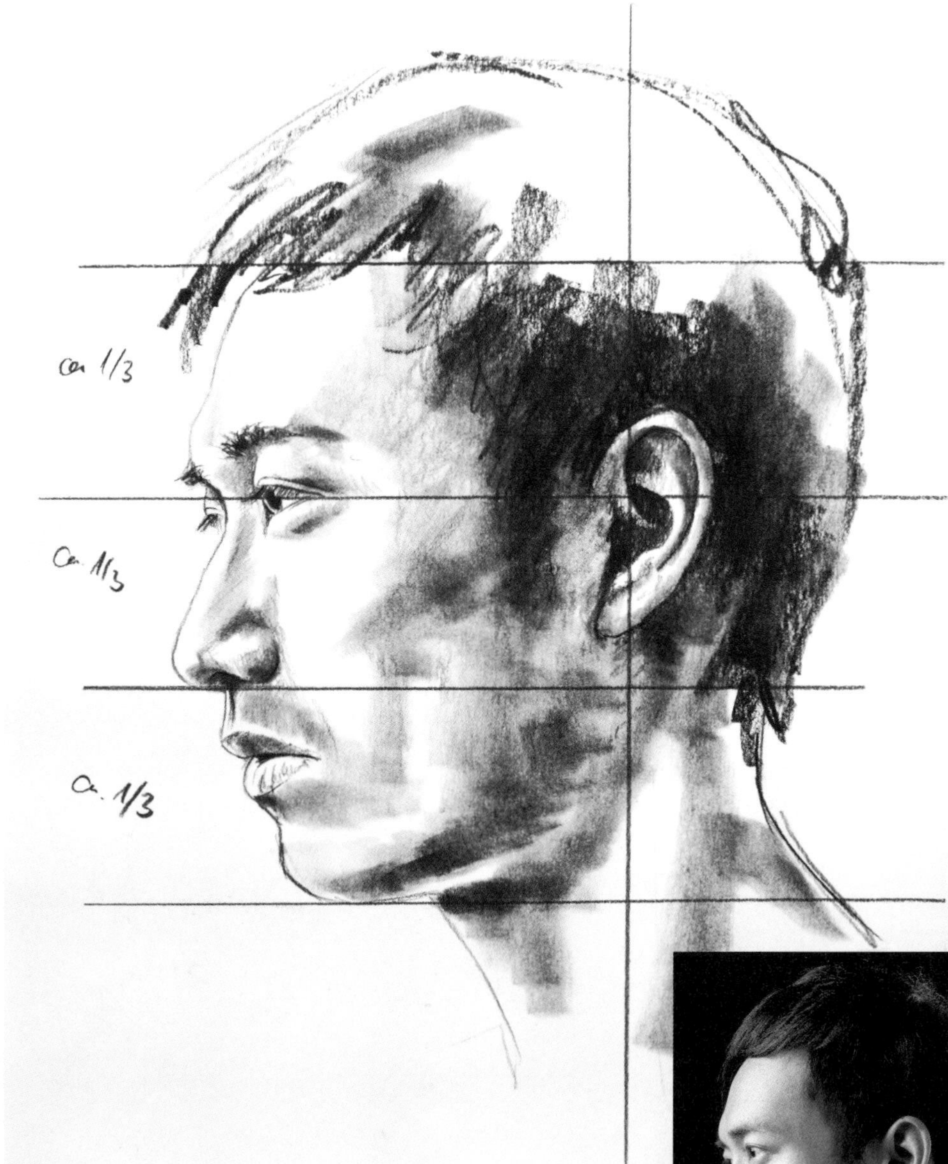

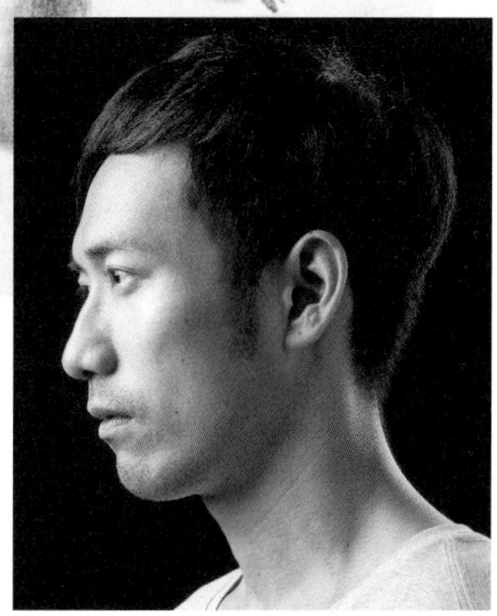

Wenn du nach einigen Übungen besser zurechtkommst, kannst du dir die Methoden auf das Wichtigste kürzen. Hier wurde lediglich die Ein-Drittel-Formel angewendet und danach das Foto abgezeichnet. Du kannst dies direkt in deine Fotovorlage einzeichnen, das Gitter auf dein Zeichenpapier übertragen und daran die richtigen Positionen ermitteln.

Hier wurde mit Kohlestift gezeichnet. Die Schraffuren sind locker und mit der langen Seite der Mine gezogen. Die hellen Passagen wurden ausgespart. Abstraktion durch Andeuten lässt deine Zeichnung dynamischer wirken.

2.4 Gesichtsaufbau modern

Es gibt viele moderne Methoden, um ein Gesicht zu zeichnen. Meistens ist es auch ein Mix aus verschiedenen Herangehensweisen. Alle bauen auf der klassischen Methode auf und entwickeln diese weiter. Die modernen Varianten gehen nicht nur auf die Proportionen und Positionen ein, sondern auch auf den Verlauf, den die Gesichtsflächen haben. Denn in der modernen Zeichnung geht es um das Setzen von Licht und Schatten.

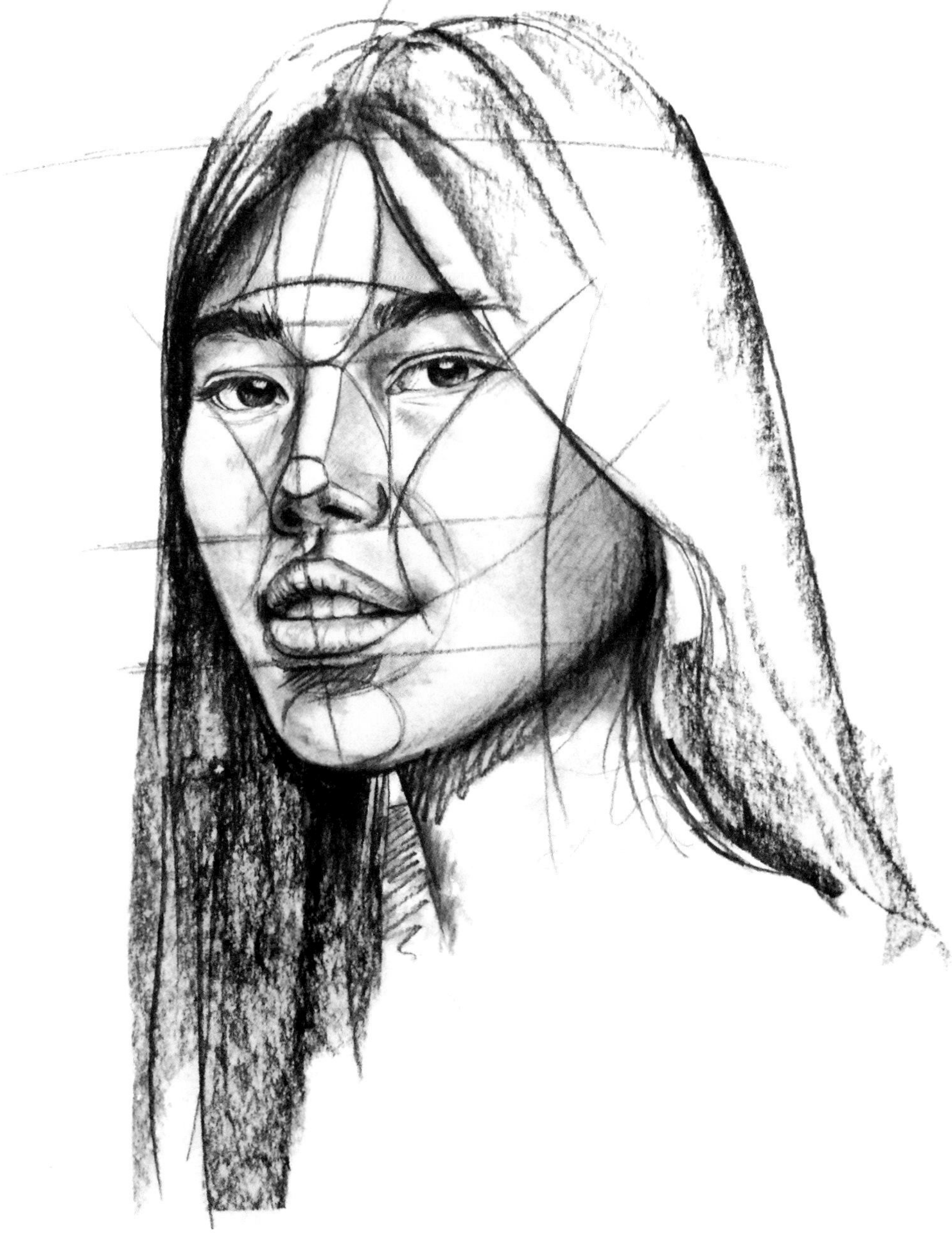

Das kann nur gelingen, wenn man moderne Methoden hat, die die Höhen, Tiefen und Kurven der Gesichtsanatomie berücksichtigen. Wenn du die modernen Methoden für alle Porträtperspektiven lernst, kannst du den Verlauf von Flächen einschätzen und dein Schraffurbild entsprechend anpassen. Gesichter, die so entstehen, sind nochmal deutlich natürlicher. Es wird auf den folgenden Seiten erst um das reine Schema gehen, das ohne reale Anhaltspunkte erstmal puppenartig wirkt. Aber das ist gut für das Üben! Umso mehr werden dir die individuellen Gesichtspartien bei echten Porträtarbeiten auffallen. Die Schemaübungen bereiten dich auf das Porträtzeichnen vor. Geübte Zeichner erkennen bei Gesichterzeichnungen schnell, ob sich jemand mit der Basis des Zeichnens beschäftigt hat.

Im Foto siehst du, wie auffällig die moderne Methode kurvige Linien verwendet. Bei der Klassik ist alles noch recht statisch. Es ist aber wichtig, die Klassik zu können, da du erst dann die Herleitungen der modernen Methoden verstehst. Die Ein-Drittel-Formel ist beispielsweise bei allen Methoden essenziell, genauso wie der Start mit einem Kreis – jedoch wird es in modernen methodischen Zeichnungen eher ein Oval, da dieses der Anatomie des Schädels viel näher kommt.

Die folgenden Methoden der Gesichtsperspektiven wurden alle freihändig gezeichnet. Ein Zirkel oder Geodreieck ist an dieser Stelle nicht mehr nötig, da sich das Gitter wie in einer mathematischen Formel von selbst aufbaut. Die natürlichen Proportionen lernst du durch das Einzeichnen der Methoden in ausgedruckte oder digitale Fotos.

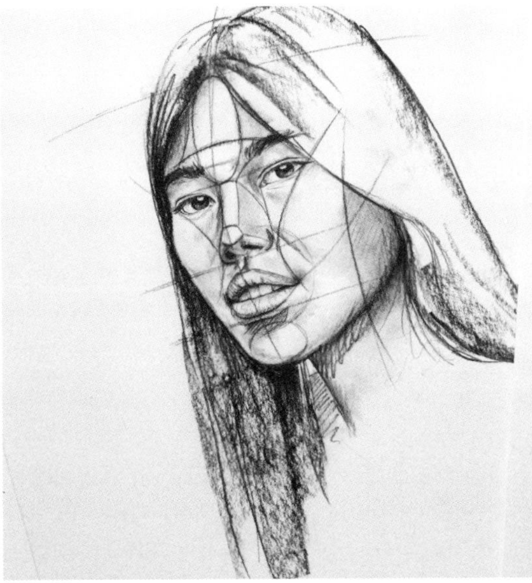

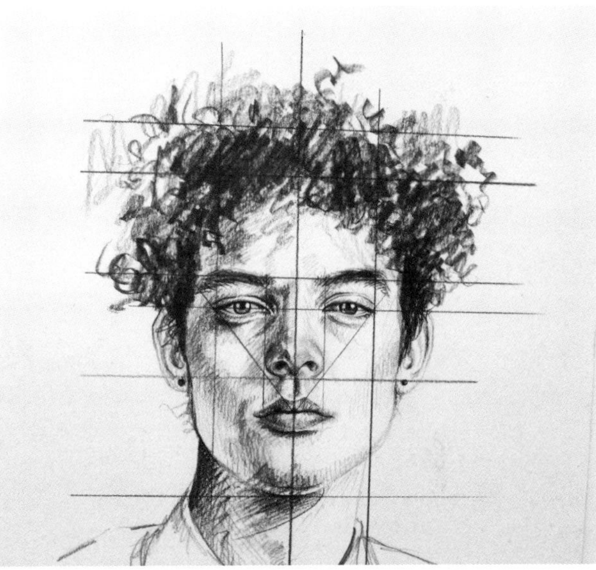

Die Materialien für den modernen Gesichtsaufbau umfassen daher nur Stift und Papier. Die Zeichnungen wurden hier alle mit Kohlestift angefertigt, da dies für ein Buch einen besseren Kontrast liefert – du kannst sie genauso gut mit Bleistift zeichnen, sie werden dann nur nicht so dunkel und prägnant.

Einen Radiergummi brauchst du ebenfalls nicht, da du die folgenden Übungen gleichzeitig dafür verwenden kannst, um deinen »suchenden Strich« zu üben. Das ist eine lockere, sich wiederholende Strichführung, die du sogar für finale Zeichnungen verwenden kannst, um einen sketchy Look zu erreichen.

Ein Tipp an dieser Stelle: Sollte es dir schwerfallen, am Tisch sitzend zu zeichnen, während dein Blatt Papier auf der Tischfläche vor dir liegt, und deine Zeichnung beim Anheben Verzerrungen aufweisen, dann ist dein Gehirn noch nicht ausreichend darin geschult, diese perspektivische Sicht auf das Papier auszugleichen.

Das ist der Grund, warum es aufstellbare Zeichenpulte gibt. Mit einem Zeichenpult, das du dir auf deinen Tisch stellen kannst, gleichst du diese perspektivischen Sichtverzerrungen aus, indem du die Fläche des Zeichenpults auf z.B. 45° anwinkelst.

Frontal

Der moderne frontale Gesichtsaufbau berücksichtigt auch den Verlauf der Gesichtsflächen. Das ist wichtig, um frei zu schattieren und Schraffuren korrekter zu setzen. Dadurch, dass es nicht nur um Position und Proportionen geht, wird es natürlich viel komplexer. Es ist kompliziert, dies per Text und Bild zu erläutern – in meinen Kursen findest du verständlichere Videos darüber.

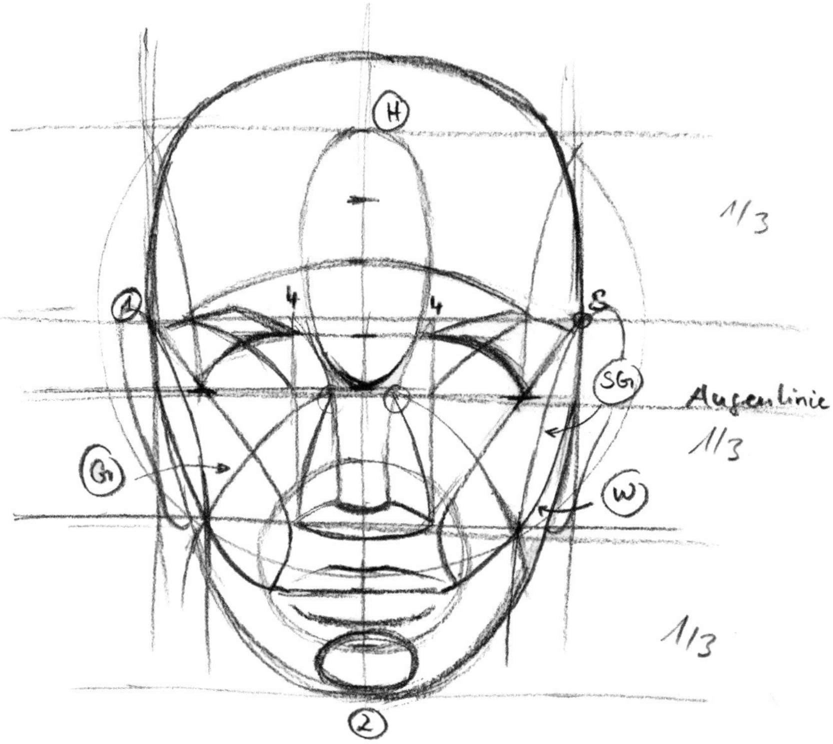

① **Die moderne Aufbaumethode** für die frontale Ansicht beginnt, wie alle Zeichenformeln, mit einem Kreis, in den Mittelachse und Mittellinie gezeichnet werden. Weil wir durch die Schädelanatomie wissen, dass unser Kopf nicht rund ist, teile gleich die Seitenpartien ab.

② Nach Augenmaß setzt du nun das untere Drittel in etwa den gleichen Abstand wie das mittlere Drittel. Das ist die Kinnlinie. Von Punkt 1 ziehst du nun die Kieferpartie nach 2. Das sollte einfach sein, da du die Proportion schon aus der klassischen Methode kennst.

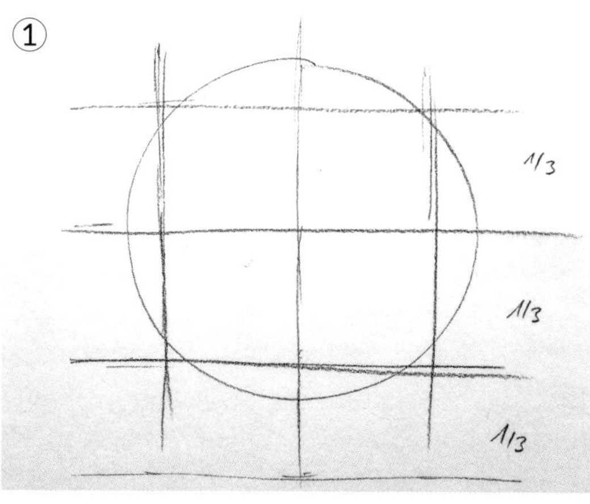

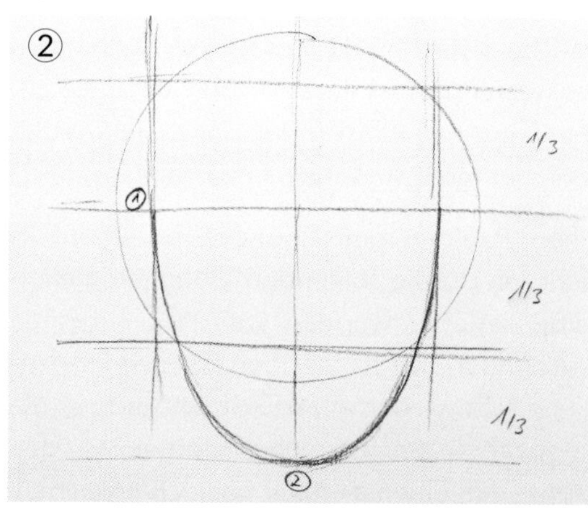

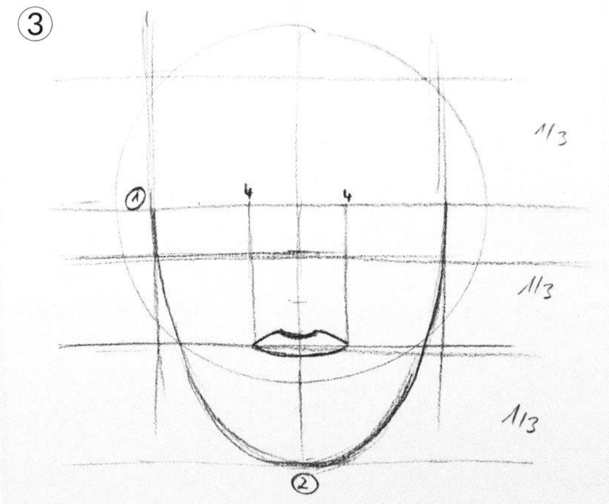

③ Für die Augenlinie drittelst du das mittlere Drittel erneut und nimmst die obere Markierung. Dann legst du, wie in der Klassik, die beiden vertikalen Nasenstege an. Die Breite richtet sich in etwa danach, wie groß die Augen sein sollten, da die Nasenbreite der Breite eines Auges entspricht. Zeichne dies nach Gefühl ein. Mit Übung wirst du präziser.

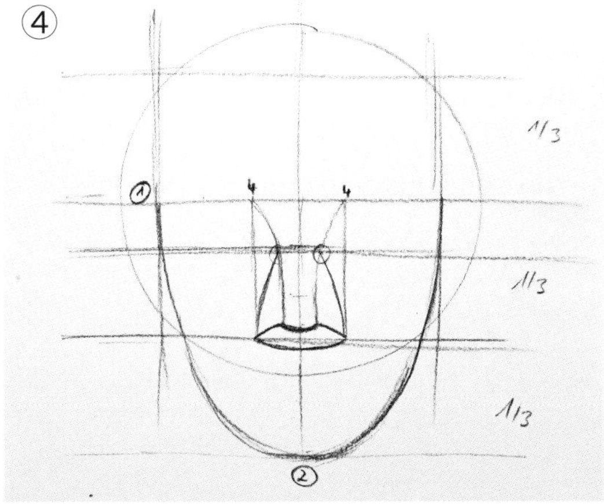

④ Als Nächstes folgt dieses geschwungene Trapez, das du wie in der Abbildung positionierst. Den Nasenrücken zeichnest du von dem Punkt 4 mit einer Kurve beim Nasenansatz zur Nasenspitze. Die Nasenflügel beginnen bei den Schnittpunkten auf der Augenline bis zum äußersten Punkt der Nasenfront. Das ist nur der Nasenbereich, nicht die Nase selbst.

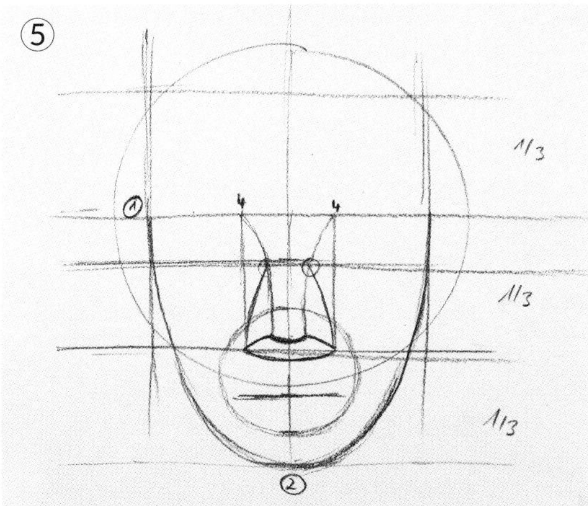

⑤ Denn die Gesichtselemente zeichnest du dann in diese Bereiche des Gesichtschemas ein. Für den Mundbereich zeichnest du einen Kreis oder ein Oval von der unteren Drittelmarkierung im mittleren Bereich bis zu der gleichen Drittelung im unteren Teil. Dies grenzt die Fläche für den Mund mit Nasalobialfalte ein. Es gibt an, wie breit ein neutraler Mund maximal werden darf. Lerne alle Abschnitte am besten einzeln und füge sie später zusammen.

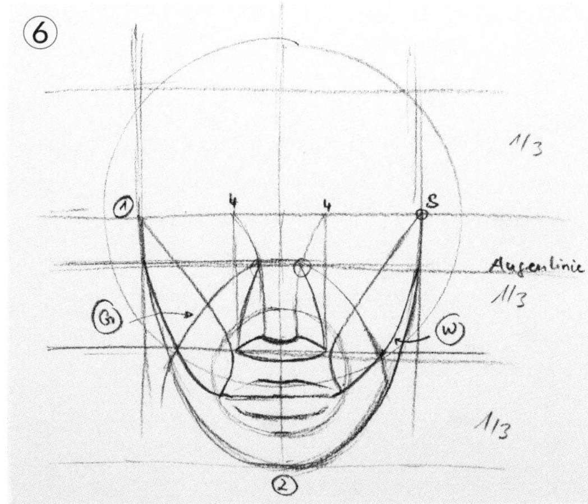

⑥ Jetzt zeichnest du die Linien für den Verlauf der Wangenknochen und der Wangen. Die Linie führt vom Mundaußenwinkel zur Nase, kurz davor daran vorbei hoch zu Punkt S auf der Augenbrauenlinie. Die Wange grenzt du ein, wenn du vom Mundaußenwinkel in einer Kurve zur Augenlinie zeichnest: die Linie W. Vom Nasenansatz zeichnest du zum Schnittpunkt auf der Nasenlinie von Linie G und der Wangenknochenlinie: Das ist Linie G.

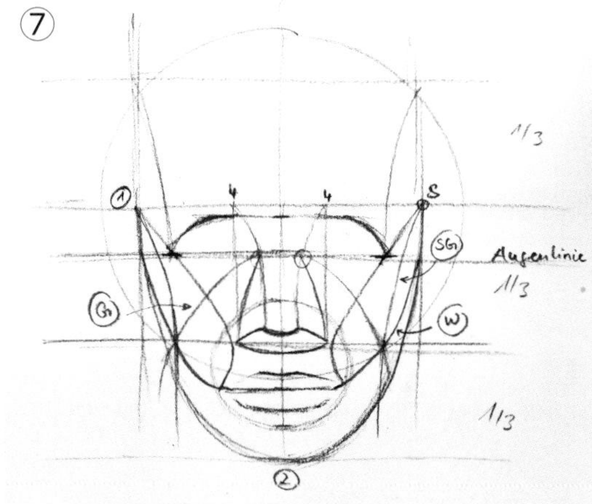

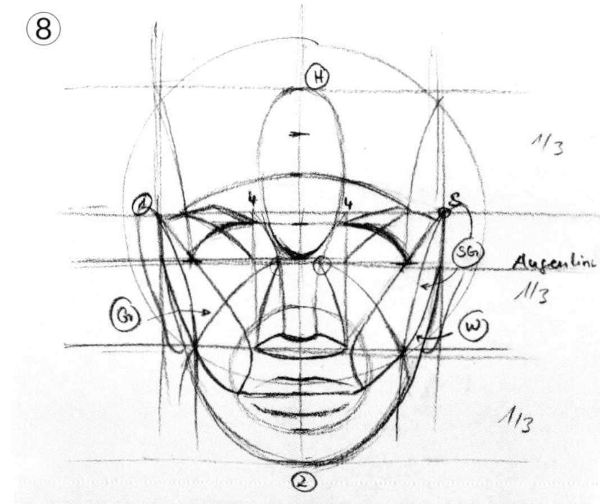

⑦ Nun zeichnest du den Bereich für die Augen. Der Unterschied zur klassischen Methode ist, dass die Augen auf der Augenlinie liegen. Bei der Klassik geht diese Linie durch die Augen. Bei der modernen Methode drittelst du den Bereich zwischen Augen- und Augenbrauenlinie und zeichnest vom Schnittpunkt der Wangenknochenlinie mit der Augenlinie eine leichte Kurve auf diesen Punkt zu. ⑧ Die Schläfenlinie ziehst du aus den Ecken an der Haarlinie H zum Augenaußenwinkel. Der Schnittpunkt dieser Linie mit der Augenbrauenlinie ergibt den Startpunkt für den Stirnwulst. Mit H zeichnest du ein Oval bis zur Augenlinie – diese zeigt die frontale Stirnfläche an. Die Augeninnenwinkel grenzen sich ab, wenn du vom Schnittpunkt des Nasenstegs mit der Augenlinie eine leichte Kurve zum Schnittpunkt der Schläfenlinie mit der Augenbrauenlinie zeichnest.

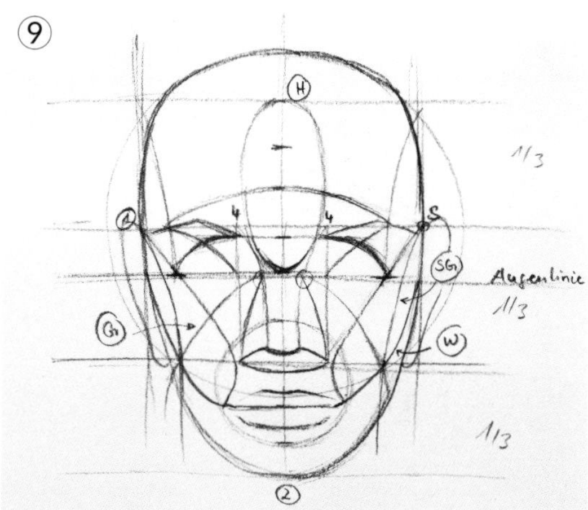

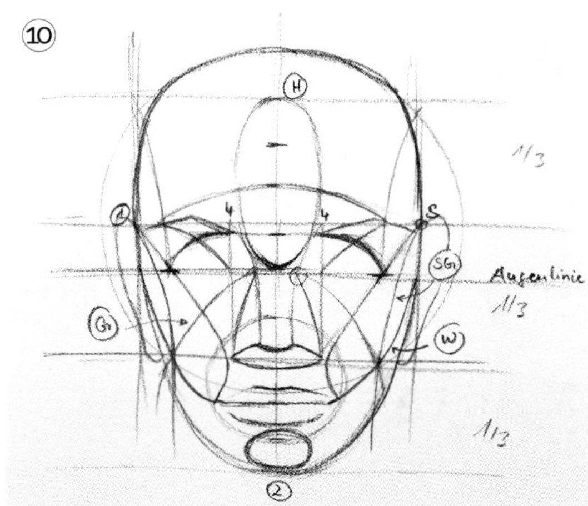

⑨ Die Linie SG kannst du zu einem beliebigen Zeitpunkt hinzufügen. Diese verläuft von S in einer Kurve zum Schnittpunkt von G und W. Sie markiert die Flucht des seitlichen Gesichts nach hinten, wie du es in der Schädelanatomie sehen kannst. Zeichne nun den Schädel um dein Gesicht. Die Kreisgrenze oben ist die Schädeldecke und die anfangs abgeteilten Seitenpartien bilden die flachen Gesichtshälften zum Ohr. Dieses kannst du aus der Wangenknochenlinie bei Punkt S in einem Schwung herausentwickeln. Es verläuft je nach Anatomie leicht bis über die Nasenlinie hinaus. ⑩ Zeichne zum Schluss mit einem Oval das Kinn ein, dann hast du auch hier Anhaltspunkte für den Verlauf deiner Schraffuren bei Licht und Schatten. Jede Linie dieses Gesichts hat sich aus einer vorherigen ergeben.

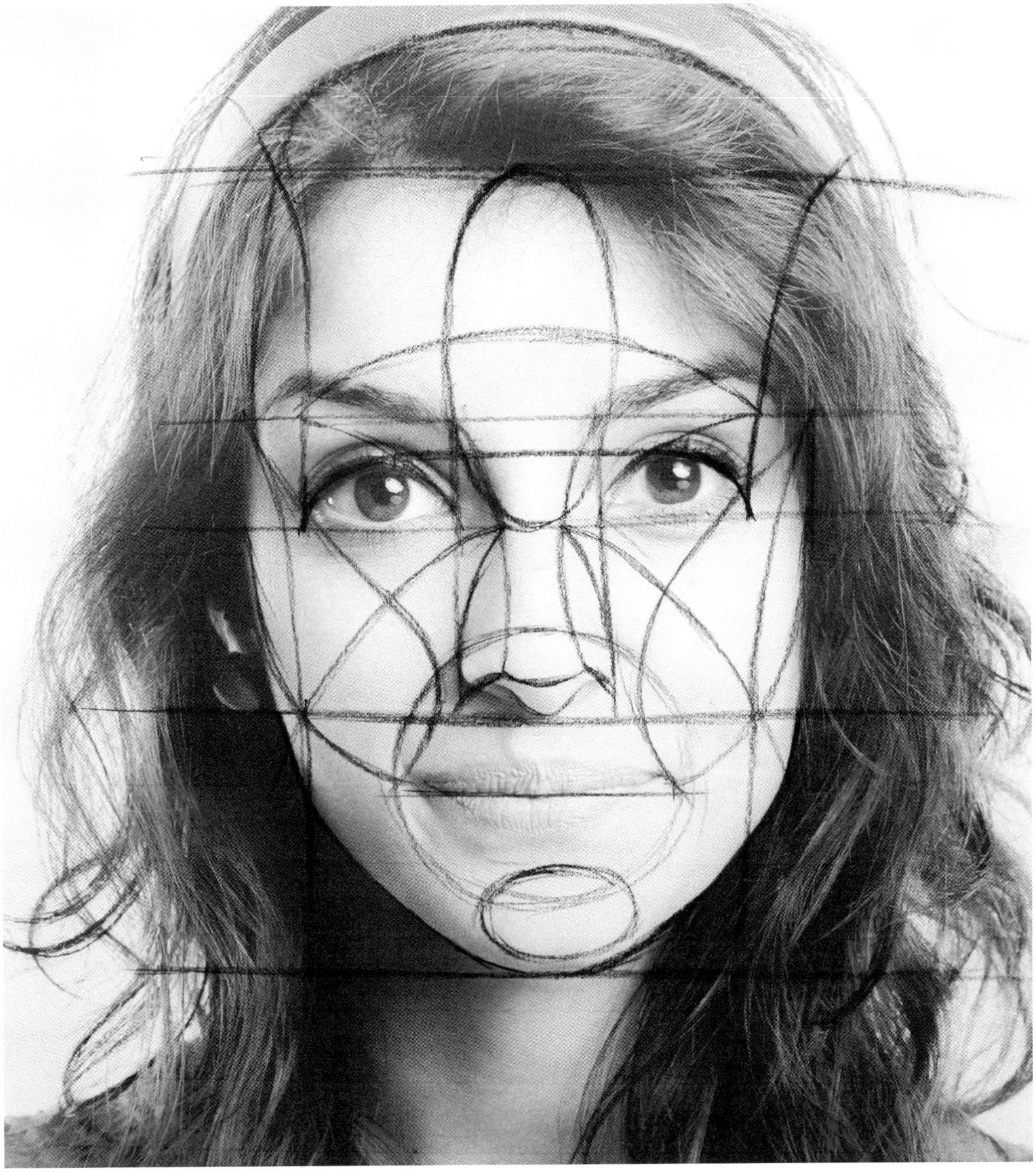

Auch bei der modernen Methode ist es eine wunderbare Übung, den Aufbau Schritt für Schritt in Fotos einzuzeichnen. Dies schult wieder dein Gehirn für reale Proportionen und du lernst, welche Linie welchen Gesichtsbereich eingrenzt, denn das Schema ist nicht das Gesicht selbst. Es zeigt dir, wo die korrekten Positionen für die Gesichtselemente sind und welcher Bereich wie verläuft, um dann Schraffuren für Schatten setzen zu können. In der modernen Methode wird viel klarer, dass unser Gesicht keine Kugel oder Oval ist und dass die Gesichtsbereiche selbst ihre eigenen Höhen und Tiefen haben. Außerdem helfen die Passagen dabei, unterschiedlich dunkle Partien zu schraffieren, um Lichtsituationen korrekter darstellen zu können. Dies findest du als Beispiel auf Seite 29. Von der dortigen groben Skizze kannst du durch die Einteilung des Gesichts in Passagen schöne Licht-Schatten-Situationen schraffieren. Mehr dazu erfährst du im Kapitel 5 (»Porträts zeichnen«).

Profil

Beim Profil der modernen Methode ist es interessant, dass auch der Verlauf der Wangenknochen berücksichtigt wird. Die Drei-Drittel-Methode und der Aufbau mit einem Kreis bzw. Oval sind wie bei allen anderen Zeichenformeln gleich. Diese Perspektive kommt seltener vor – das Lernen des Aufbaus im Profil hilft dir jedoch dabei, ein Verständnis für die Gesichtspartien bei anderen Perspektiven zu entwickeln. Dieser Abschnitt setzt die vorherigen Seiten als Wissen voraus.

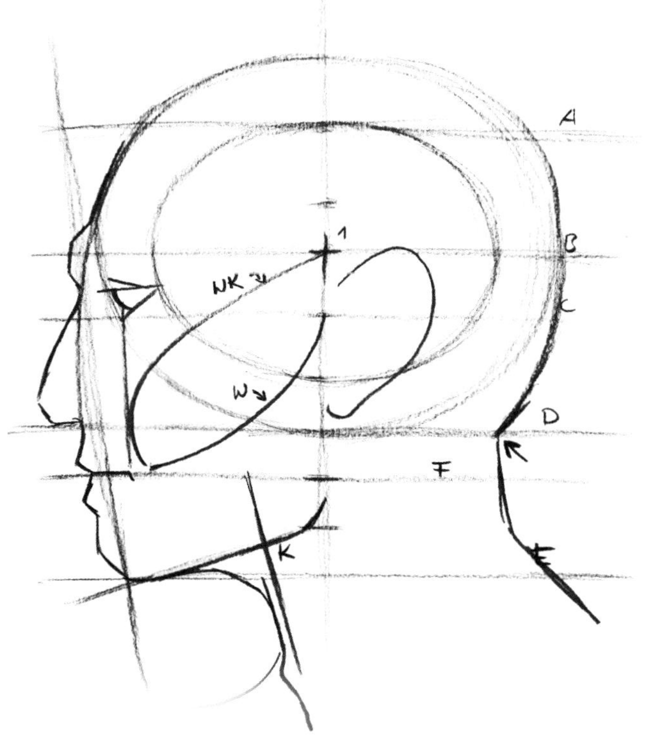

Im Profil beginnt die Zeichnung mit einem Oval, da die tatsächliche Schädelanatomie bei modernen Zeichenformeln berücksichtigt wird. ① Zeichne wie zuvor Mittelachse und Mittellinie ein. ② Drittel beide Hälften, zeichne die Haarlinie A, markiere B als Augenbrauenlinie, C ist die Augenlinie, D die Nasenlinie und E fügst du in etwa gleicher Breite wie die anderen beiden Partien als Kinnlinie hinzu. All das kannst du nach Augenmaß zeichnen.

①

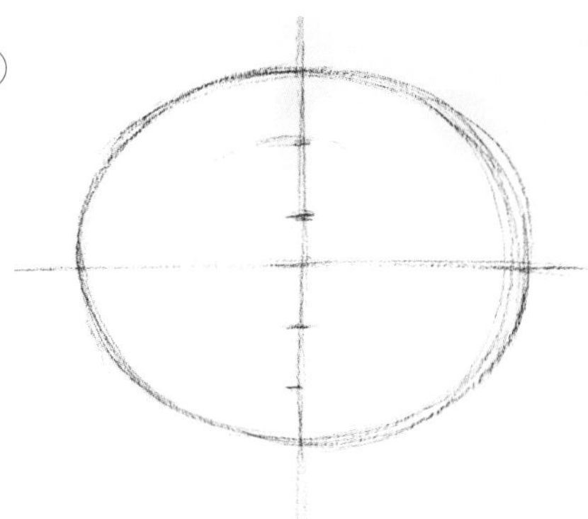

②

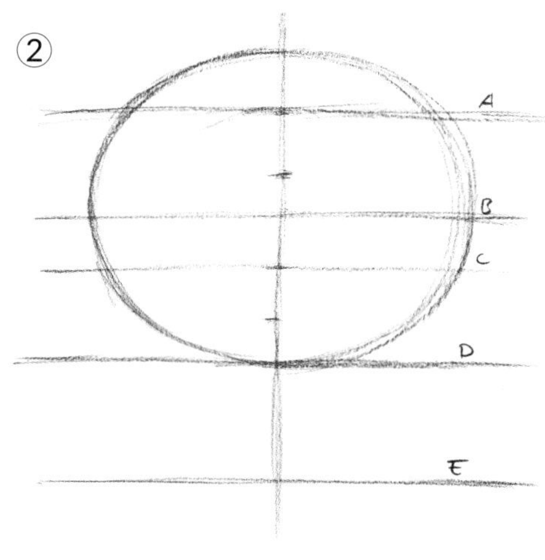

③

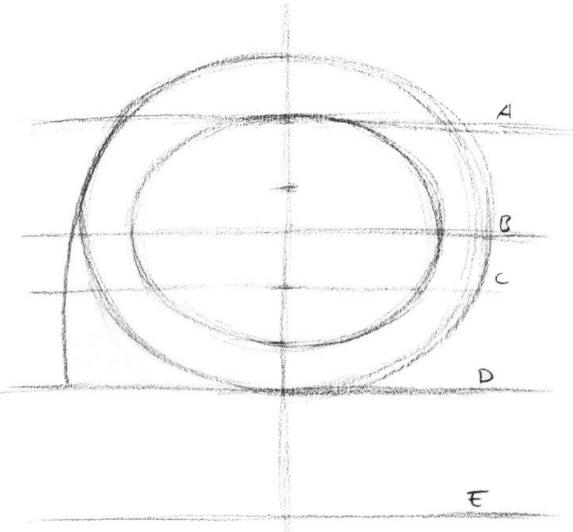

④

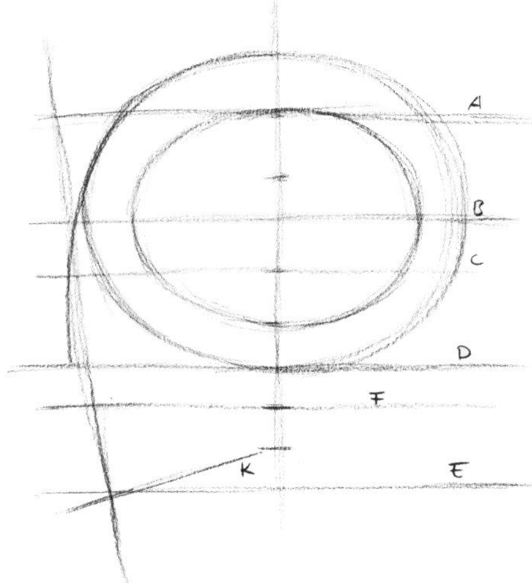

③ Das Gesicht ist nach links ausgerichtet. Verlängere das Oval um eine leicht geschwungene Linie auf die Linie D. Dies ist eine Hilfslinie, um gleich das Gesicht zu zeichnen. Stell dir hier den Verlauf des Knochenschädels unter dem Gesicht vor und grenze dies, wie bei allen Schemaaufbauten, ab. Deswegen ist so wichtig, sich mit der Schädelanatomie auseinandergesetzt zu haben. Du zeichnest besser, wenn du weißt, warum Proportionen so aufgebaut werden. ④ Als Nächstes markierst du dir mit einer schrägen Vertikalen das Ende der Schädelfront unter dem Gesicht. ⑤ Die Kieferlinie verläuft in einem

⑤

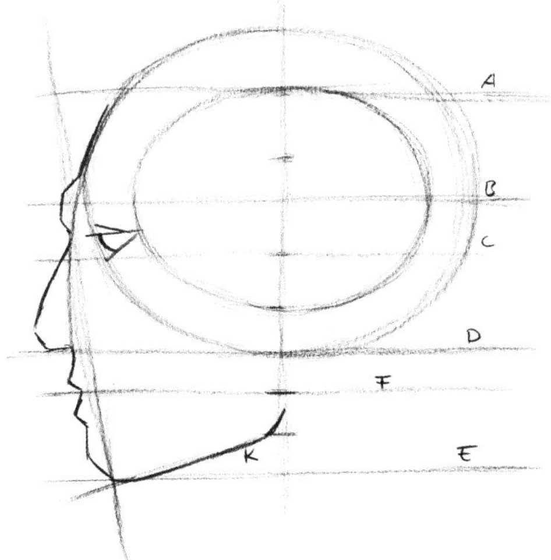

⑥

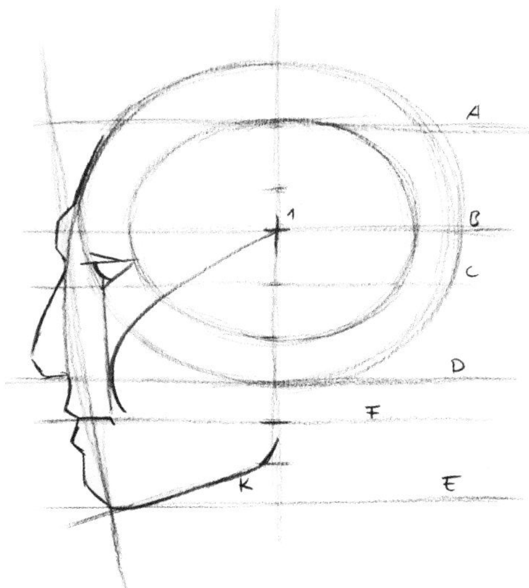

Winkel zum unteren Drittelpunkt. Orientiere dich beim Zeichnen des Gesichts an den Gesichtslinien. Die Erfahrung, welche Form wie zu zeichnen ist, kommt durch die Übung mit Fotovorlagen. Das Auge liegt auf der Augenlinie innerhalb der ovalen Markierung. Verbinde das Kinn mit der Kieferlinie. Der Mund ist so breit, wie es die Hilfslinie bei der frontalen Ansicht zum Auge anzeigt. Im Profil sieht es aus wie in der Zeichnung dargestellt. ⑥ Die Wangenknochenlinie verläuft von 1 in einer Kurve zum Mundaußenwinkel. Vergleiche an dieser Stelle den Aufbau mit der modernen frontalen Zeichenmethode.

⑦

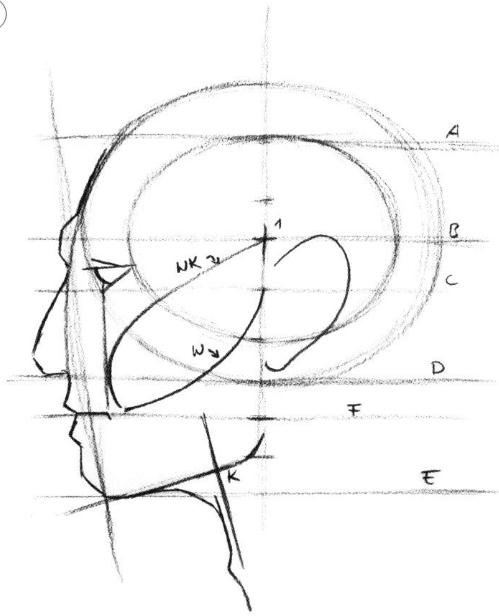

⑧

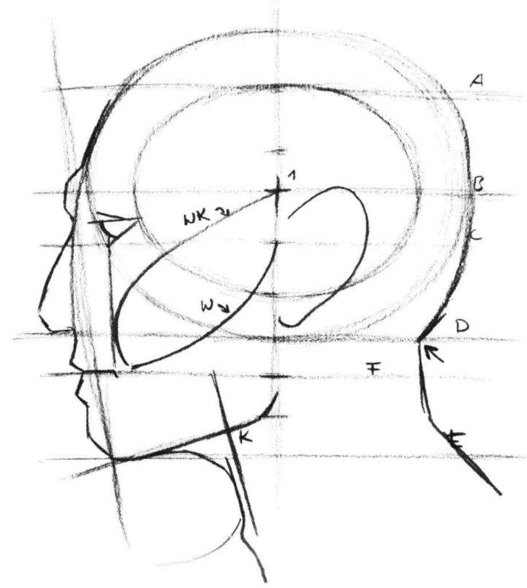

⑦ Die Wangenlinie führt vom Mundaußenwinkel zum Schnittpunkt der Augenlinie mit der Mittelachse. Das Ohr liegt bei den meisten Gesichtern auf oder hinter der Mittelachse, zwischen Augenbrauenlinie und Nasenlinie. Der Hals ist durch eine vom Kinn geschwungenen Kehlenlinie mit dem Kopf verbunden.

⑧ Der Schädel lässt sich bei einem Oval aus diesem entwickeln, dabei schließt der Nacken etwa auf Höhe der Nasenlinie am Hinterkopf an. Dies ist nun das Schema eines männlichen Kopfs. Derselbe Aufbau bekommt weibliche Züge durch Abänderung von Details wie einem schmaleren Kinn oder einer femininen Nase.

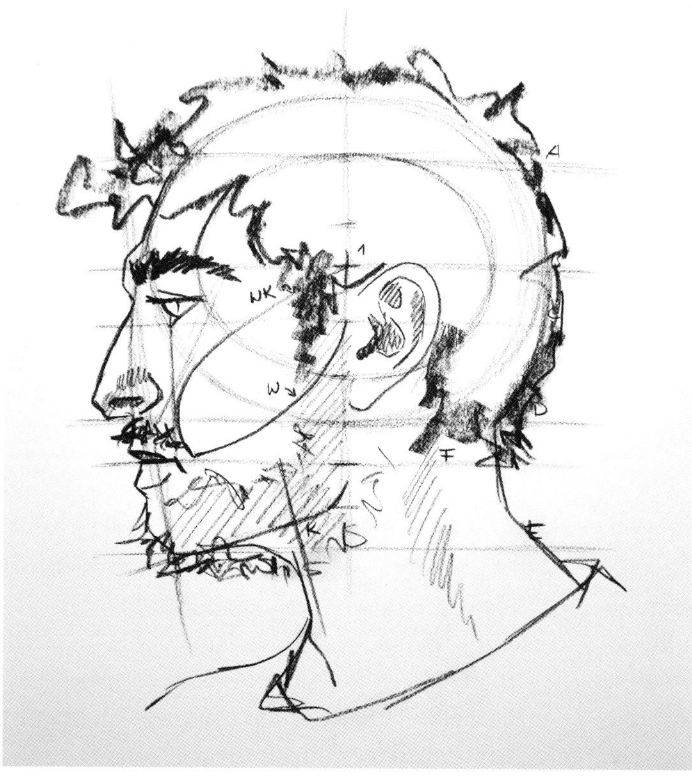

Links siehst du ein Beispiel, wie das Schema ausgearbeitet werden kann, damit es seinen neutralen Charakter verliert.

Durch wenige grobe Schraffuren wurden Haare über dem Schädel gezeichnet, der Bart hinzugefügt und die Augenbrauen schraffiert. Deren Außenpunkt wird mit demselben Winkel wie in der klassischen Methode ermittelt. Die Wangenknochenlinien lässt du in der Reinzeichnung weg und schattierst diese Stelle stattdessen.

Hier wurde mit sehr wenigen Strichen Individualität erreicht. Erst nach viel Training kannst du dies korrekt aus dem Kopf zeichnen.

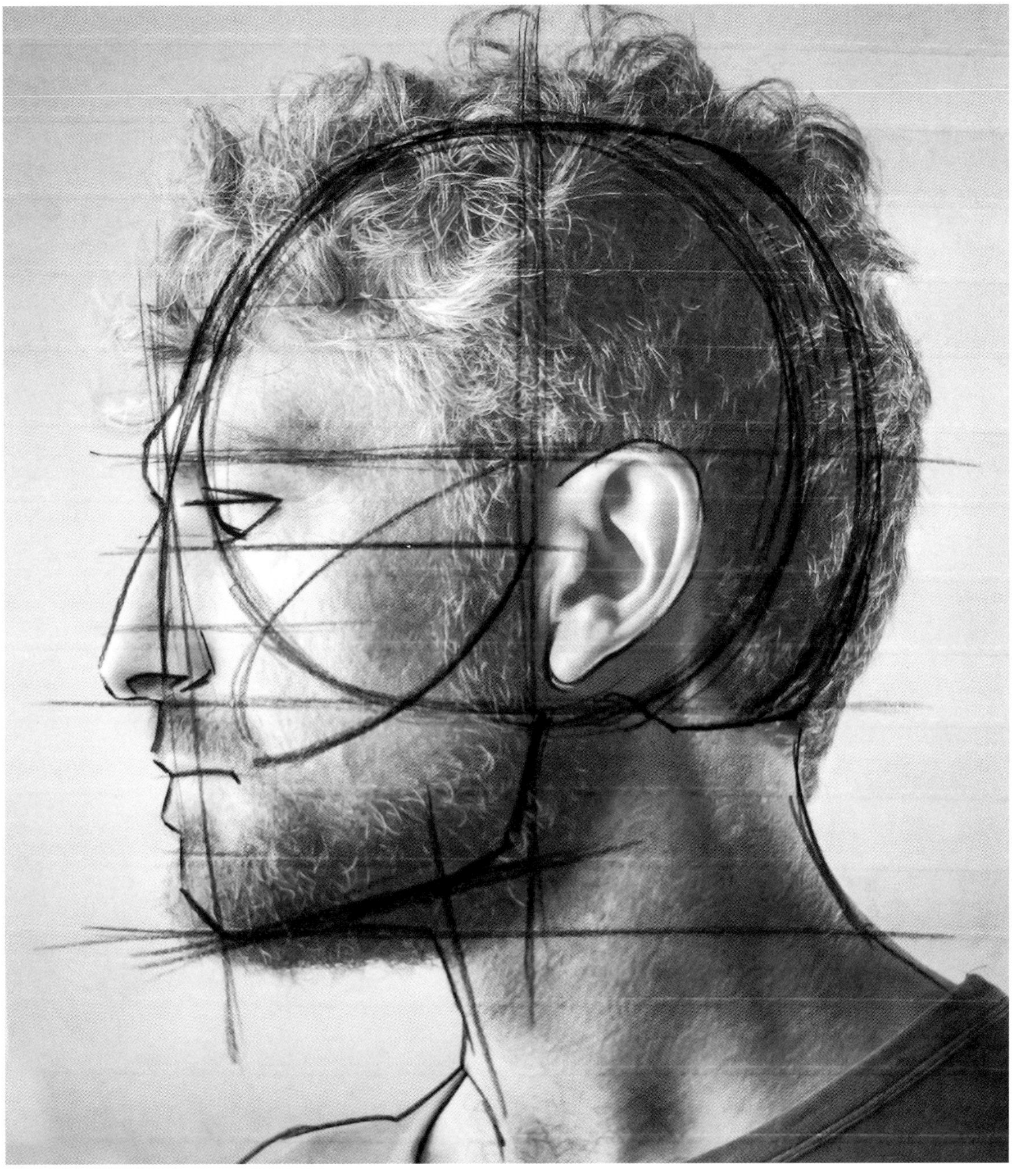

Das Einzeichnen in Fotos, am besten auf Fotos vieler verschiedener Gesichter, trainiert dein Auge bzw. deine Wahrnehmung für echte Proportionen und füttert dein Gehirn mit Informationen über das menschliche Gesicht. Dir wird auch auffallen, dass nicht jedes Gesicht in die Drei-Drittel-Formel passt. Diese ist ein Richtwert, aber die Natur weicht natürlich auch davon ab. Genau diese Details sind das Spannende beim Zeichnen. Hier wurde wieder mit Kohlestift auf einen Papierfotodruck gezeichnet. Es funktioniert auch digital am Tablet. Die Anleitungen Schritt für Schritt in Fotos einzuzeichnen ist anfangs leichter als sie direkt auf weißem Papier umzusetzen. Auch dafür braucht es viel Übung. Es ist normal, wenn dies am Anfang des Trainings nicht so gelingt wie im Buch. Lege dir am besten ein Skizzenbuch an, um deinen eigenen Fortschritt beobachten zu können – das motiviert!

Modern 3/4

Das Dreiviertelprofil, das Halbprofil und das Viertelprofil begegnen einem in der Porträtzeichnung am häufigsten. Bei dem Schema unten handelt es sich um das Halbprofil. Das Kapitel heißt 3/4, da es sich etabliert hat, alle drei Perspektiven unter dieser Bezeichnung zusammenzufassen. Das Schema ist konsequent schmucklos nach der modernen Zeichenformel für eingedrehte Perspektiven aufgebaut und versprüht daher den Charme eines Crash-Test-Dummys.

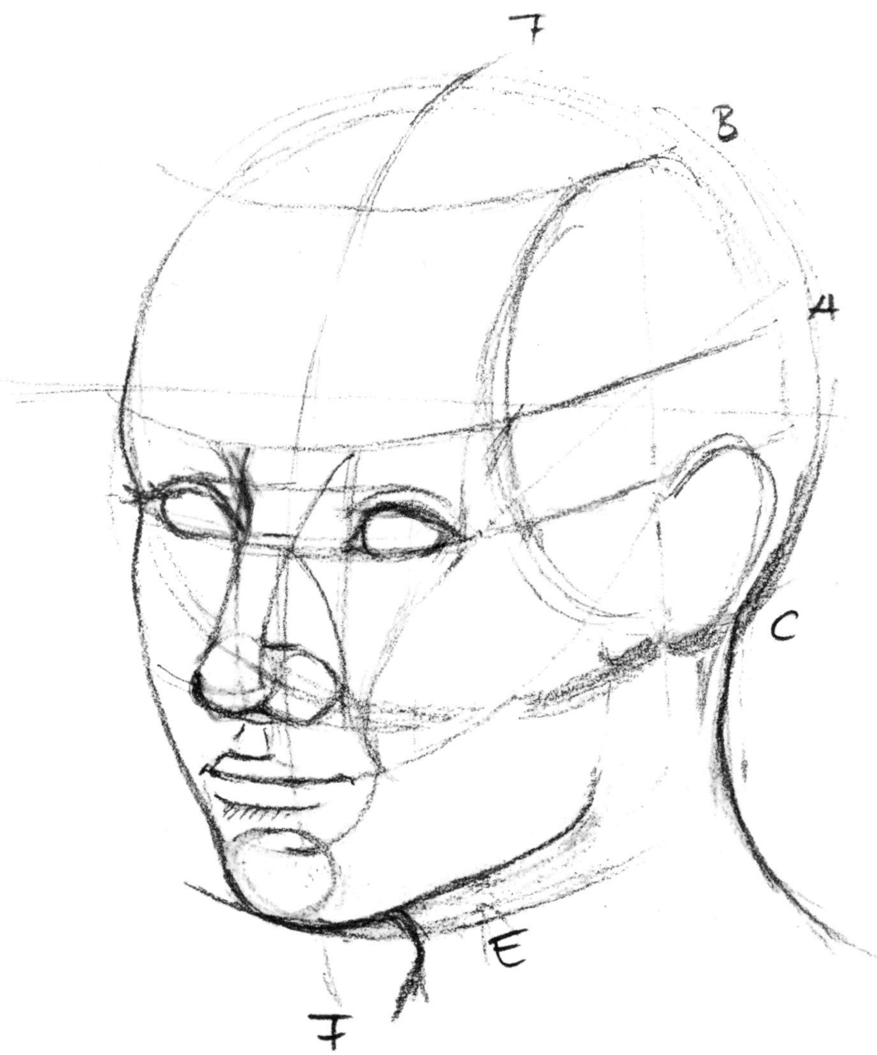

Die moderne Methode für Dreiviertelperspektiven macht einen komplexen Eindruck, jedoch ist es Dank des logischen Aufbaus leichter zu zeichnen als du vielleicht denkst. Alle Schritte wurden wieder mit einem Kohlestift auf Papier ohne Radiergummi gezeichnet. Das Schema gibt die Struktur für Proportionen, Positionen und Verlauf der Gesichtselemente wieder, nicht für das Gesicht selbst. In die Formen und Flächen werden später die Gesichtselemente eingezeichnet, bzw. ausgearbeitet. So kannst du Teile verschiedener Vorlagen kombinieren.

①

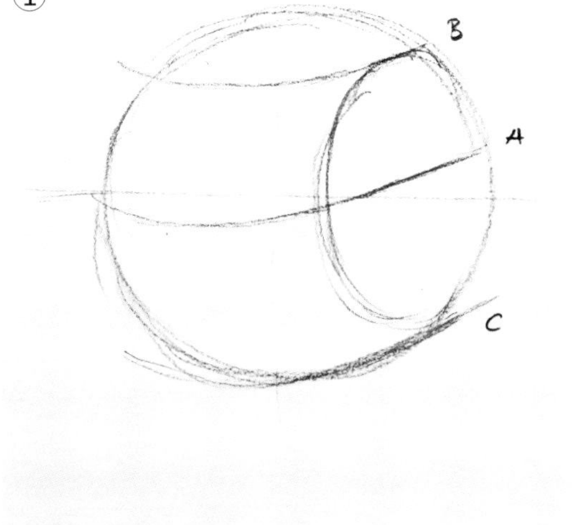

②

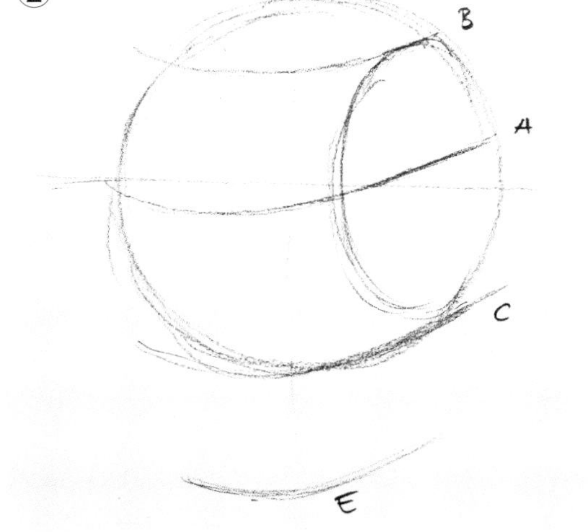

① Hier zeichnest du einen Kreis, der auch leicht oval sein darf. Teile die Seitenpartie für die flache Kopfseite, wie in der Abbildung, mit einem weiteren Oval ab. Statt des bisherigen Kreuzes verläuft die Mittellinie A hier räumlich nach vorne in einen Bogen. Dies ist die Augenbrauenlinie. Das gleiche gilt, etwas verkürzt, für die Haarlinie B und die Nasenlinie C.

② Der Drei-Drittel-Formel folgend gilt es jetzt, den unteren Gesichtsbereich in etwa genauso breit anzufügen wie einen der anderen horizontalen Abschnitte. Du kannst dies nach Augenmaß abschätzen und dann mit der Linie dem Verlauf der anderen Gesichtslinien folgen. Dies ist die Kinnlinie E. So gelingt dir mit wenigen Strichen eine räumliche Wirkung.

③

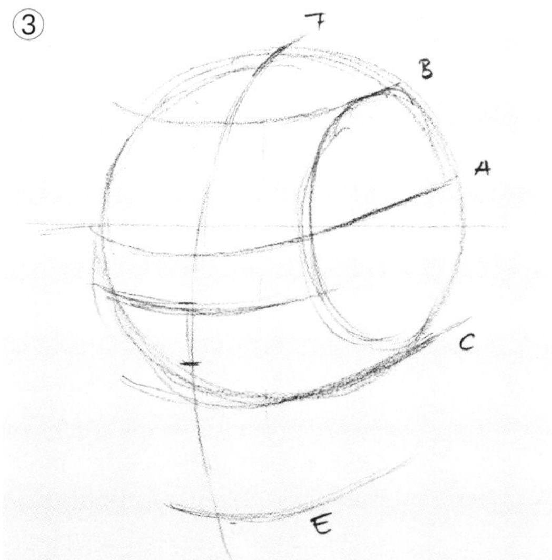

④

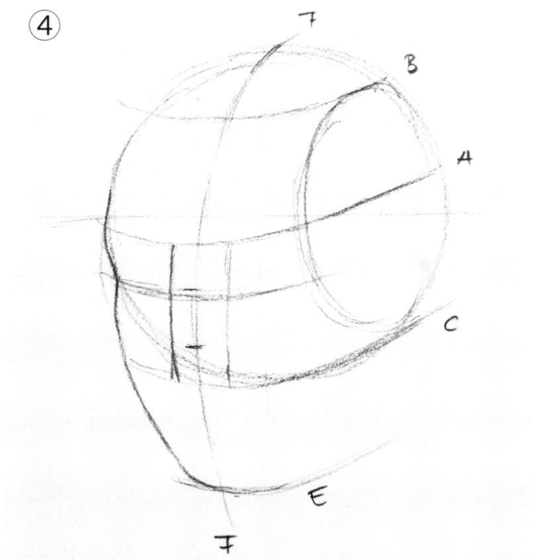

③ Für die Augenlinie drittelst du auch hier das mittlere Drittel, das auf der Mittelachse F dreidimensional nach vorne verläuft, und nimmst die obere Markierung. Die Augenlinie verläuft auf der Front in einem leichten Bogen, der Schädelform folgend und mit einer leichten Flucht nach hinten an der Seitenpartie. Du musst die Linie hier nur bis zum Schnittpunkt mit dem Oval zeichnen. ④ Nun zeichnest du die beiden vertikalen Nasenstege ein. Du entwickelst durch das Training anhand von Fotovorlagen ein Gefühl für die richtige Breite. Achte darauf, die abgewandte Seite etwas schmaler zu zeichnen.

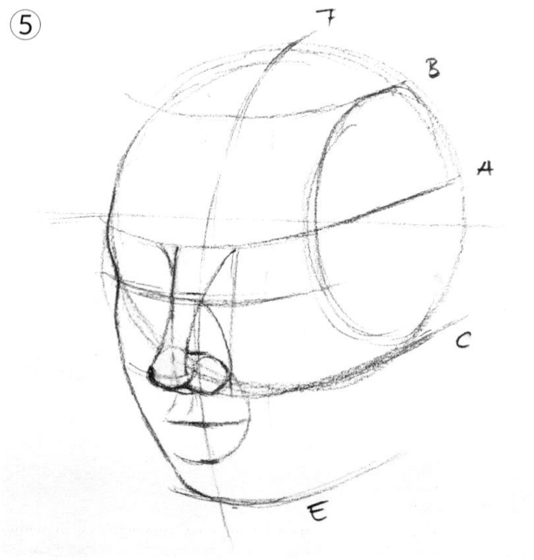

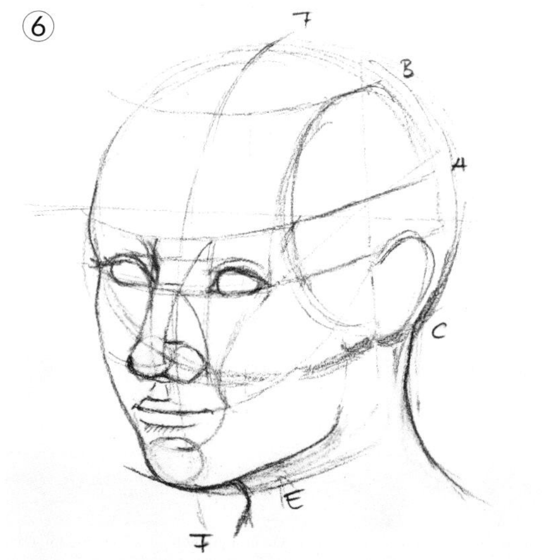

⑤ Den Bereich für die Nase zeichnest du nach Vorgabe aus der frontalen modernen Methodik ein – nur dreidimensional. Dies gelingt leichter, wenn du bedenkst, dass die Nasenspitze dabei über den linken Nasensteg hinausragt und die Nasenwand zum Nasenflügel verläuft. Die Mundpartie zeichnest du zum unteren Drittel und legst darin die Mundlinie an.

⑥ Die Augen liegen auf der Augenlinie. Der Innenwinkel orientiert sich am Nasensteg und der Außenwinkel an der vorher gezeichneten Wangenknochenlinie. Für den Ablauf solltest du unbedingt die frontale Methode beherrschen. Zum Schluss gibst du dem Kiefer und dem Kopf ihre fertige Form und verbindest sie mit dem Hals, der im Nacken bei C anschließt.

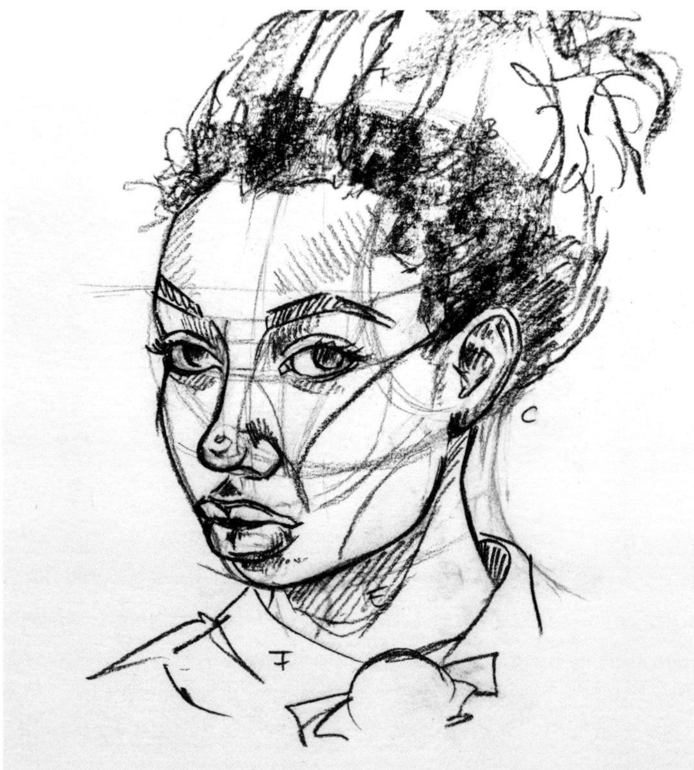

Links habe ich ein paar Details aus der Fotovorlage rechts auf das Schema übertragen und damit unserem Crash-Test-Dummy Individualität gegeben. Es ist exakt dieselbe Zeichenstruktur, die mit femininen Aspekten wie einem schmaleren Hals, kleiner Nase, Wimpern, kleinerem Kinn, Verlauf der Wangenknochen und weiblich interpretierter Augenbrauenbögen zu einem Sketch eines Damenporträts wird. Die Vorskizze könntest du jetzt auf einem zweiten Blatt Papier in der Reinzeichnung zu einer Porträtzeichnung werden lassen. Da es in der Kunst aber keine Regeln gibt, könntest du aus deiner Skizze auch direkt ein Artwork gestalten.

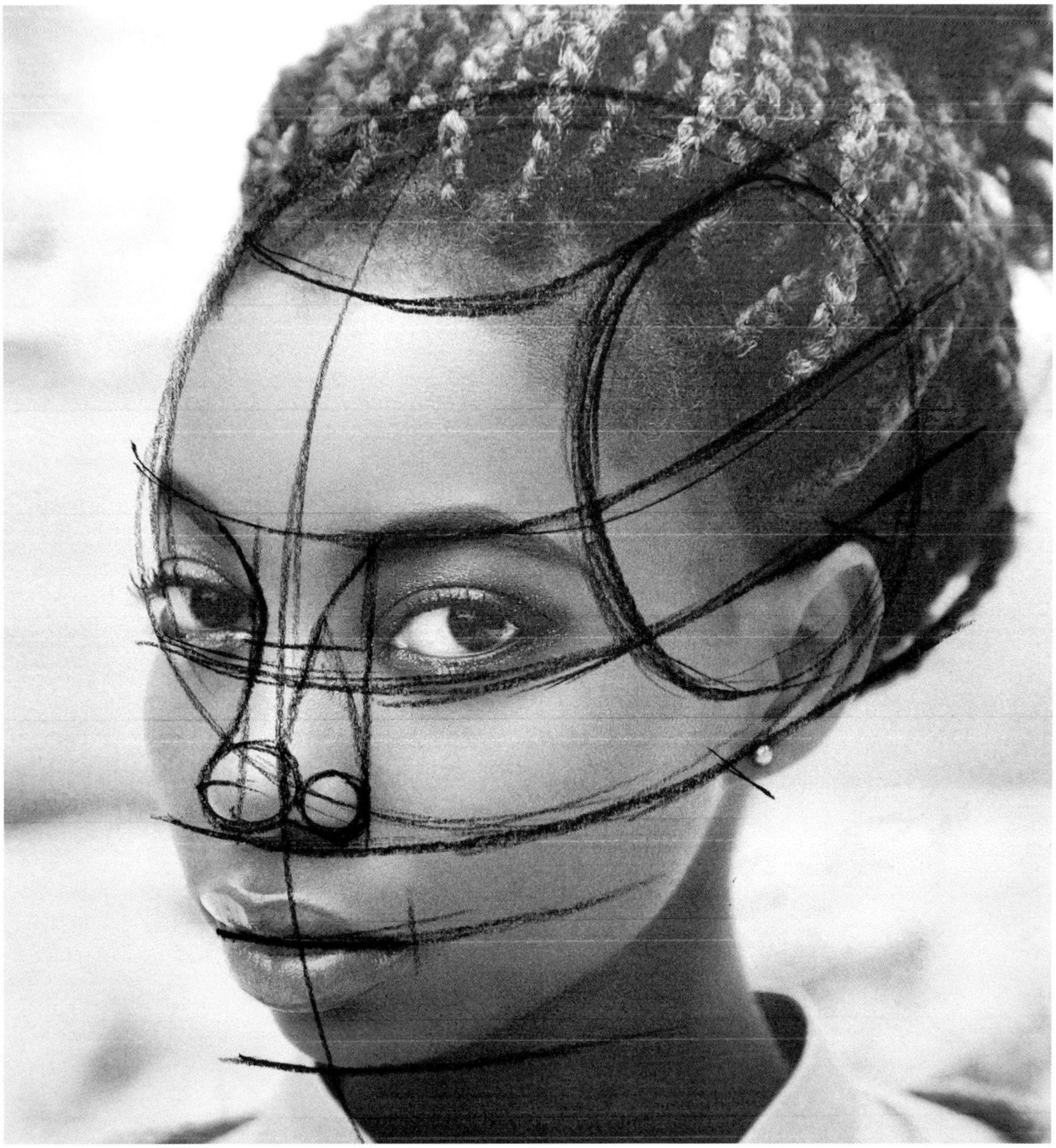

Auch für die (Drei-)Viertelansichten sind die Fotoübungen ideal, um tatsächliche Proportionen zu üben. Hier wurde mit Kohle auf einen Fotoausdruck auf Papier gezeichnet.

Solltest du weder Drucker noch Tablet haben, kannst du Porträtfotografien aus alten Zeitungen, Magazinen und Katalogen für deine Übungen verwenden. Auf glattem Magazinpapier hält Kohle nicht gut und Bleistift ist zu hell – nutze dafür am besten Kuli oder Marker. Behalte dabei immer im Hinterkopf, dass Gesichter aus den Mainstream-Medien stark idealisiert sind und nichts mit dem echten Leben und dem tatsächlichen Phänotyp unserer Gesellschaft zu tun haben.

Ein Tipp: Das Zeichnen auf Fotos ist gleichzeitig auch die Antwort auf die Frage nach weiteren Dreiviertelperspektiven. Du kannst sowohl jede Variante der Profilansichten als auch jede Perspektive und Kopfhaltung durch Einzeichnen der Zeichenmethoden in entsprechende Fotovorlagen selbst konstruieren.

2.5 Gesichtsaufbau moderne Varianten

Von den bisher gezeigten modernen Methoden gibt es viele Varianten. Sie alle haben die grundsätzliche Aufbauformel gemeinsam, unterscheiden sich aber in einzelnen Vorgehensweisen für bestimmte Gesichtspartien. Wenn du dich näher mit dem Thema befasst, wird dir das bei deiner Recherche im Internet, z.B. auf Instagram, auffallen.

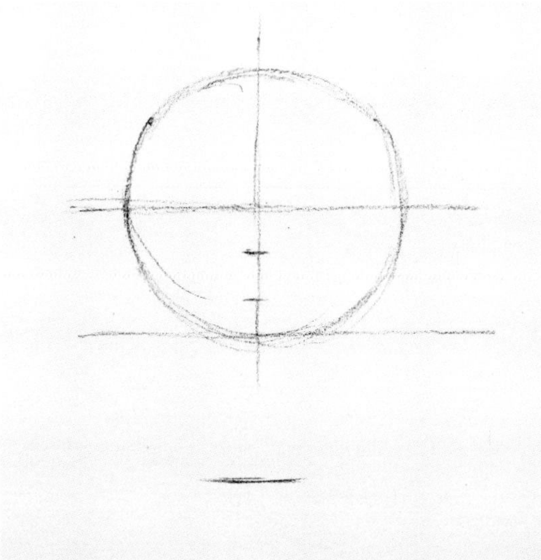

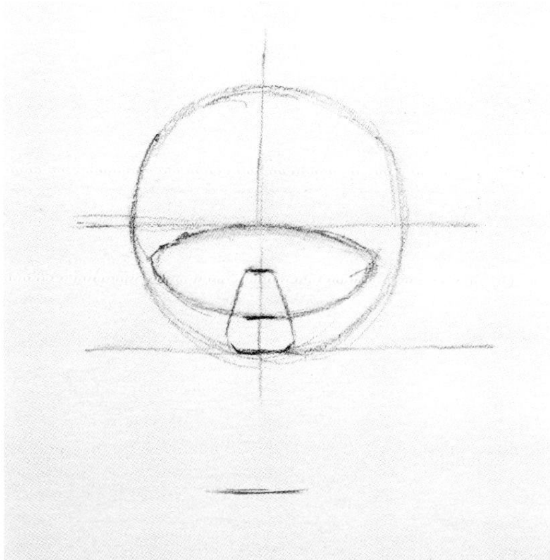

Varianten von Herangehensweisen an das Zeichnen von Gesichtern sind etwas Wunderbares, denn bei jedem anderen Stil lernst du etwas für deine eigene Zeichenfähigkeit. Wenn dich das Ergebnis zufriedenstellt, ist die Methode auch immer richtig. Bei diesem Aufbau beginnt alles wieder mit einem Kreis, einer Mittelachse und einer Mittellinie. Die Drei-Drittel-Methode ist auch dieselbe, nur die Augenpartie wird hier anders gezeichnet. Diese Methode berücksichtigt den Schädelknochen um die Augen – daher werden hier in diesem Bereich ein spitzes Oval gezeichnet und die Nasenhöhle als Nasenbereich gesetzt.

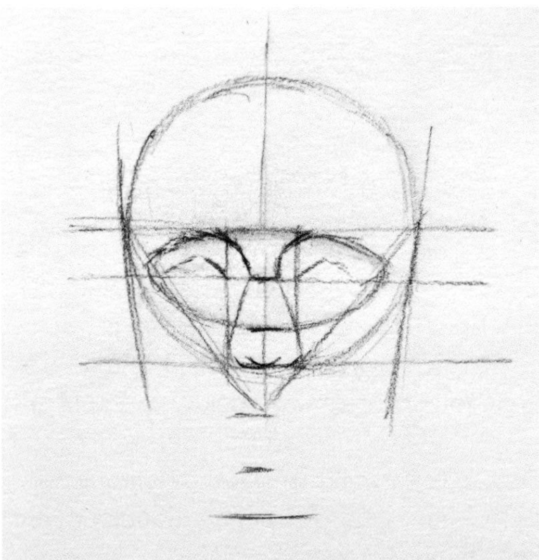

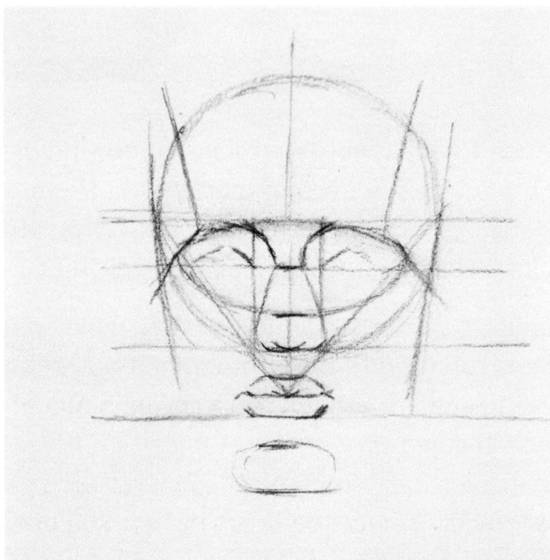

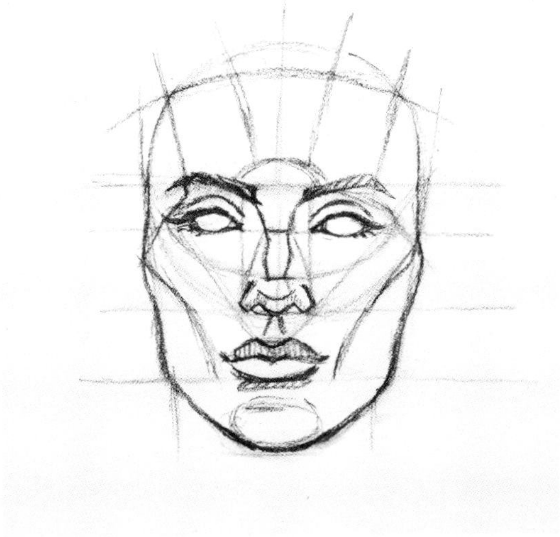

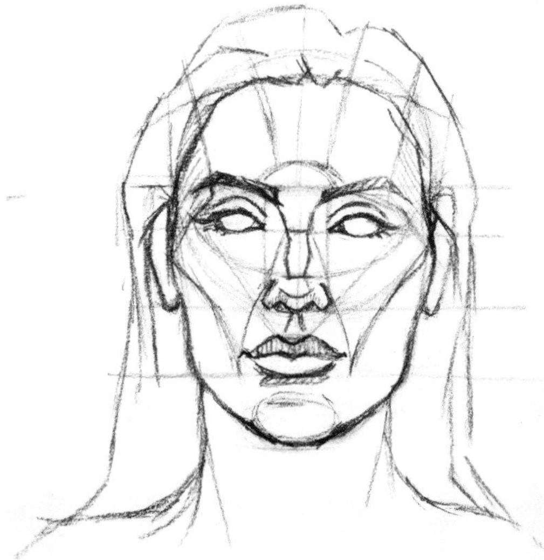

Die weitere Vorgehensweise für Nase, Kiefer, Mund ist die der modernen frontalen Methode, nur etwas vereinfacht, bzw. abstrahiert. Die Augen werden nach Mundbreite auf die Augenlinien gezeichnet. Die Augenbrauen orientieren sich an der Linie Mundmitte-Nasenflügel-Augenaußenwinkel. Mund und Nasenspitze sind hier vereinfacht ausgearbeitet, wodurch ein cartoonartiger Look entsteht. Die Stirnpartie wurde, wie in der modernen Methode, aufgeteilt. Hier sind der untere Stirnbereich verkürzt und die Stirn selbst komplexer in drei Bereiche eingeteilt: Front, seitliche Neigung und Schläfen – das ist für das Schattieren eine gute Lösung. Die Wangenknochenlinie verläuft hier ohne Kurve markanter nach unten.

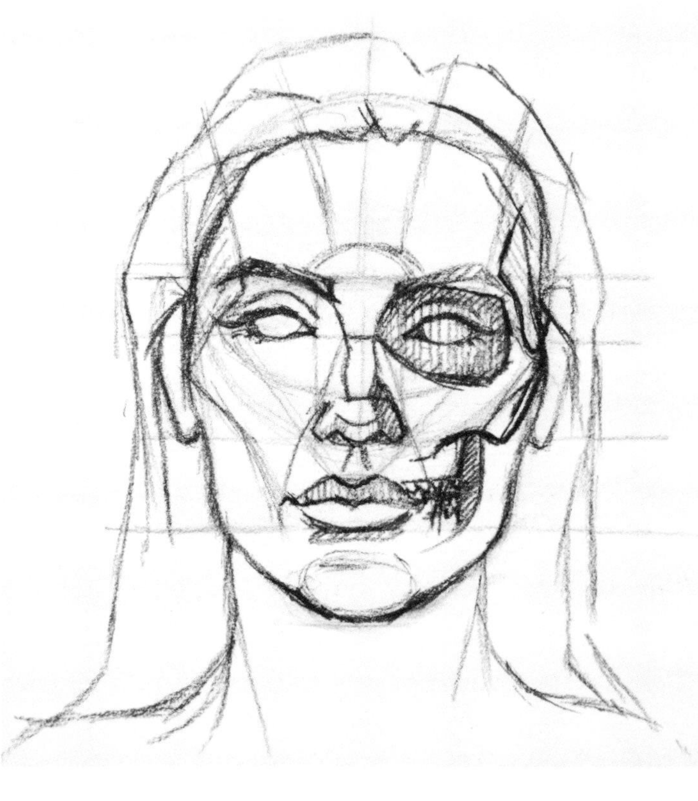

Hier ist der Schädel zusätzlich unter das Gesicht gezeichnet, damit klar wird, warum welche Linie wie verläuft. Alle modernen Varianten der Methoden berücksichtigen die tatsächliche Schädelanatomie. Dadurch entstehen realere Gesichter, selbst wenn sie zum Cartoon hin abstrahiert werden. Dieses Beispiel zeigt, wie groß die Augenhöhle tatsächlich ist und weshalb sich in diesem Bereich Mulden und Schatten bilden können. Wenn du lernst und weißt, was sich unter dem Gesicht abspielt, werden deine Porträtzeichnungen besser. Selbst ungeübte Betrachter bemerken es, wenn Zeichner auf Anatomie achten.

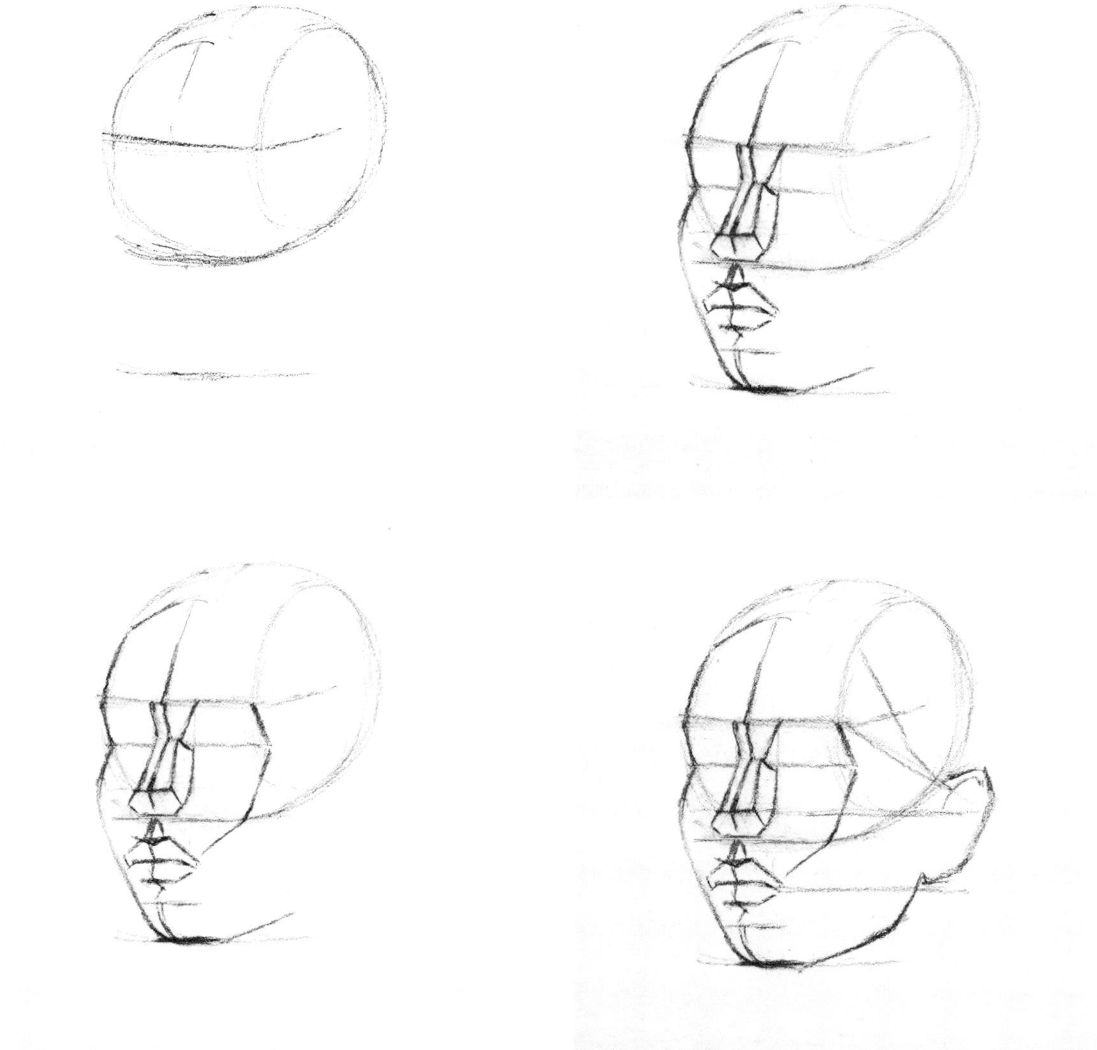

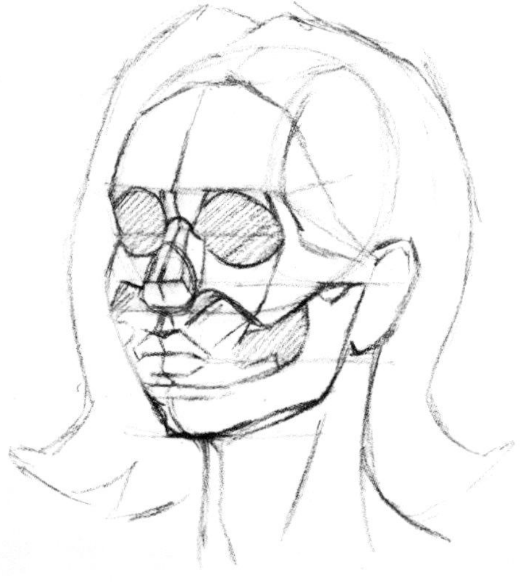

Halbprofil moderne Methode: Der größte Unterschied ist hier, dass der Augenbereich und die Partie darunter in frontale Trapezflächen aufgeteilt werden. Das ist eine schöne Methode, um diesen Gesichtsbereich dreidimensional darzustellen.

Du kannst diese Herangehensweise auch mit der modernen frontalen Methode aus diesem Buch kombinieren. Dann fällt die Wangenknochenlinie weg. Allerdings kannst du diesen Step erst anwenden, wenn dir die frontale Methode bereits bekannt ist. Auch hier habe ich den Schädel unter das Gesicht gezeichnet, um den Verlauf des Wangenknochens zu zeigen, der diese Gesichtsaufteilung bedingt.

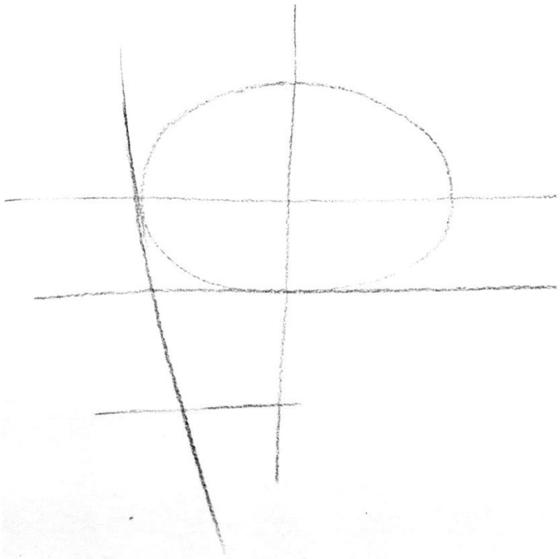

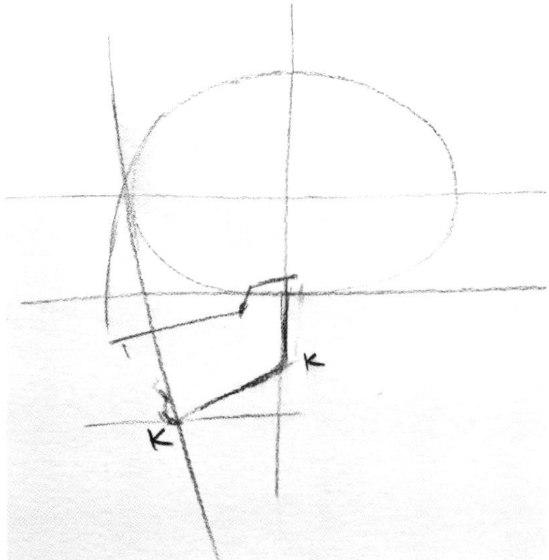

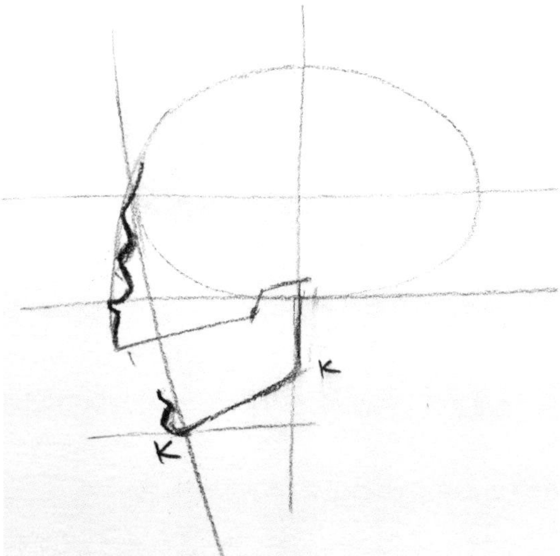

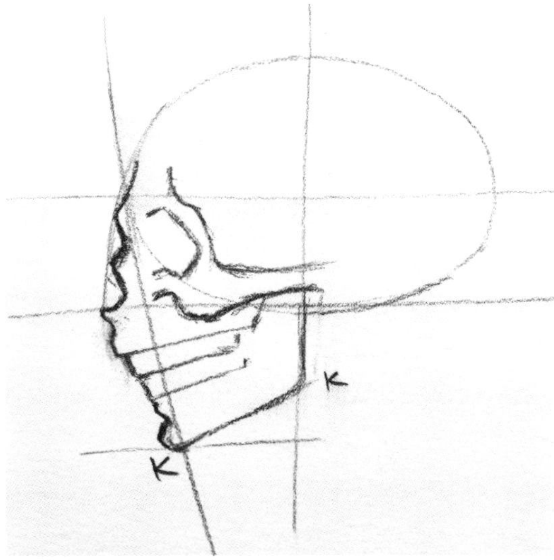

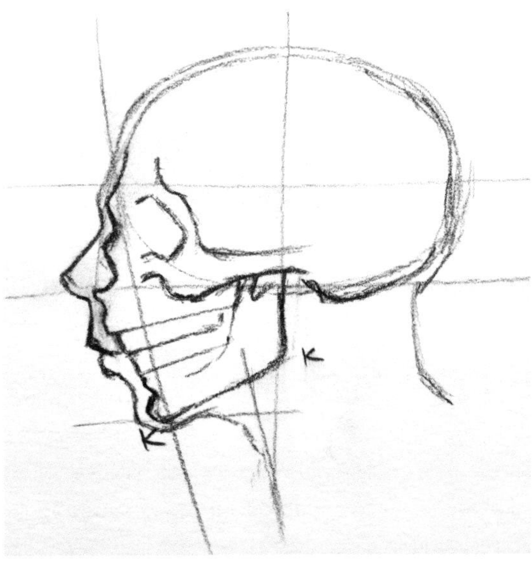

Profilvariante moderne Methode: Dieser Aufbau der Zeichnung vereinfacht die moderne Methode der Profilansicht. Auch hier musst du die komplexe Methode der Seitenansicht bereits kennen, um die Proportionen richtig zu setzen. Das reine Abzeichnen der Schritt-für-Schritt-Anleitung ersetzt dieses Wissen leider nicht.

Der Ausgangspunkt für das Profil ist die Zeichnung des Schädels. Darauf wird das Gesicht mit dem Abstand des Gewebes gesetzt. Mit geübten Strichen gelingt diese Variante, nachdem du etwas Schädelanatomie studiert hast und die Formel zum freien Aufbau von Gesichtern kennst.

3 Gesichtselemente

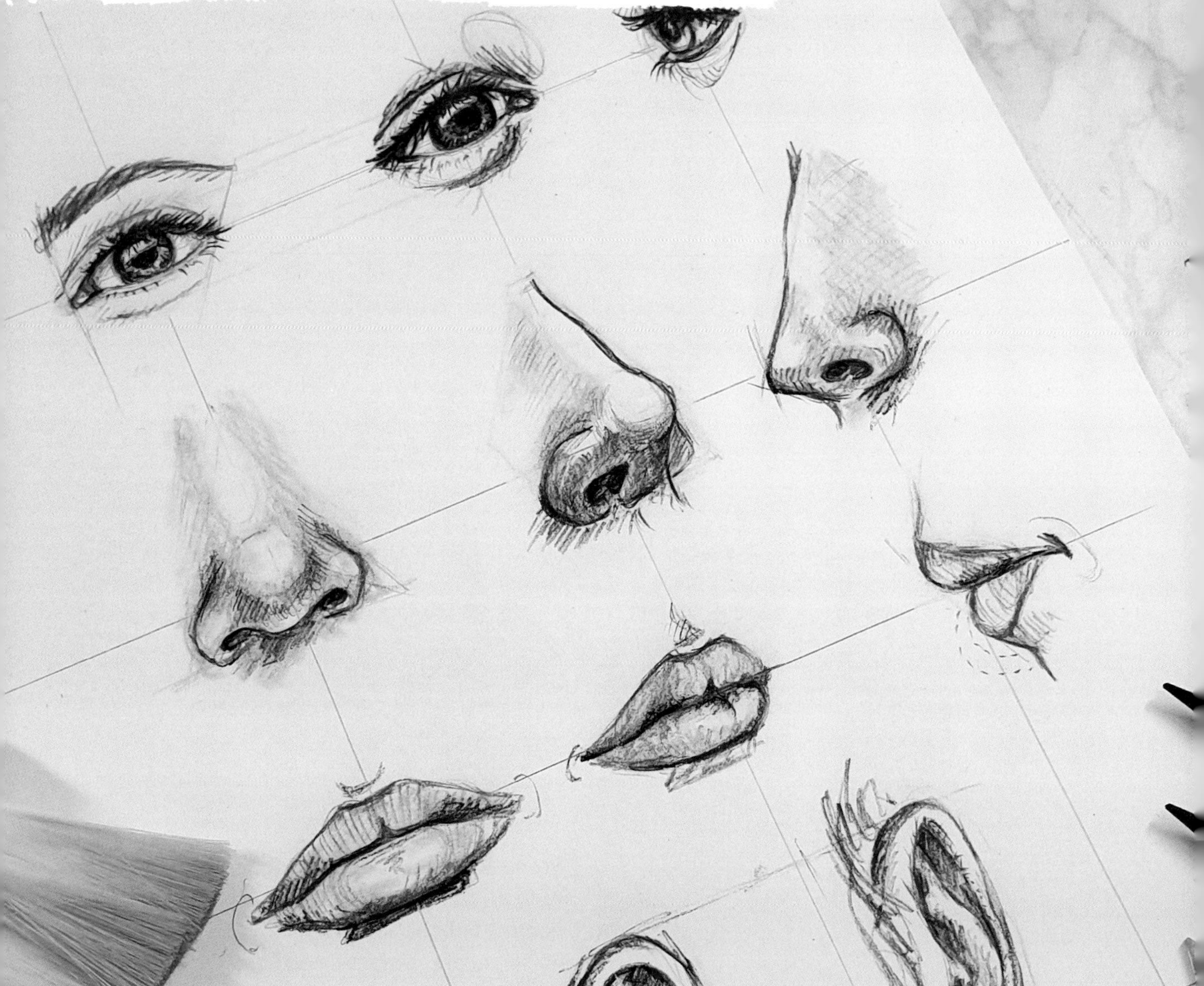

Die Gesichtselemente Augen, Nase, Mund und Ohren sollte man am besten jeweils separat zeichnen lernen. In der Abfolge des Zeichnen Lernens stehen die Gesichtselemente nach dem Können der Gesichtsproportionen, denn es nützt einem nichts ein Auge oder eine Nase zeichnen zu können, wenn man diese nicht richtig in das Gesicht platzieren kann. Wenn du also Gesichter zeichnen lernen willst, kommt erst der Gesichtsaufbau- und dann die Gesichtselemente, wobei natürlich beides parallel trainierbar ist, aber du musst den Grund für den Ablauf beachten: Würdest du als Anfänger ein komplettes Gesicht oder gar ein Porträt zeichnen wollen, ohne diese Lernschritte nicht nur kennengelernt, sondern auch trainiert zu haben, käme dies der Absicht gleich, eine Herz-OP durchführen zu wollen, bevor man gelernt hat, einen Zugang zu legen. Zeichnen ist nicht trivial.

Auge, Nase, Mund und Ohren lernst du auf den folgenden Seiten in drei Perspektiven zu zeichnen: frontal, in Dreiviertel-Perspektive und im Profil. Dabei folgt die Zeichenanleitung wieder einer Zeichenformel, die in ihrem Ablauf standardisierte Gesichtselemente als Ergebnis hat. Das neutrale Schema zu lernen, macht es für den Anfang leichter und du bekommst ein Auge für die individuellen Abweichungen bei echten Augen, Nasen und Mündern. Ein guter Zeichner ist auch immer ein guter Beobachter. Doch bevor du auch noch auf Charakteristika achten kannst, lernst du erst einmal, das jeweilige Gesichtselement zu zeichnen. Die Abbildungen haben also nichts mit dem Geschmack der Autorin zu tun, sondern haben ihren Grund im Lernablauf. Alle Zeichenanleitungen kannst du als unterstützende Übung, wie im vorangegangenen Kapitel, wieder in Fotos einzeichnen. Diese Übungsvariante hilft dir bei der Wahrnehmungsschulung der richtigen Proportionen für die Gesichtselemente und wurde in diesem Kapitel aus Platzgründen ausgespart. In meinen Kursen gehört das Einzeichnen der Struktur in Fotos immer dazu.

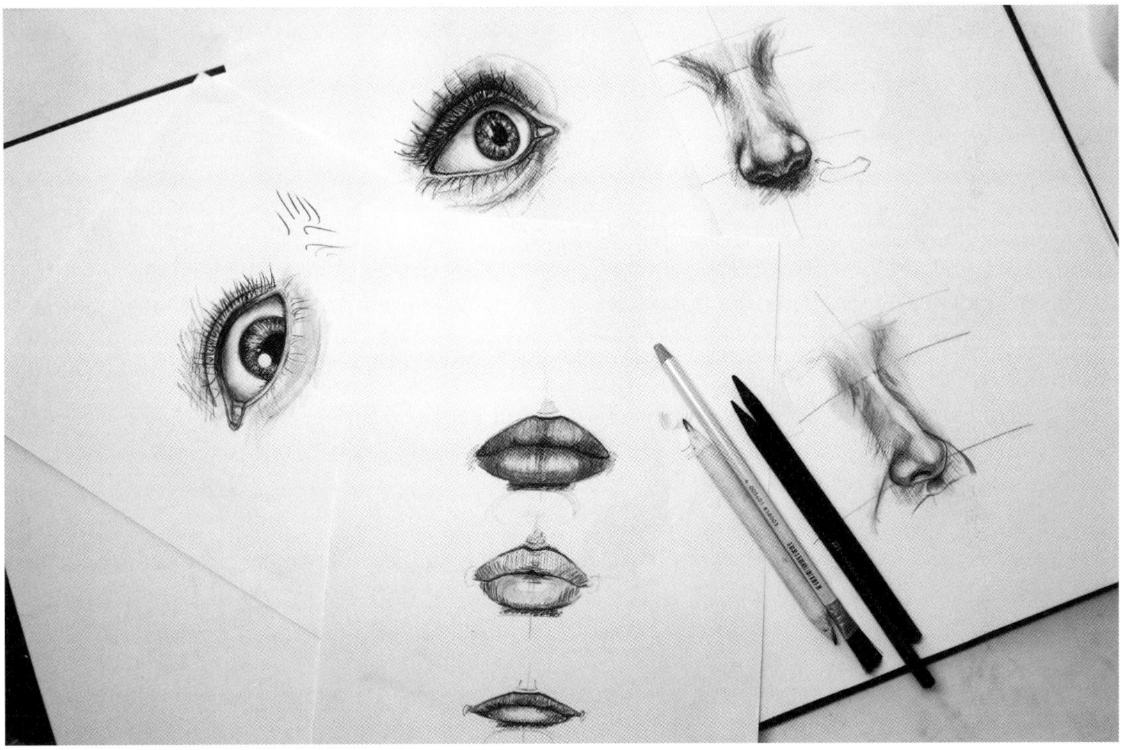

Ein Skizzenbuch für Gesichtselemente lohnt sich, denn du kannst dir bei einem Thema pro Buch deinen individuellen Fortschritt ansehen. Außerdem hilft es, dich zu fokussieren.

Die Zeichnungen in diesem Kapitel sind mit Kohle angelegt. Wenn du ebenfalls mit Kohle üben möchtest, brauchst du Fixierspray, um deine Arbeiten vor dem Verwischen zu schützen. Das gilt sowohl für einzelne Blätter als auch für Skizzenbuchseiten. Haarspray ist, wie bereits bei der allgemeinen Materialkunde erwähnt, keine gute Wahl, da es vergilbt. Kaufe dir besser das genauso teure Fixierspray für Zeichnungen. Davon benötigst du weniger und deine Zeichnungen sind es – selbst in den frühesten Lernphasen – wert, richtig gesichert zu werden.

Wenn dir das Zeichnen der Gesichtselemente gelingt, suche dir Herausforderungen in Augen, Nasen und Mündern, die individueller sind. Diese Besonderheiten einzufangen ist die Aufgabe guter Porträtzeichner.

3.1 Auge

Frontal

Das wichtigste beim Zeichnen von Augen ist zu wissen, dass es sich um den Augapfel handelt, der als Kugel in den Schädel eingebettet ist. Im Kapitel 1.6 (»Grundformen zeichnen«) hast du das Schattieren von Kugeln gelernt, um Augen nicht als platte Spiegeleier darzustellen. Von einem Augapfel siehst du nur den kleinen Bereich mit der Iris. Der Rest ist von den Augenlidern umschlossen. Es gilt also, ganz viele Rundungen zu zeichnen, damit ein Auge realistisch wirkt.

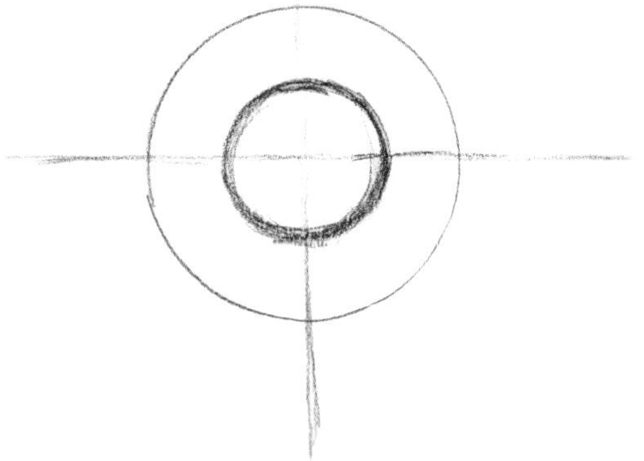

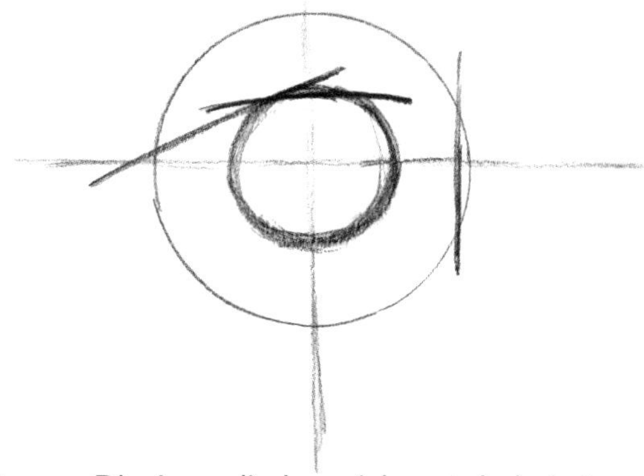

Mit einem Kreis beginnst du deine Zeichnung. Mittelachse und Mittellinie zeigen dir den Kreismittelpunkt, um hier später die Pupille zu zeichnen. Die Iris zeichnest du in etwa auf der Hälfte des Radius ein. Das kann variieren. Studiere dafür am besten viele Fotoreferenzen von Augen. Die Augenlieder zeichnest du bei einem ruhigen Blick über den Augapfel und die Iris. Im Innenwinkel muss Platz für Nickhaut und Tränenwarze sein und der Außenwinkel liegt ein Stück vor Ende des Augapfels – nicht dahinter. Mit kantigen Strichen kannst du dir die Bereiche leichter einzeichnen, um diese im nächsten Schritt abzurunden. Die Augenlieder haben sowohl oben als auch unten eine klare Kante: die Wasserlinie. Diese darf nicht vergessen werden. Sie liegt bei einem ruhigen Blick ein wenig oberhalb der Iris und wird im Augeninnenwinkel schmaler. Zeichne nun die obere und die untere Lidfalte ein. Dieses Schema ist nur ein Beispiel, um dies zu lernen. Es gibt tausende noch viel interessantere Augenformen – bis hin zu Augen ohne Lidfalten. Zeichnen bedeutet, zu beobachten und Details zu studieren.

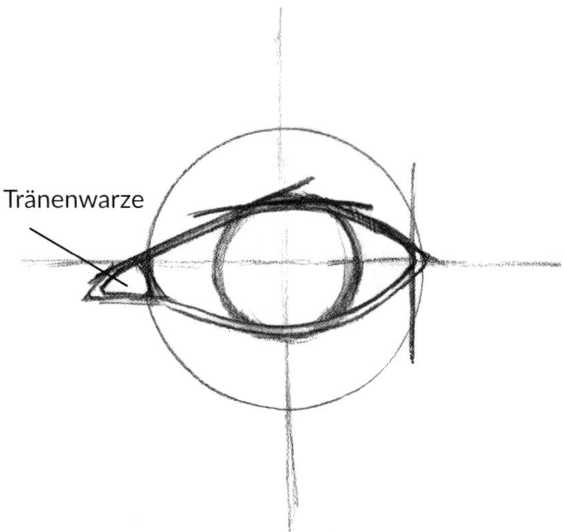

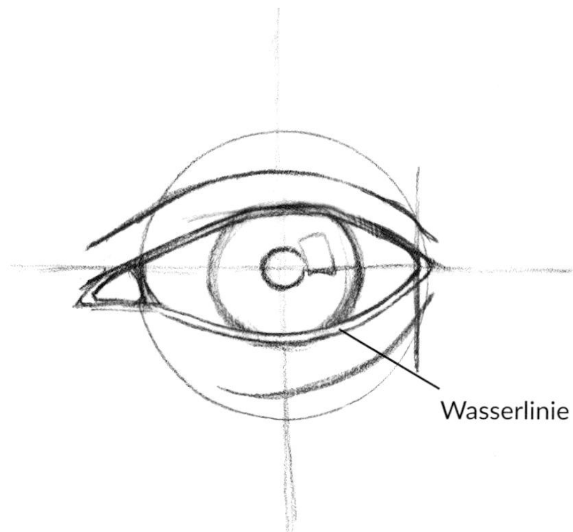

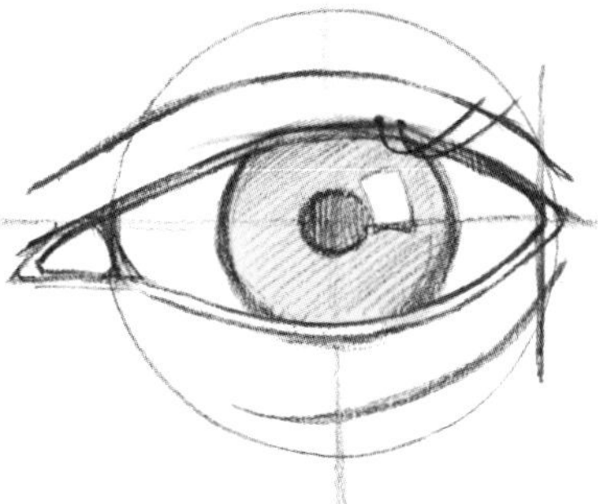

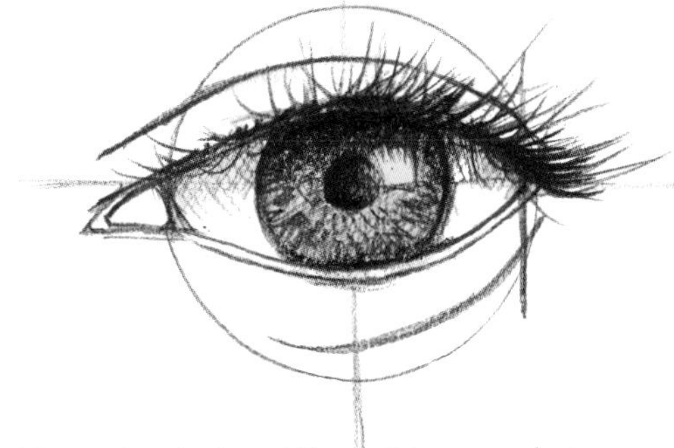

Die Pupille ist je nach Situation unterschiedlich groß und liegt in der Mitte der Iris. Die Reflexionen im Auge teilen dem Betrachter mit, ob die Person vor einem eckigen Fenster steht, vor einer Lampe (rundes Licht) oder im Freien (langgestreckte Reflexion). In einem Porträt am Tag unter freiem Himmel kann es keine runden oder eckigen Lichtpunkte im Auge geben. Die Wimpern zeichnest du geschwungen an die Lidkante. Sie stehen nicht ordentlich nebeneinander, sondern überkreuzen sich an einigen Stellen und sind unterschiedlich lang und dicht.

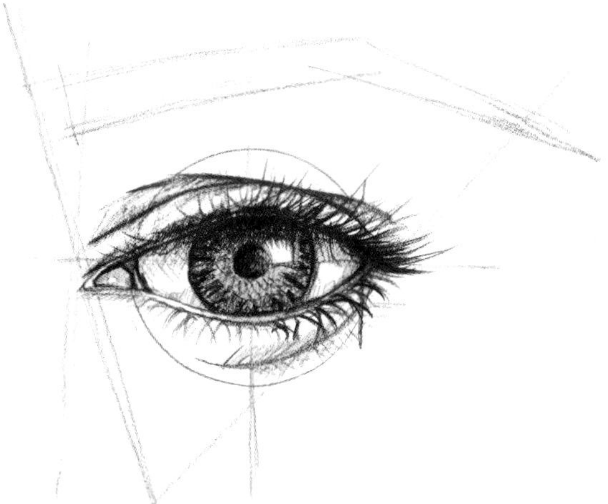

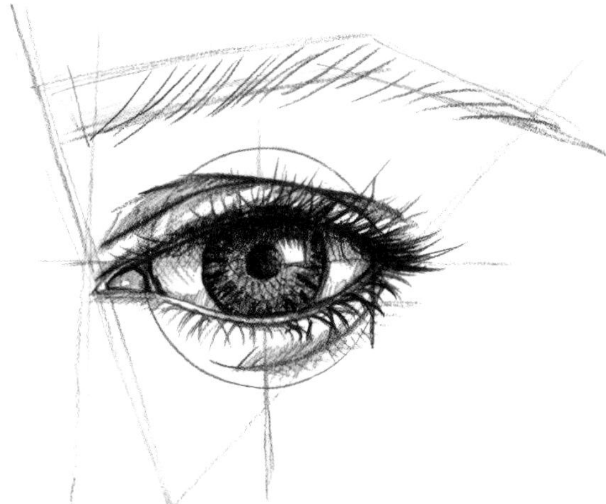

Sie werfen einen Schatten auf den Augapfel, und spiegeln sich im Augenlicht. Die Regenbogenhaut der Iris zeichnest du mit Schraffuren die zur Pupille weisen. Dabei ist die Iris ist im oberen Bereich durch die Rundung des Auges und den Wimpernkranz dunkler als unten. Die Augenbrauen zeichnest du mit diagonalen unteren Linien, denen darüber diagonale Linien entgegenkommen und sie überkreuzen. Wichtig: Je kleiner das Format, oder je kleiner das Gesicht, das du zeichnest, desto weniger Details darfst du darstellen.

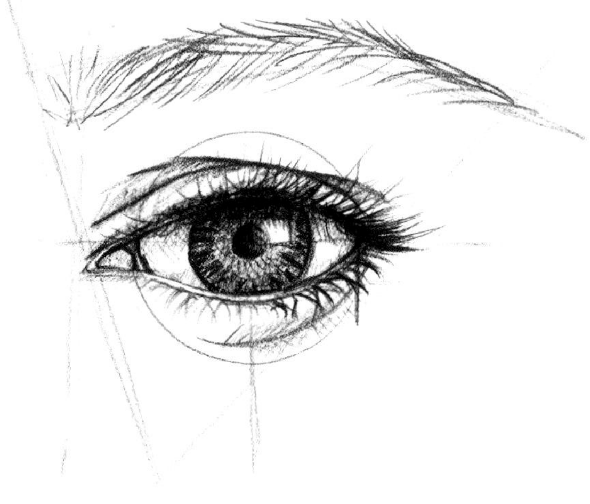

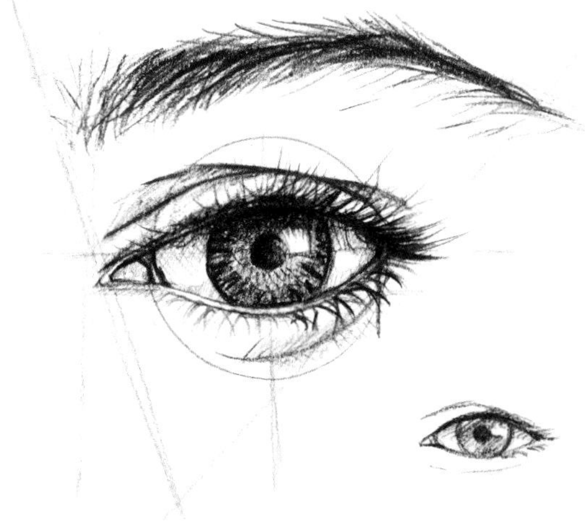

Seitlich

Seitlich gezeigte Augen kannst du noch schöner und plastischer ausarbeiten. Um sie interessanter zu gestalten, haben wir hier ein weit geöffnetes Auge als Übungsbeispiel. Der Eindruck kann erschrocken, aber auch freudig sein. Um dies festzustellen, braucht es die Mundpartie. Experimentiere mit unterschiedlich weit geöffneten Augenlidern, um Ausdrücke zu kreieren. Später kannst du sie mit Mündern kombinieren und eigene Gesichter gestalten.

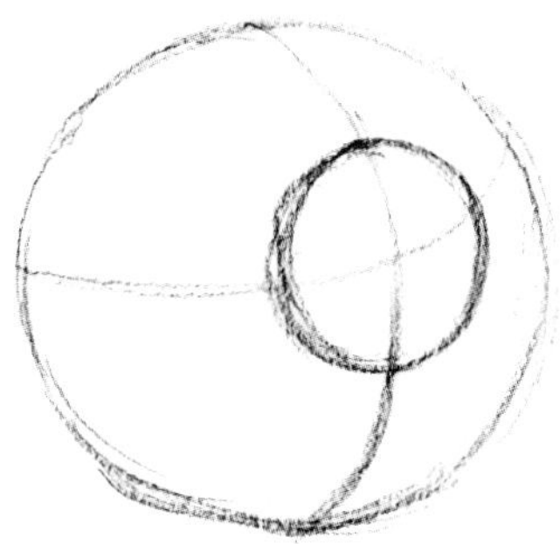

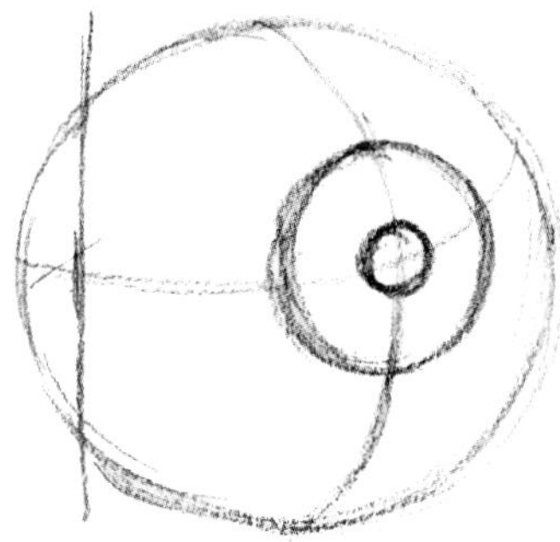

Von der Seite betrachtet folgen Mittelachse und Mittellinie kurvig der Kugelform. Die Iris zeichnest du als leichtes Oval ein, da die abgewandte Seite leicht verkürzt ist. Auch hier ist der Augenaußenwinkel kurz vor dem Ende der Kugel angesetzt, da der Augapfel nach hinten in die Augenhöhle reicht. Die Hilfslinien kannst du ausradieren oder stehen lassen, je nachdem, welches Endresultat du erzielen möchtest. Es gibt Zeichner, die in ihrem Stil die Hilfslinien bewusst mit einbeziehen. Die Pupille kannst du schon jetzt zeichnen.

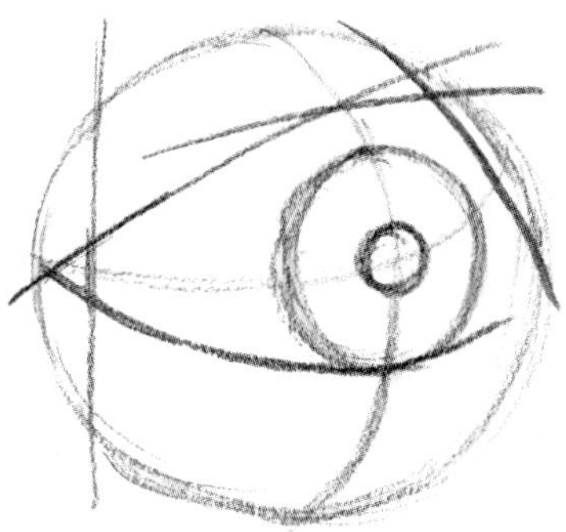

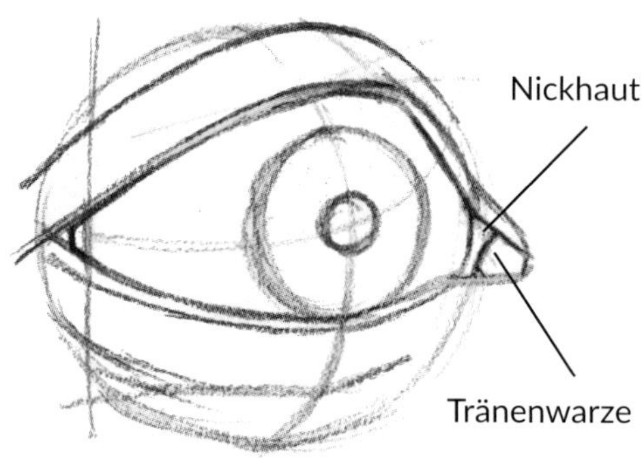

Bevor du die finalen Linien ziehst, kannst du die Lidform mit kantigen Strichen «abteilen». Das hilft dabei, die Form locker zu finden. Selbst wie hier mit Kohle lassen sich die überstehenden Linien wegradieren. Beachte, wie die beiden Augenlider im Augenaußenwinkel aufeinandertreffen: Der Winkel ist nicht spitz, sondern stumpf mit einer winzigen Kante. Diese kleinen Details machen den Unterschied. Die Wasserlinie verläuft oben und unten und verjüngt sich in Richtung der Augeninnenwinkel mit Nickhaut und Tränenwarze.

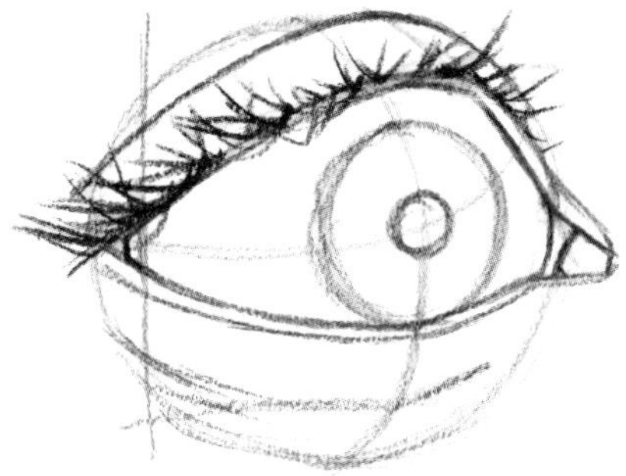

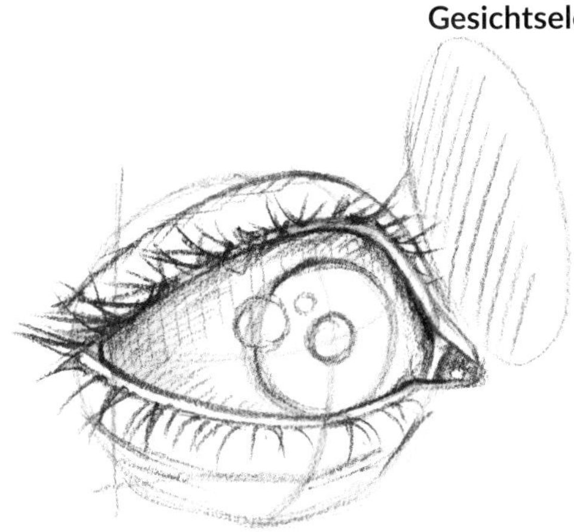

Zeichne eine obere und eine untere Lidfalte und setze die Wimpern an die Lidkante. Von der Seite sieht man noch besser, dass sich Wimpern überkreuzen und unterschiedlich lang sind. Nach außen werden sie etwas dichter. Bei Nahaufnahmen kannst du diese schön ausarbeiten. Bei kleinen Abbildungen werden Wimpern dann nur noch angedeutet. Schraffiere danach die Formen und die Schatten der Augenbereiche. Hier werden zwei runde Lichter in den Augen gesetzt und ausgespart. Die Person befindet sich vor zwei Lampen als Lichtquelle.

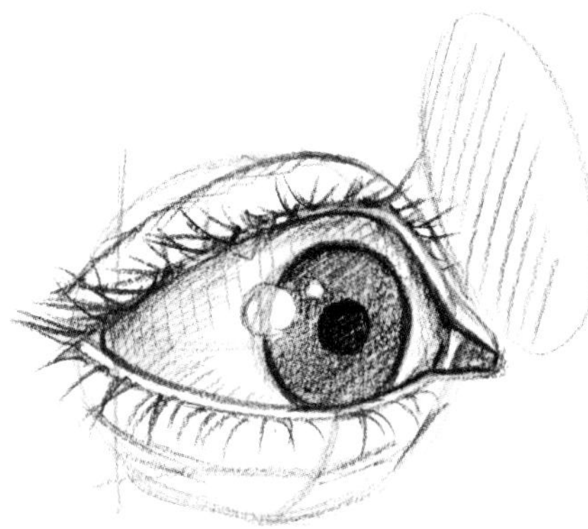

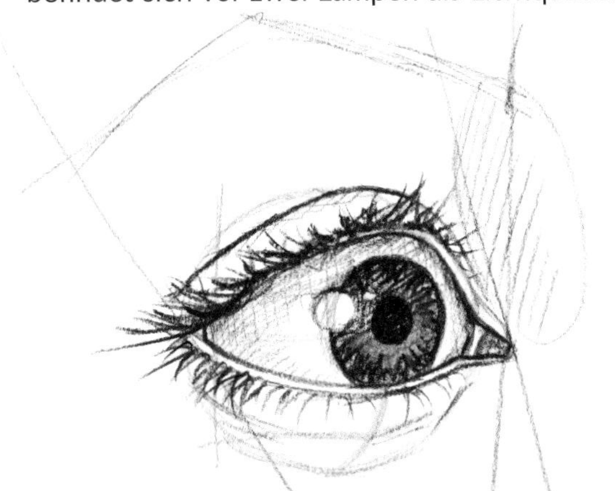

Mit der rechten ovalen Fläche wird der Anstieg zur Nase angedeutet. Das hilft beim Schraffieren und Setzen der Augenbrauen. Dazu stellst du dir die Position der Nase vor und zieht die Hilfslinien wie in der klassischen Methode. Es ist auch hier der logische Ablauf, wenn du erst den Aufbau der Gesichtsproportionen gelernt hast, bevor du sich den Details der Gesichtselemente widmest. Die Augenbraue baut sich durch eine von unten und oben aufeinandertreffende Strichführung auf. Sie ist für einen überraschten Blick nach oben gezogen.

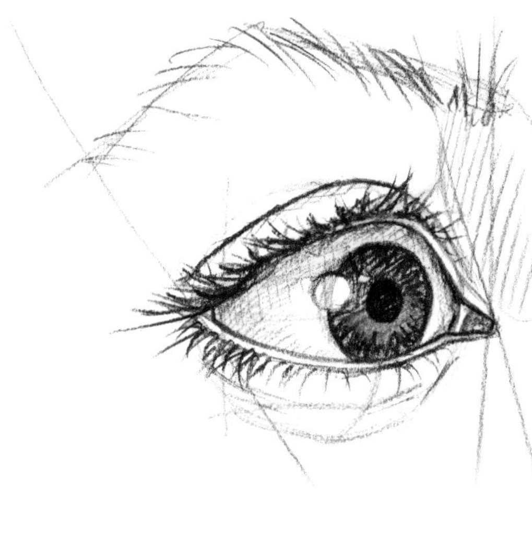

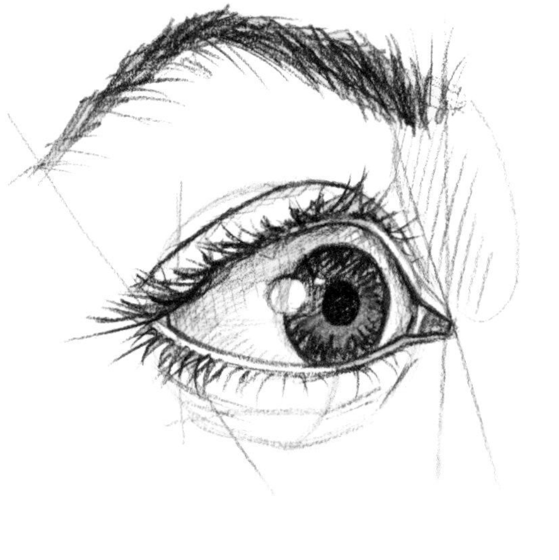

Profil

Zeichnungen gelingen am besten, wenn du dir alle Formen räumlich vorstellen kann. Dazu gehört auch, das Auge im Profil zu zeichnen. Dies kommt wesentlich seltener vor, ist aber eine gute Wahrnehmungsschulung, um mehr echte Informationen über das Aussehen unserer Gesichtsteile zu sammeln. Wenn du im Profil verstehst, wie das Auge so aufgebaut ist, kannst du es auch frontal besser zeichnen.

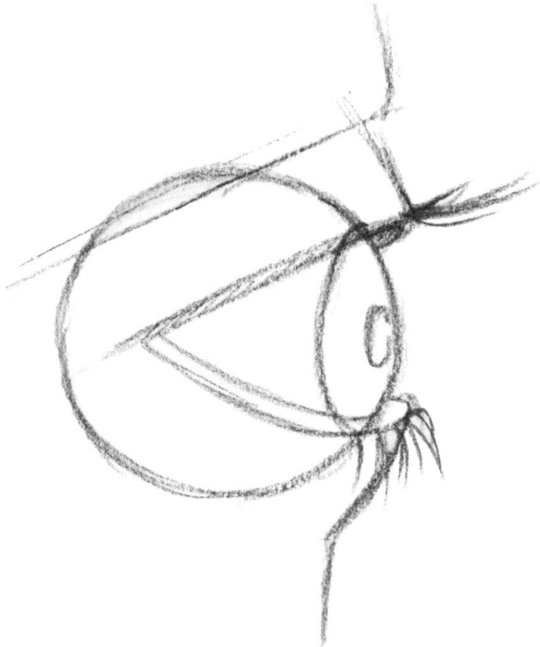

Diese Skizze zeigt, wie der Augapfel von den Augenlidern eingefasst wird und welcher Teil tatsächlich zu sehen ist. Ebenfalls ist hier zu beobachten, woher die Mandelform des Auges kommt: Die Lidkanten folgen der Kugel. Im Vergleich siehst du unten nochmal die frontale Augenperspektive und die Viertelperspektive. Beim Schraffieren von Auge, Nase und Mund geht es zunächst um die Ausarbeitung der Form, erst später um das Setzen von Schatten. Zeichner, die das nicht wissen, schattieren nur und erhalten flach wirkende Augen.

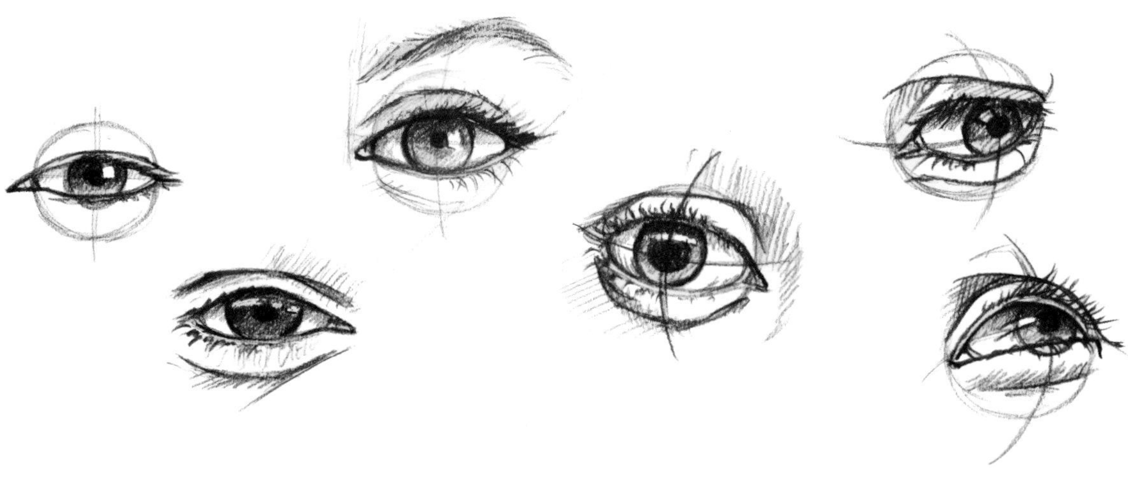

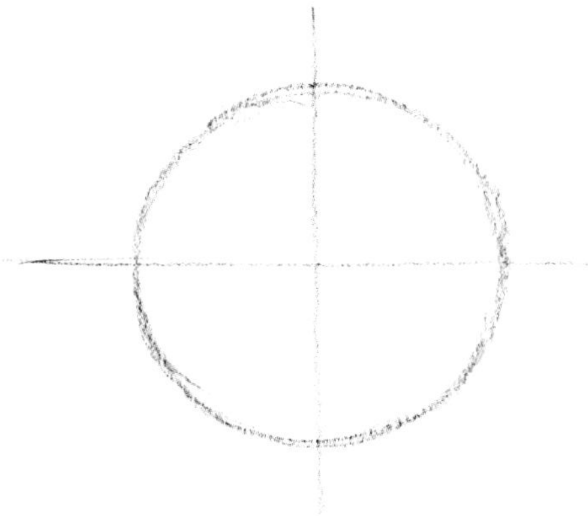

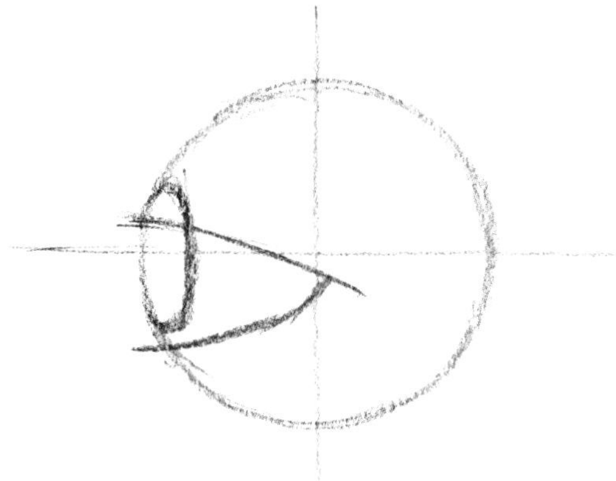

Damit das im Profil nicht passiert, zeichnest du auch hier einen Kreis mit Mittelachse und Mittellinie. Die Iris mit Pupille ist wieder mittig positioniert, aber links als Oval einzuzeichnen. Den Blick kreierst du mit den Lidern. Das obere Augenlid liegt bei einem ruhigen Ausdruck meistens ein wenig über der Iris. Am unteren Lidrand musst du die Wasserlinie einplanen. Diese Lidkante verläuft natürlich als kleine Kurve um den Augapfel herum. Das Oberlid lässt sich recht einfach mit einer Lidfalte abgrenzen, die zur Augenbraue hin ausläuft.

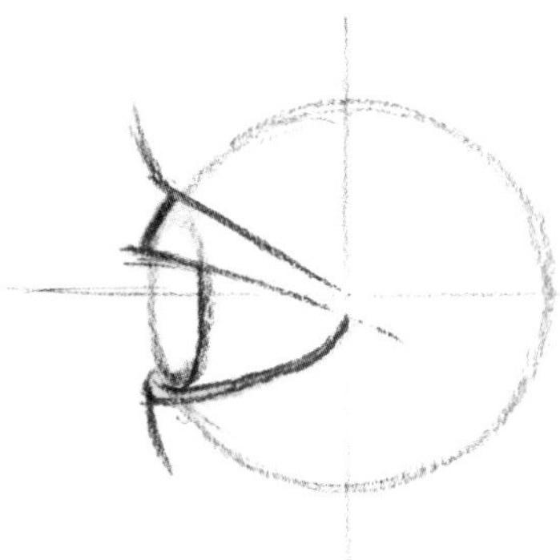

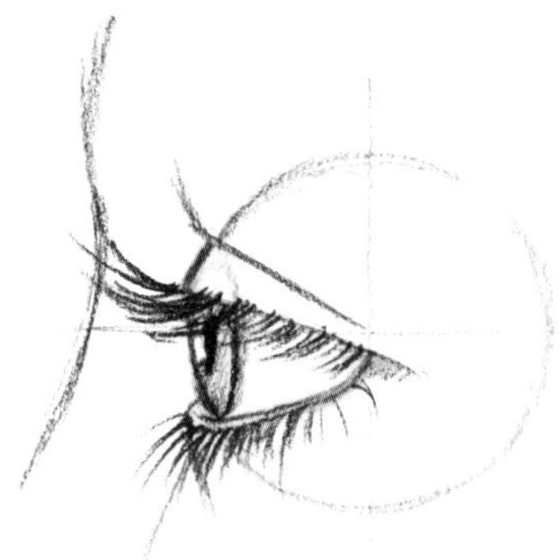

Die Augenbraue lässt sich einfach einzeichnen, wenn du nach den Methoden des klassischen oder modernen Gesichtsaufbaus gehst. Die Wimpern zeichnest du wieder an die Lidkanten. Im Profil sieht man die Ansätze, und dass die Gesamtlänge ab der Mitte eigentlich gleich ist: Aus den anderen Perspektiven macht es nur den Eindruck, dass die Wimpern im Außenwinkel länger wären. Dies ist oft aber nur die Perspektive, es sei denn, man möchte das Feminine stilisieren. Für mehr Plastizität kannst du dann noch die Nase andeuten und schattieren.

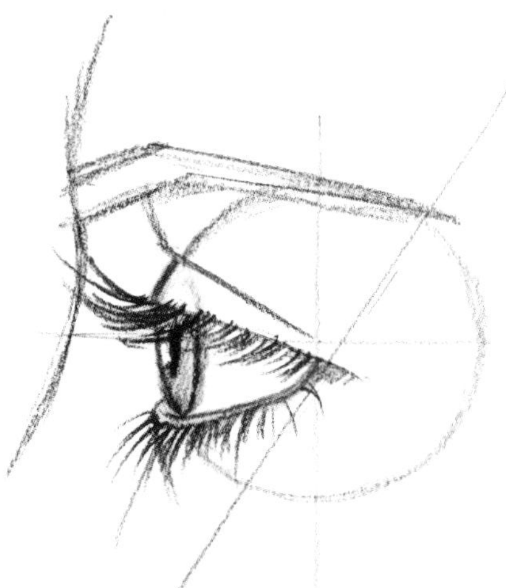

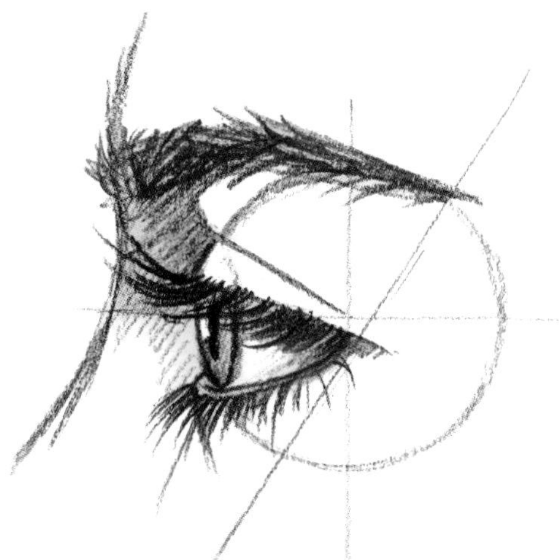

3.2 Nase

Frontal

Eine Nase ist komplex aufgebaut. Wir gehen hier wieder vom methodischen Aufbau der Proportionen aus und zoomen ran. Wenn du also zu diesem Kapitel gesprungen bist, solltest du erst zurück gehen und die Methoden des Gesichtsaufbaus lernen, denn das freie Zeichnen von Nasen baut darauf auf. Als optische Stütze eignen sich immer Fotoreferenzen.

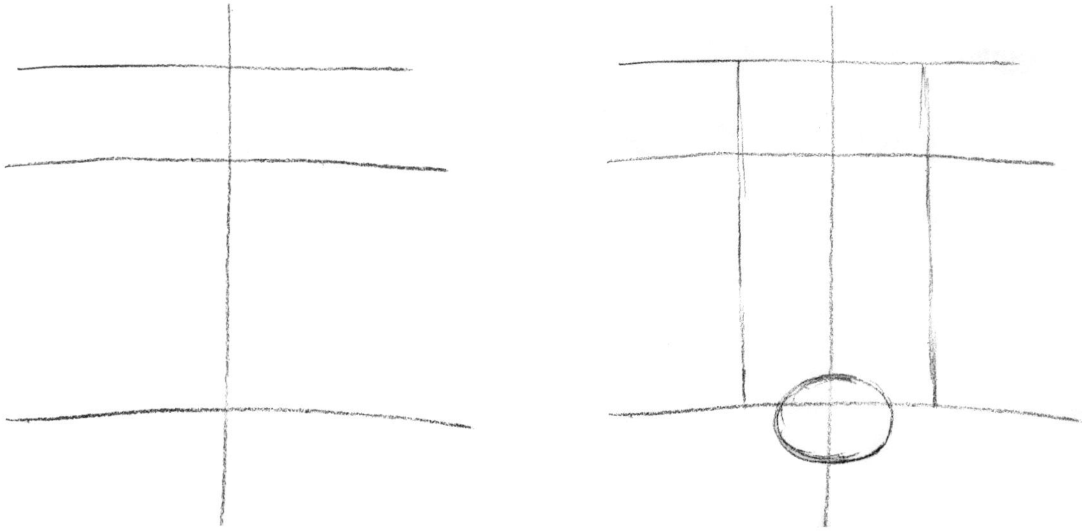

Ausgehend von Mittelachse, Augenbrauenlinie, Augenlinie und Nasenlinie zeichnest du einen Kreis auf den Schnittpunkt der Nasenlinie mit der Mittelachse. Dieser muss nicht exakt sein, denn kleine Abweichungen formen individuelle Nasen. Hier siehst du ein Standardschema, um erst einmal den grundsätzlichen Aufbau nachzuvollziehen. Falls es dich nach mehr Individualität dürstet, experimentiere nach dem Lernen der Zeichenformel mit den Proportionen. Zunächst aber zeichnen wir die Nase nach der bekannten Methode und

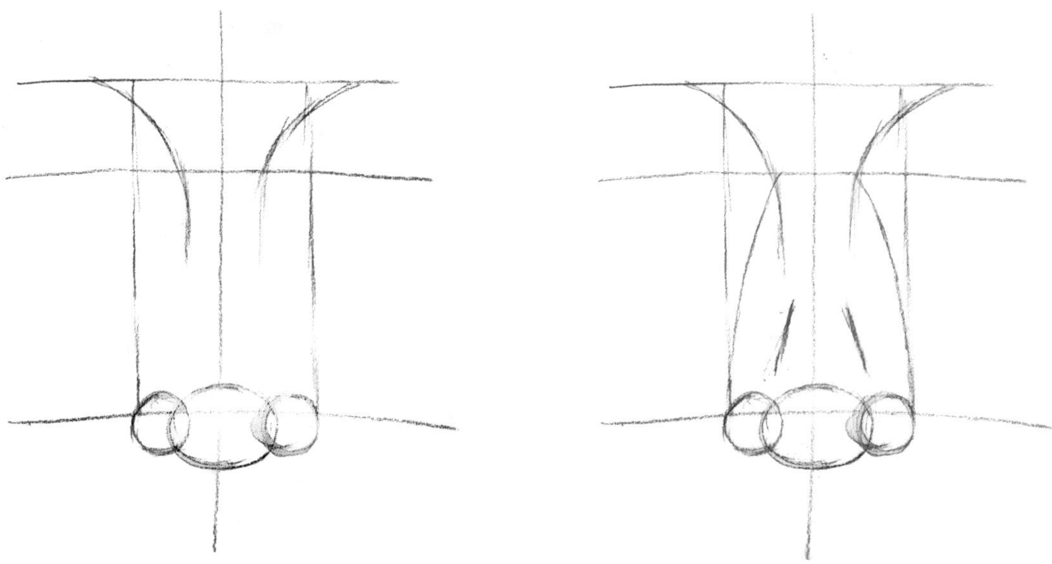

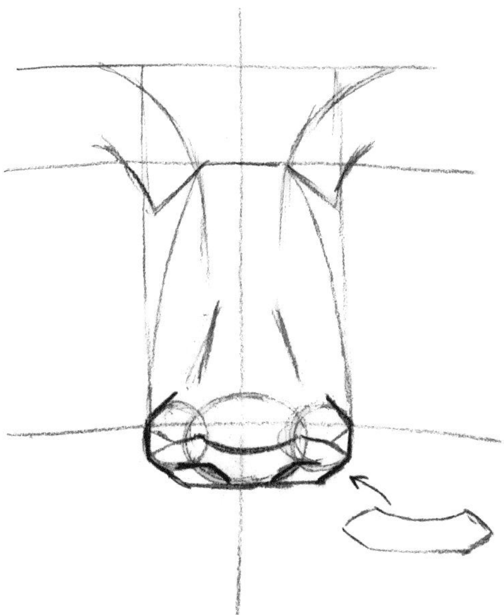

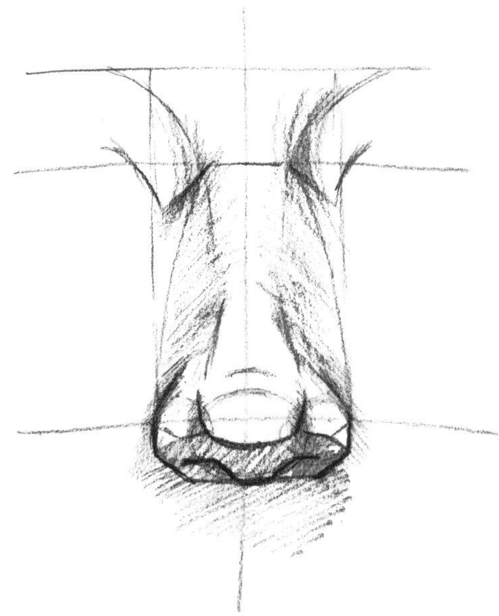

ergänzen diese um drei Kreise auf der Nasenlinie. Nasenansatz und Nasenwände kennen wir aus der modernen Methode zum Aufbau von Gesichtern. Die Kreise formen die Nasenspitze und die Nasenflügel. Zeichne den Bereich für die steile Front der Nasenspitze ein, um diesen später beim Schraffieren zu berücksichtigen. Die Nasenlöcher liegen in etwa auf der Schnittfläche der kleinen Kreise mit dem großen Kreis in der Mitte. Bei der Nase ist die Schraffur besonders wichtig und formgebend, besonders bei den Nasenwänden. Den Nasen-

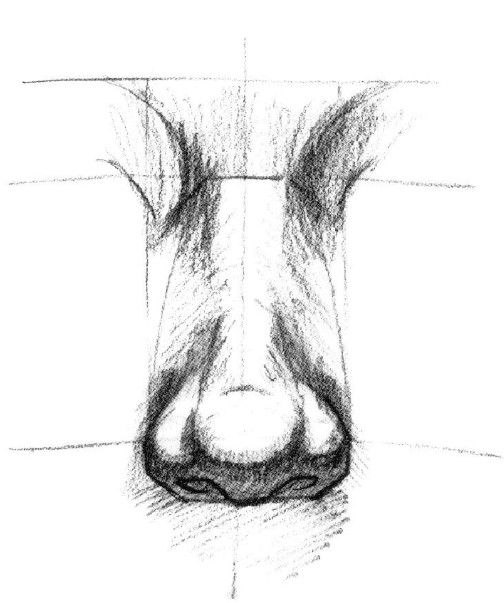

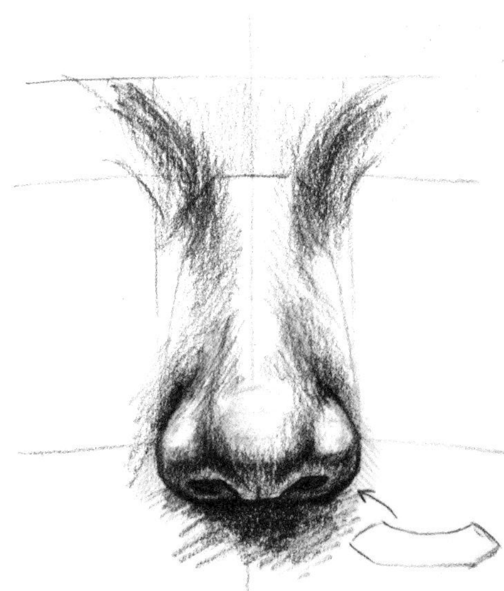

rücken zeigst du, indem du hier aussparst, also nicht schraffierst. Kombiniere Schraffur und Schattierung, um eine plastische Nasenspitze zu zeichnen. Beobachte, wo tiefe Schatten liegen und wohin Licht reflektiert wird: Um den oberen Bereich der Nasenlöcher ist es deswegen etwas heller. Du siehst: Ein Zeichner muss gut beobachten können und achtsam sein. Auf diese Weise arbeitest du auch die Nasenflügel aus und fügst einen Nasenschatten unterhalb hinzu, damit sich deine komplette Zeichnung vom Papier abhebt.

Seitlich

Seitlich dargestellte Nasen werden wie die frontal dargestellten Nasen aufgebaut, allerdings musst du hier auf verkürzte Perspektiven achten. Außerdem werden die Flächen an den Seitenwänden sichtbar. Als Beispiel sind hier zwei Skizzen von Nasen zu sehen, die ohne Vorlagen frei gezeichnet wurden. Die Perspektiven wurden leicht geändert und es wurde mit den Proportionen gespielt.

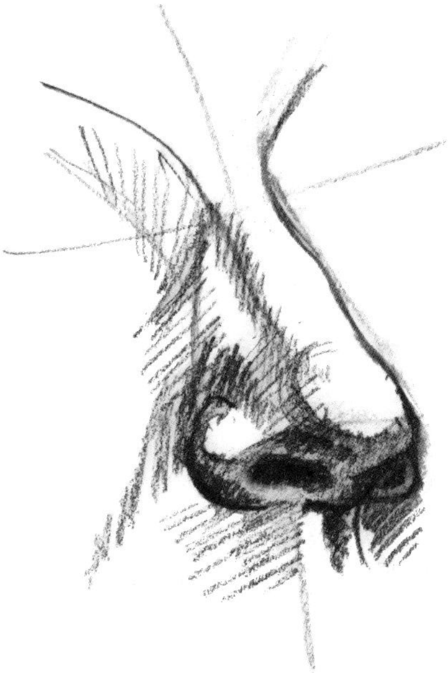

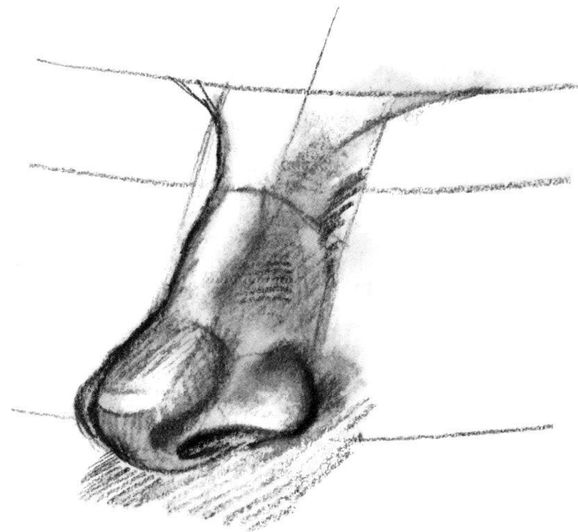

Wie bei der frontalen Nase gilt die Linienstruktur für Nasen aus dem modernen Gesichtsaufbau als Grundgerüst. Für eine realistischere Darstellung wird hier jedoch die Krümmung des Gesichts in gebogenen Linien berücksichtigt. Dadurch wirken Nasen nicht mehr so starr. Du kannst ganz locker an das Skizzieren herangehen, denn kleine Unperfektheiten lassen Gesichtselemente viel natürlicher aussehen. Den Übergang vom Nasenansatz zum Nasenrücken zeichnest du mit einer geschwungenen Linie, an de-

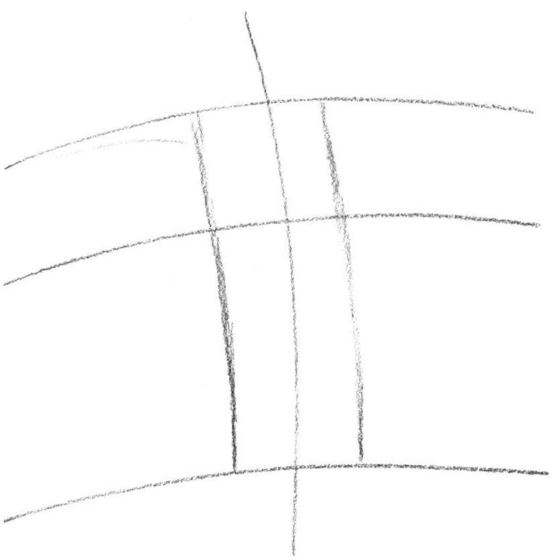

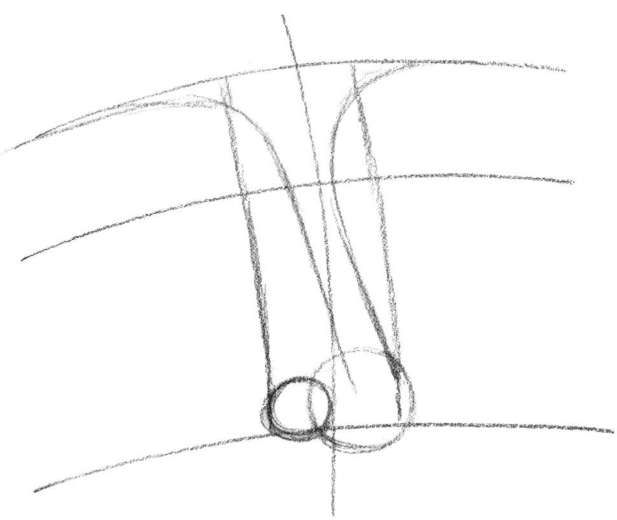

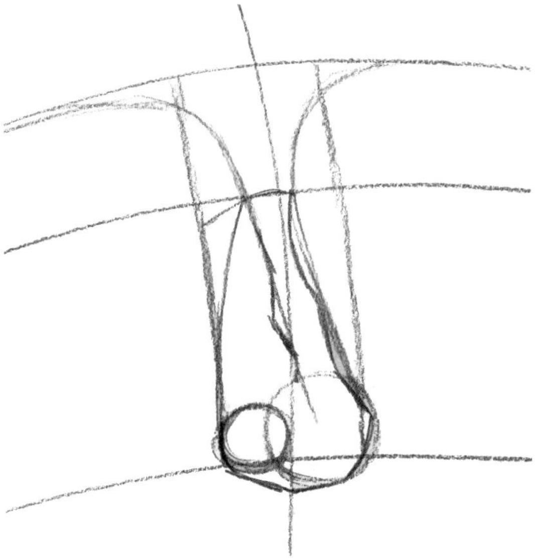

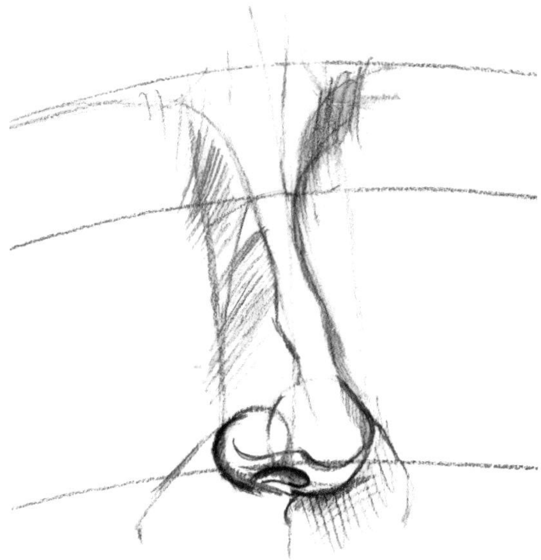

ren Spitze du einen großen Kreis und seitlich einen kleinen Kreis einzeichnest. Die Nasenwände verlaufen, wie bei der modernen Methode, von den Augenlinien zum Nasenflügel. Für ein bisschen Individualität gestalten wir den Nasenrücken mit einem kleinen Höcker, dessen Verlauf nicht gerade, sondern kantig ist. Diese Nase ist außerdem länger und schmaler als im Standardschema. Schraffiere die Nasenwände in Verlaufsrichtung. Zeichne die Kontur um die Kreise, damit eine Nasenspitze entsteht. Beachte die steile Front mit den Nasenlöchern. Ich empfehle dir, mit Hilfe von Fotoreferenzen vor allem die Anatomie

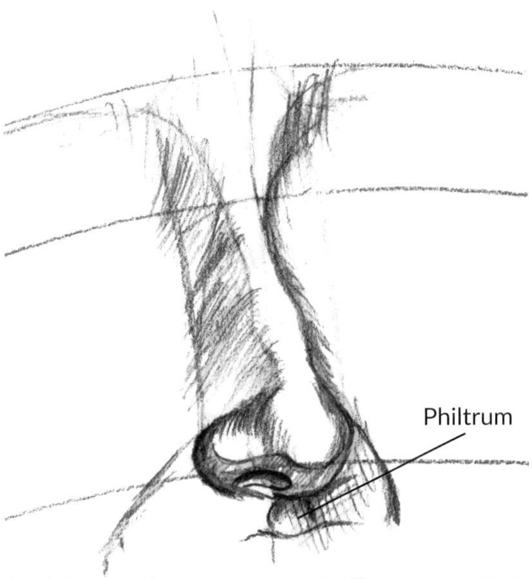

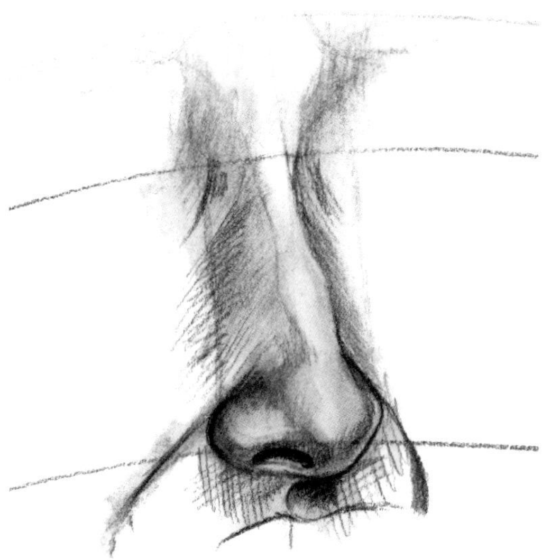

der Nasenspitze genau zu studieren, zum Beispiel den Übergang der Nase in das Philtrum. Das ist die kleine Mulde zwischen Nase und Oberlippe. Arbeite die Formen durch Schraffur weiter aus und gib dem Ganzem durch Schattierungen mehr Tiefe. In der letzten Abbildung wurden die Schatten mit einem Papierwischer weichgezeichnet. Dieser Step ist noch skizzenhaft und lange keine ausgearbeitete Zeichnung. Meistens wirken «Porträts» unfertig, weil der Zeichner viel zu früh damit aufhört, sie auszuarbeiten.

Profil

Die Seitenansicht von Nasen ist wohl von allen Gesichtselementen das interessanteste Profil. Die Charakteristika einer Nase entdeckst du in den meisten Fällen erst aus dieser Perspektive. Daher zeichnen wir hier statt eines idealen Schemas lieber eine Nase mit Charakter. Sobald du die Zeichenformel verinnerlicht hast, kannst du viele eigene Nasen erschaffen.

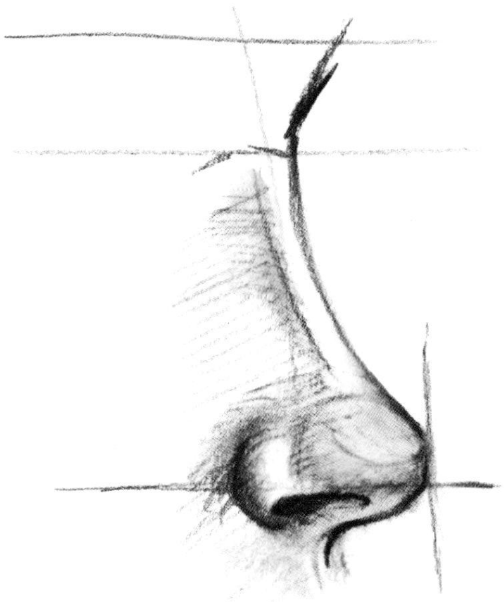

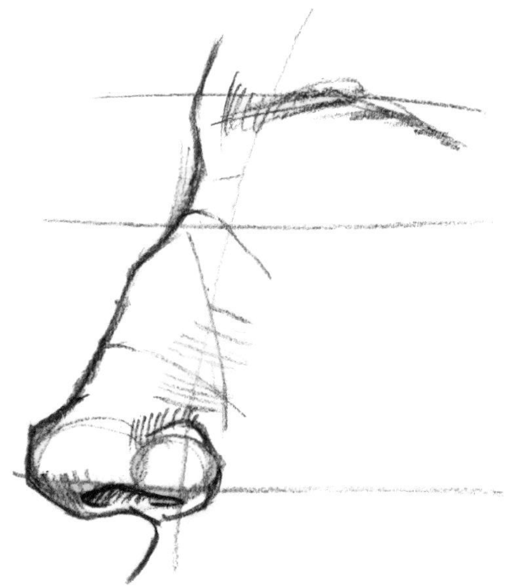

Von den vielen tausend Nasenformen wird in der Zeichnung gerne die Stupsnase mit einem geschwungenen Nasenrücken gewählt. Auch das Erlernen dieser Nasenform ist ideal, um ein Auge für die Abweichungen anderer Nasen zu bekommen und auf Details zu achten.

Eine männliche Nase ist oft kantiger. Du beginnst auch hier mit dem Grundgerüst der modernen Methode für den Gesichtsaufbau und achtest darauf, dass die Linien nicht gerade, sondern leicht geschwungen sind. Denn die Nase baut sich auf dem kurvigen Schädel auf.

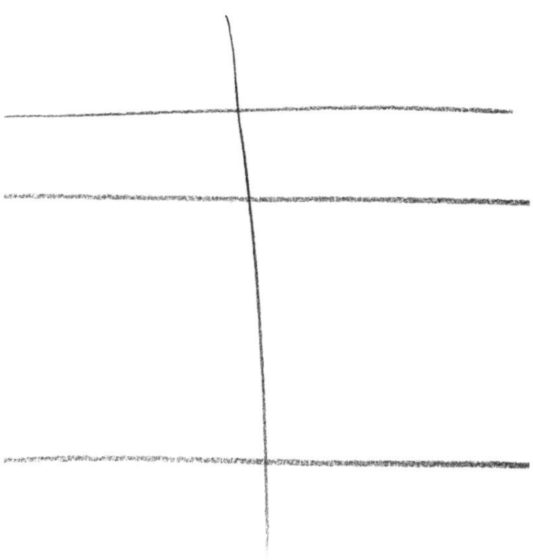

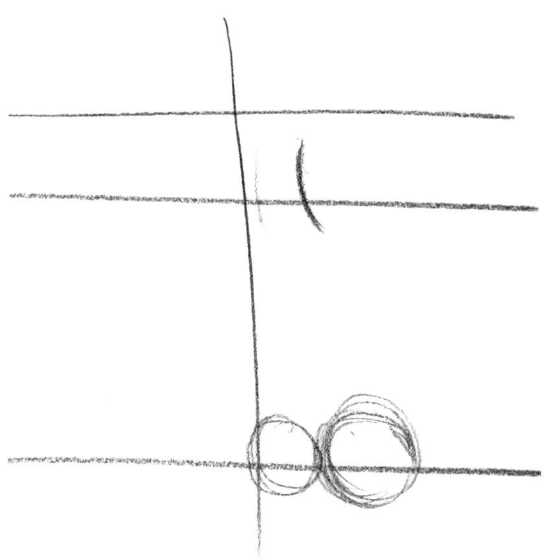

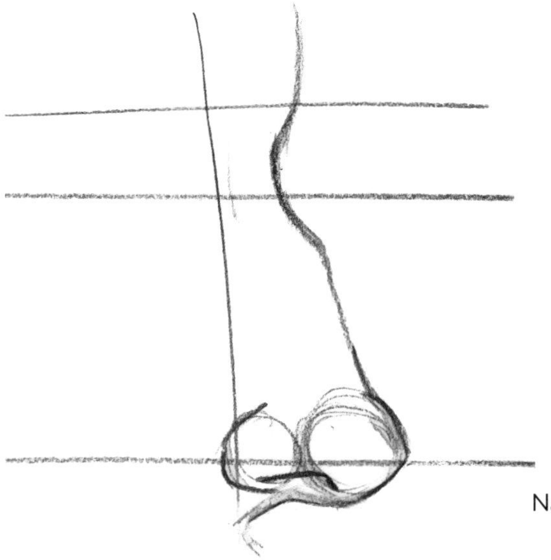

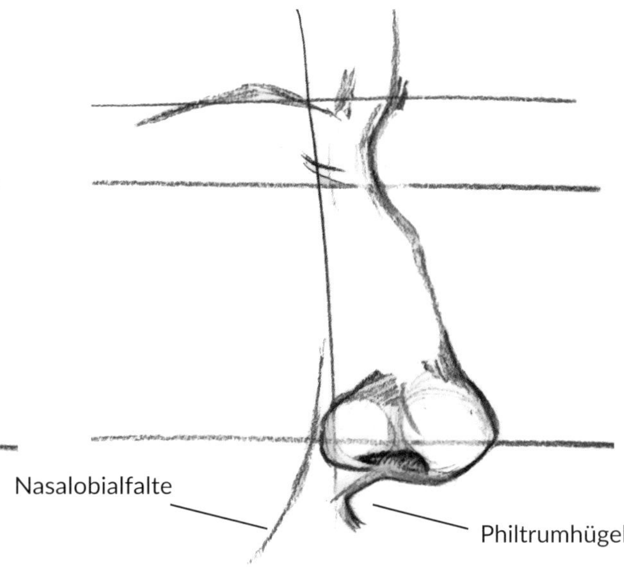

Auch hier zeichnest du zwei Kreise auf die Nasenlinie, um die Nasenspitze zu formen. Deute den Nasenansatz an und ziehe den Strich des Nasenrückens mit einem Höcker zur Nasenspitze, deren inneren Kreis du als Nasenform berücksichtigst. Die Kontur der Nasenspitze führt weiter in den Philtrumhügel, nicht in den Nasenflügel. Die Kontur des Nasenflügels liegt separat und mündet in die Grenze des Nasenlochs. Schraffiere die kleinen Bereiche und deute als Hilfe die Wange an, die die Nasolabialfalte bildet. Die Augenbraue und das Auge werden hier angedeutet, um die Nase im Gesicht besser ausmachen zu können. Das hilft

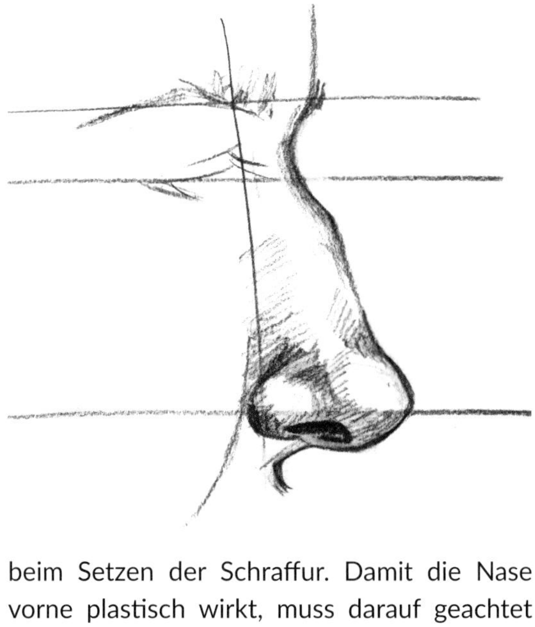

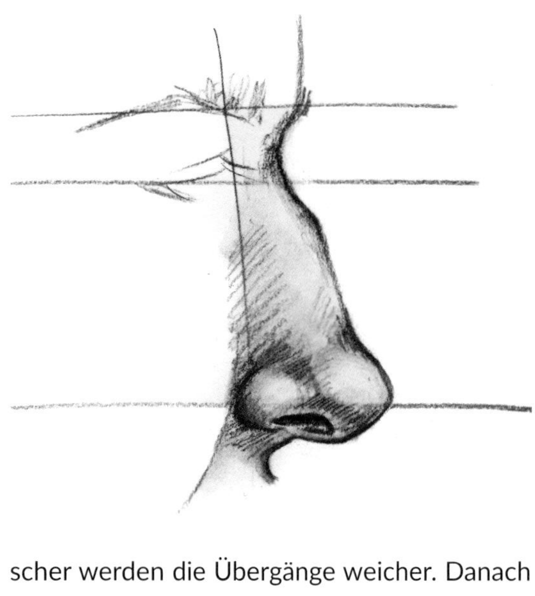

beim Setzen der Schraffur. Damit die Nase vorne plastisch wirkt, muss darauf geachtet werden, dass die steile Nasenfront um die Nasenlöcher zur Nasenspitze hin als erkennbare Fläche schraffiert wird. Mit einem Papierwischer werden die Übergänge weicher. Danach setzt du nochmal mit einer Schraffur Akzente. Die Nasenflügel setzen sich durch tiefere Schatten ab und eine Kontur mit unterschiedlichem Druck macht die Nase markant.

3.3 Mund

Frontal

Genau wie bei den Nasen gibt es viele tausend Mundformen. Neben den Hilfslinien bauen sich Lippen mit Hilfe von Kreisen und Ovalen auf. Bei schmalen Lippen kannst du ebenfalls schmale Ovale zeichnen. Die Lippenspitze nennt man Tuberculum. Genau wie in der Anatomie kann man hier zur Zeichenunterstützung mit ein, zwei oder drei Kreisen arbeiten, um die Lippe zu formen.

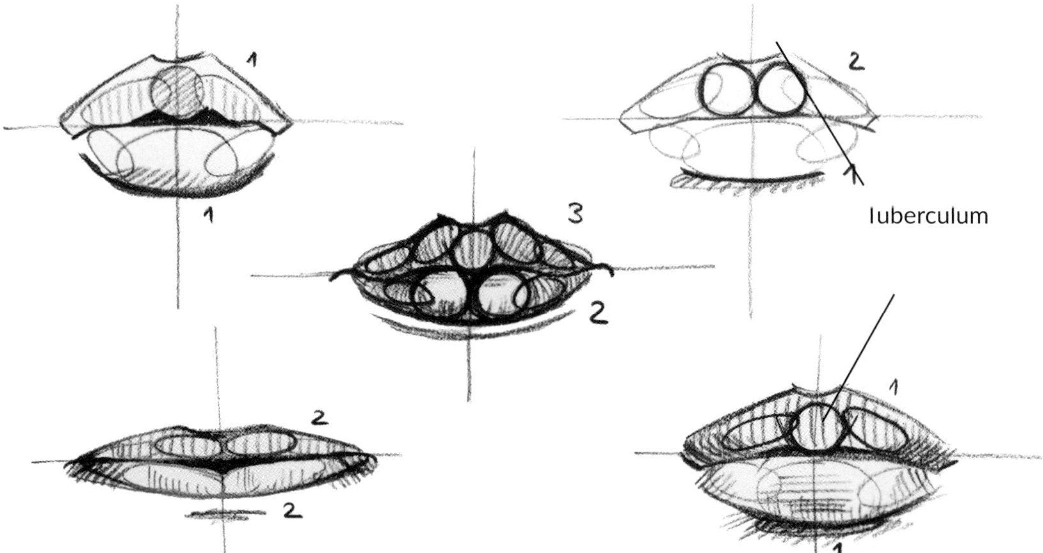

Im Anwendungsbeispiel zeichnen wir eine Lippe mit einem ausgeprägten mittleren Tuberculum in der Oberlippe. Dazu zeichnest du auf die Mitte der Mittellinie einen Kreis. Dieser wird von zwei sich daran anlehnenden Ovalen flankiert. Die Unterlippe wird durch zwei Ovale gebildet, die später nicht nur das Lippenvolumen, sondern auch die beiden Lippenhügel bilden. Auf die Mittellinie kannst du schon jetzt die Kontur der Mundspalte um die Kreise und Ovale herumzeichnen und dann weitere kleine Ovale jeweils oben und unten symmetrisch hinzufügen.

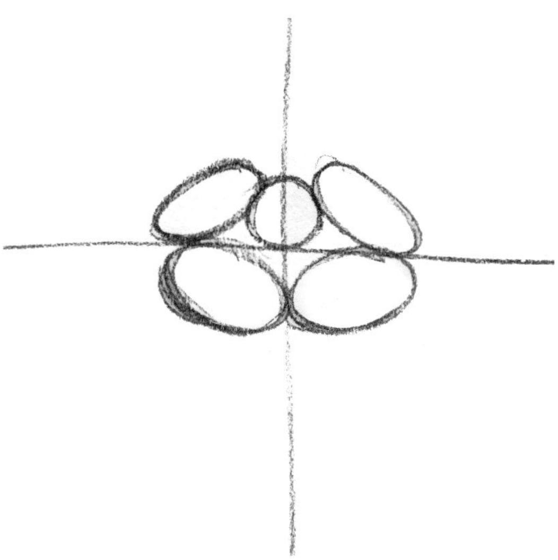

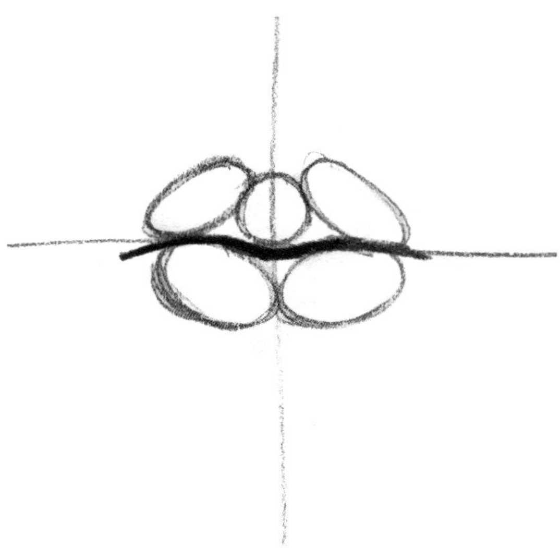

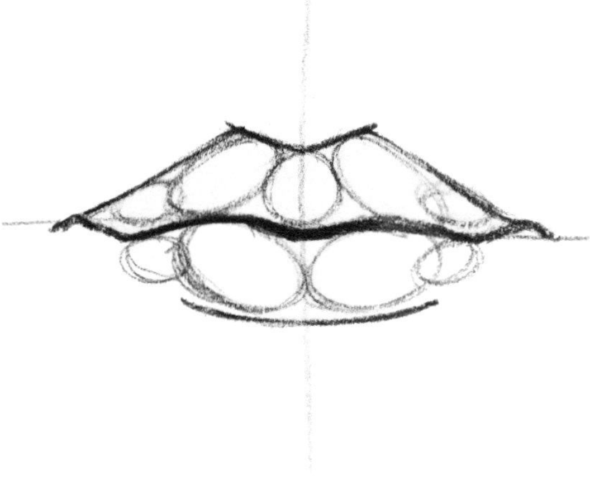

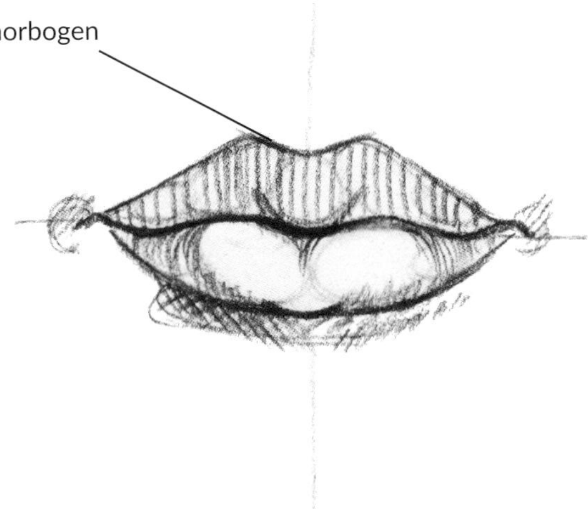

Um diese formgebenden Ovale herum zeichnest du die Lippenkontur. Die beiden Hügel der Oberlippenkontur unter dem Philtrum nennt man Amorbogen. Im nächsten Schritt kannst du diese Kanten weicher ausarbeiten und auch der Unterlippe die komplette Konturlinie geben. Um nun die Flächen plastisch zu schraffieren, radierst du zunächst die Ovale aus. Die Lippenhügel der Unterlippe geben die beiden Ovale schon vor, folge daher mit der Schraffur ihrer Form. Die Oberlippen sind meistens dunkler, da sie im Eigenschatten liegen. Dem Tuberculum in der Mitte der Oberlippe kannst du, wenn es aufgeprägt ist, eine leichte Kon-

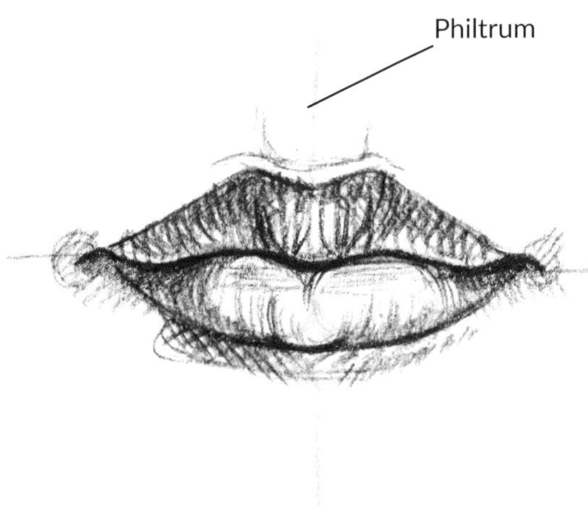

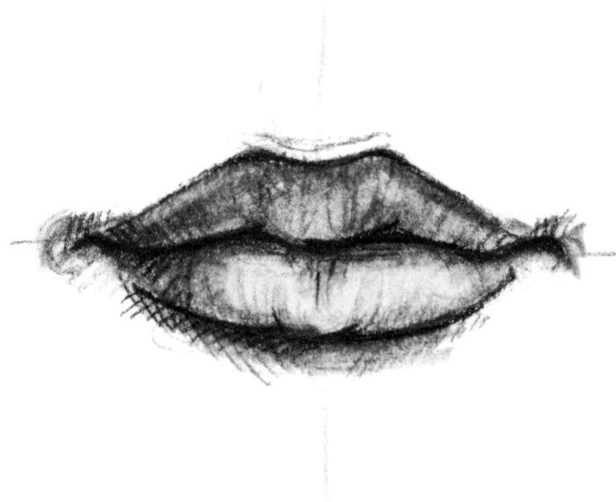

tur geben. Bei der Schraffur kannst du dich an den kleinen Lippenfältchen und deren Verlauf orientieren. Schraffur und Darstellung von Fältchen sind hier eins. Um die Mundwinkel herum liegt meist ein kleiner Schatten. Die Lippe endet nicht bei ihrer Kontur. Darüber hinaus gibt es die «Weiße Rolle» – einen schmalen Bereich, der über dem Amorbogen liegt und dort ins Philtrum übergeht. Dies sind die Hauptmerkmale der frontalen Ansicht.

Seitlich

Die Vorgehensweise im Viertelprofil ist die gleiche wie frontal. Die verkürzten Proportionen durch die Perspektive muss beachtet werden, sowie der Verlauf der Schatten. Unten siehst du eine weitere Variante, um das Tuberculum darzustellen: Eine kleine Herzform. Wenn die Lippe der Fotoreferenz diese Anatomie vorgibt, kannst du dir auch mit dieser Form die Kontur herleiten.

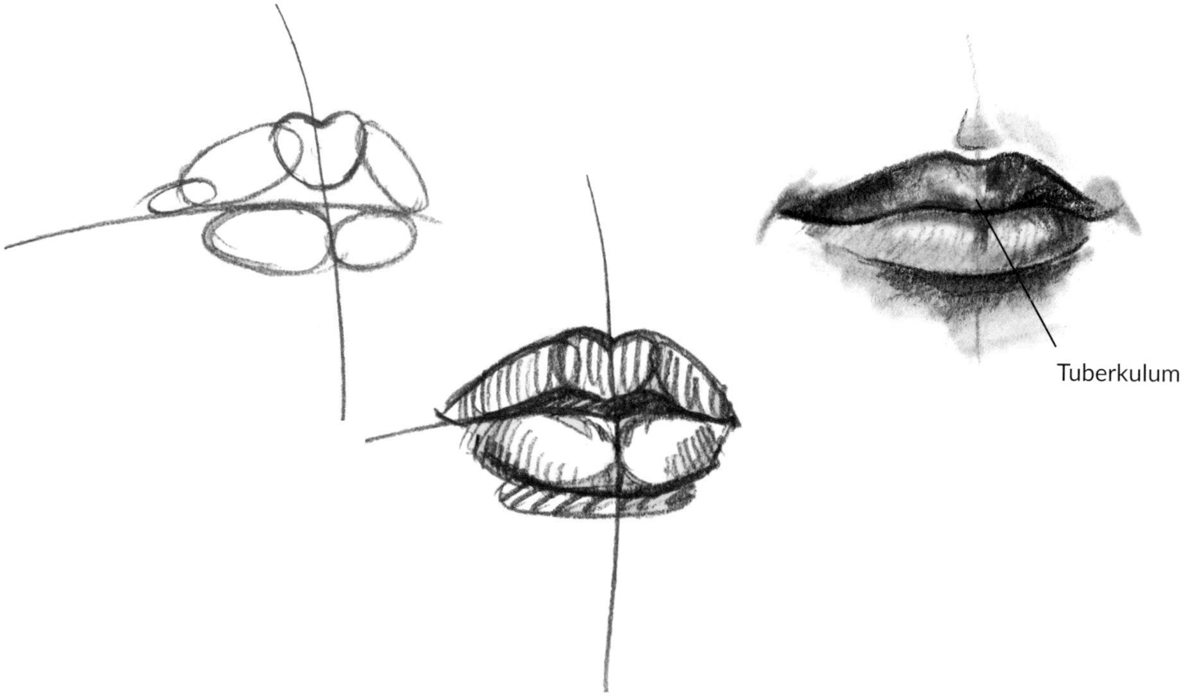

Je nach Winkel verlaufen Mittelachse und Mittellinie leicht gebogen. Der Verlauf der Mundform soll dem Gesichtsverlauf angepasst werden. Auf diese Weise passt du auch gleich die Ovale leicht gekürzt auf der abgewandten Seite an. Probieren geht über studieren. Durch viele Versuche wirst du neue Winkel und Mundformen finden. Experimentiere einfach mit der Zeichenformel. Ein Kreis in der Mitte bildet das Tuberculum der Oberlippe. Weitere Ovale bilden das Volumen der Ober- und Unterlippe. Du kannst die ganze

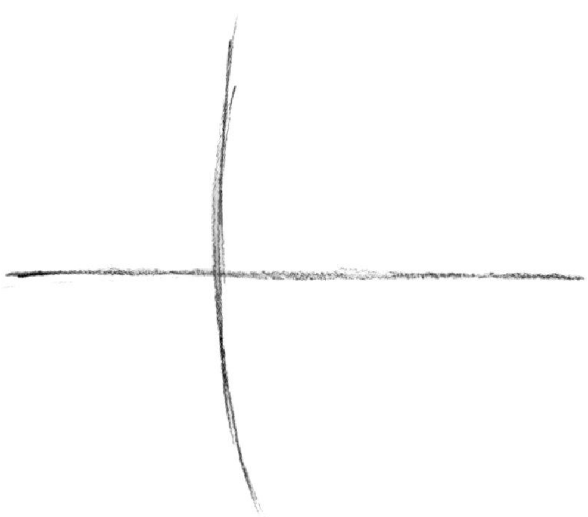

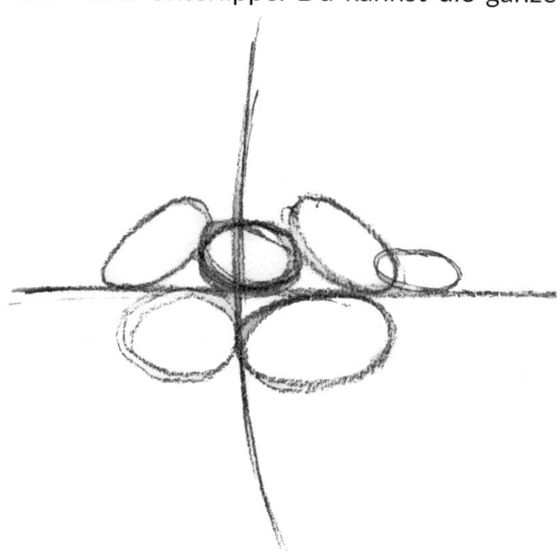

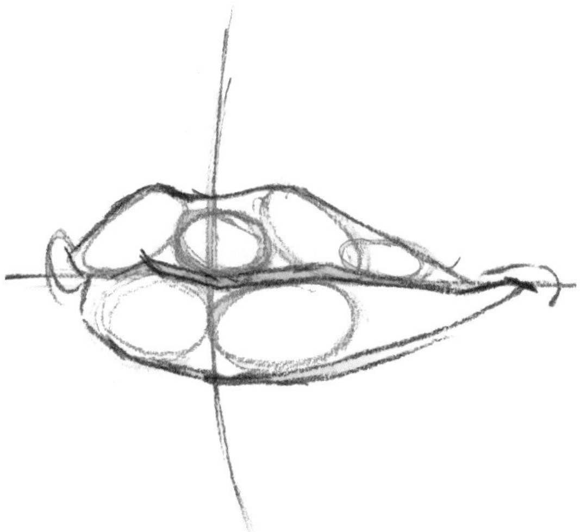

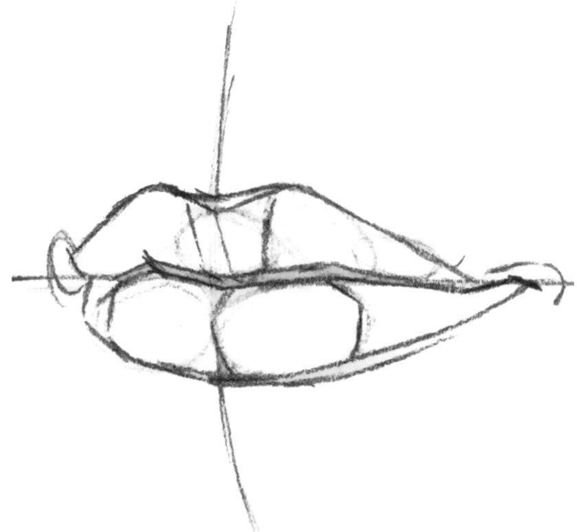

Lippenform mit Hilfsformenausfüllen, aber auch, wie hier gemacht, die Konturen der Mundspalte und der äußeren Lippenform direkt bis zum Mundwinkel ziehen. Bei näherer Betrachtung hat die Lippenkontur eine kleine Fläche, die bei der Schraffur berücksichtigt werden muss. Diese Feinheiten fallen erst bei der Viertelperspektive auf, weil das Licht frontal gesehen anders fällt. Die Hilfsovale radierst du jetzt aus und zeichnest den Verlauf der Lippen kantig nach – später wird daraus die Lippenschraffur, die die kleinen Fältchen mit einbezieht. Der hier kleine dunkle Bereich über der Mundspalte nennt man

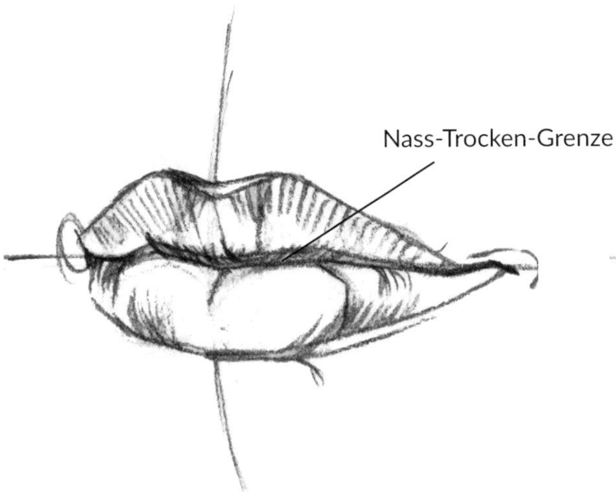

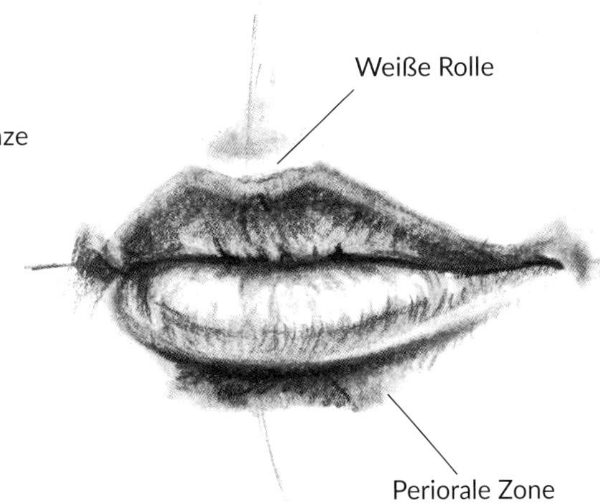

«Nass-Trocken-Grenze», die tatsächlich eine andere Flucht zur Mundspalte hat als die restliche Fläche der Oberlippe. Je mehr man über die Anatomie der Gesichtselemente weiß und tatsächliche Informationen dazu sammelt, desto besser kann man diese darstellen. Die «Weiße Rolle» über dem Amorbogen wird hier durch Aussparen angedeutet. Die Unterlippe wird im Zuge der Schattierung in der «perioralen Zone» darunter plastisch hervorgehoben, ebenso die Lippenfältchen und die Gruben im Mundwinkel.

Profil

Auch beim Profil von Mündern kann man die beiden Lippen mittels Hilfslinien und Ovalen aufbauen. Im Beispiel unten siehst du drei Varianten. Such dir auch dazu Fotoreferenzen heraus, um die vielen unterschiedlichen Formen von Mündern richtig zu studieren. Im Anwendungsbeispiel zeichnen wir den Mund des Porträts von Seite 92 im Detail.

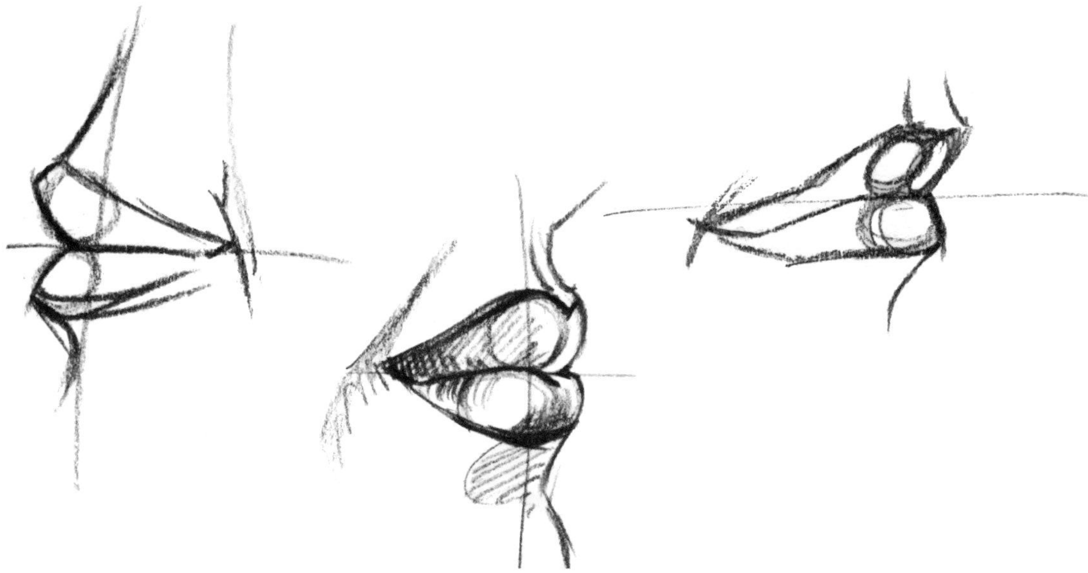

Mittelachse und Mittellinie bilden ein Kreuz. Achte darauf, dass die Linien je nach Perspektive einer geschwungenen Kopfform folgen. Wenn das Profil ein wenig eingedreht ist, siehst du beide Spitzen des Armorhügels. Du zeichnest als Hilfe zwei sich überschneidende Ovale, wobei die hinteren durch die Perspektive verkürzt sind. Das gleiche gilt für die Lippenhügel der Unterlippe. Im absoluten Profil wäre nur ein Kreis vorne zu zeichnen. Das siehst du oben in der ersten Abbildung. Im nächsten Schritt zeichnest du die Lippenkon-

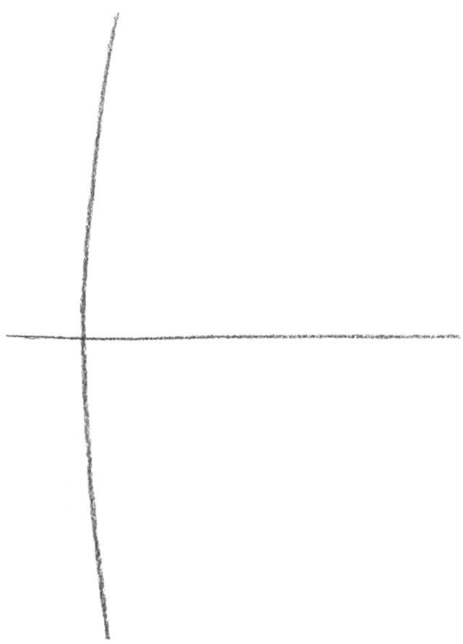

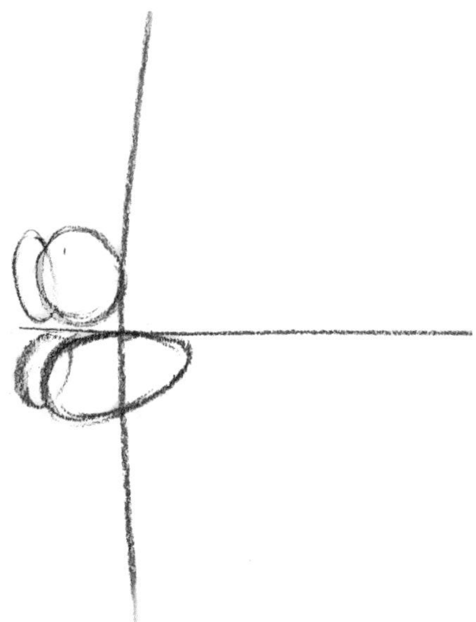

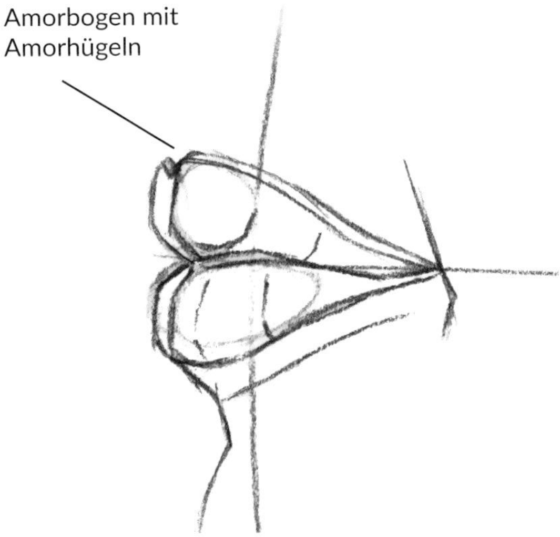

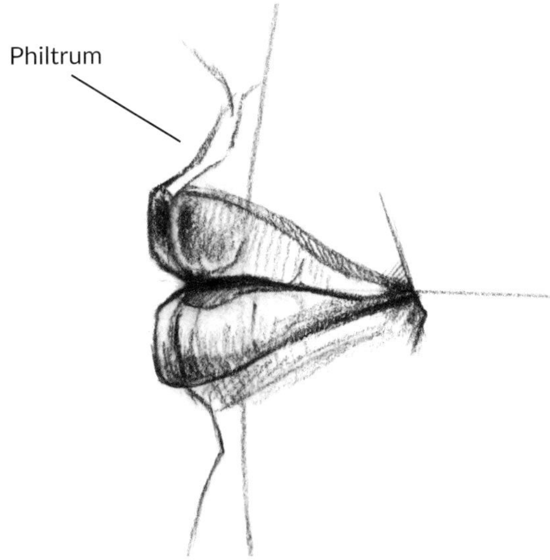

tur, die Linie der Mundspalte – der Nass-Trocken-Zone – sowie die Mundwinkel. Die Hilfsovale werden ausradiert und der Lippenverlauf mit kantigen Linien angedeutet. Neu ist in dieser Zeichnung, dass die ausgeprägte «periorale Zone» beachtet werden muss. Diese wird hier mit einer kleinen Kontur unterhalb der Unterlippe angedeutet und dann mittels Schraffur ausgearbeitet. Die äußere Lippenkontur selbst ist keine Linie, sondern eine kleine Kante mit Fläche, die ebenfalls schattiert werden sollte. In der Zeichnung wurde außerdem beachtet, dass die Oberlippe einen kleinen Schatten auf die Unterlippe wirft. Dieser muss bei der Schraffur und Schattierung ebenfalls ausgearbeitet werden. Das Philtrum wird schattiert, die «weiße Rolle» ausgespart und es wird ein weiteres Gebiet, das anatomisch zu den Lippen gehört, gezeichnet: der «weiße Lippenanteil« um die Lippen herum, vor allem über der Oberlippe. Der Bereich zwischen der bekannten Lippe und der Nase, neben dem Philtrum, nennt sich so und gehört eigentlich dazu. Hier ist das Gebiet leicht schattiert.

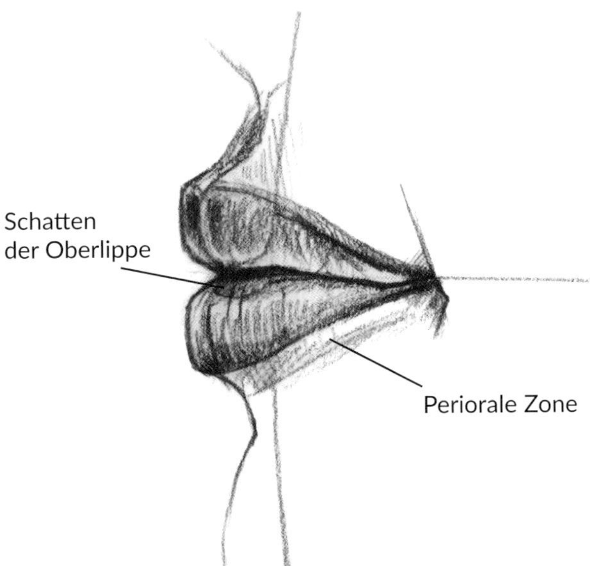

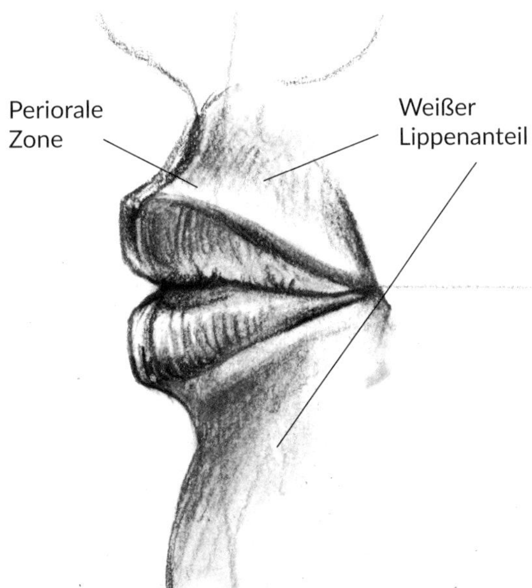

3.4 Ohren

Ohren werden in modernen Porträts meistens nur angedeutet. Das liegt zum einen daran, dass sie aus den gängigen Perspektiven kaum gesehen werden oder unter Haar verborgen sind, zum anderen aber auch daran, dass bei Porträts vor allem Charakteristika gezeichnet werden und Ohren in wenigen Fällen das Detail sind, welches eine Person ausmacht. Nichtsdestotrotz sind Ohren eine schöne, komplexe Zeichenübung.

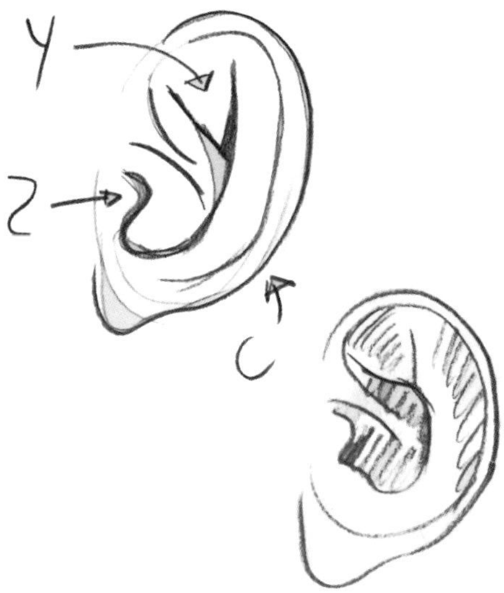

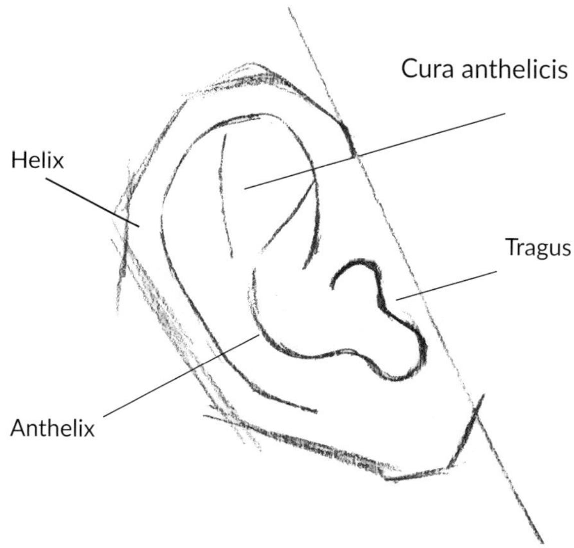

Um ein bisschen Ordnung in das Chaos einer Ohrmuschel zu bekommen, kannst du dir damit helfen, dass die Struktur ganz vereinfacht aus einen C, einem Y und einem kleinen S aufgebaut ist. Das C ist dabei die «Helix», das Y bildet die «Cura anthelicis» mit «Anthelix». Das abgewandelte S ist der Bogen, der in das Y mündet. Dort ist der charakteristische «Tragus». Diese Teile des Ohrs zu kennen ist wichtig, damit das Gehirn die Struktur kennenlernt

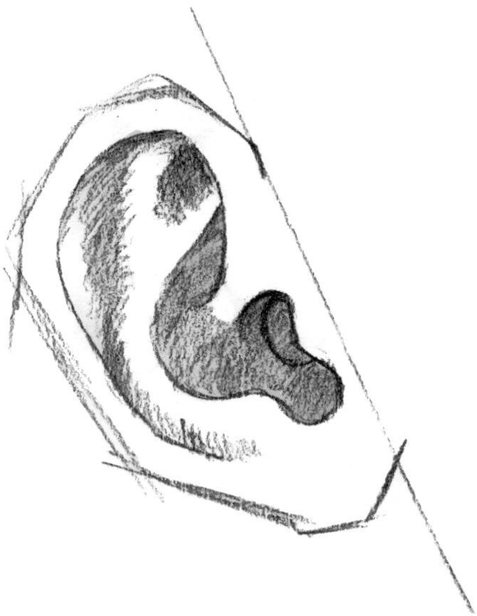

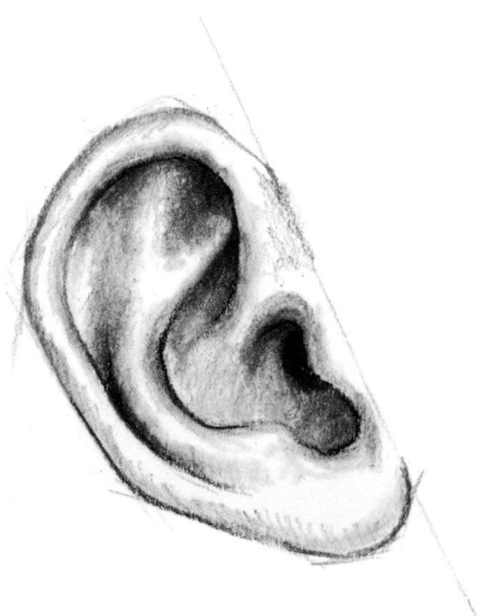

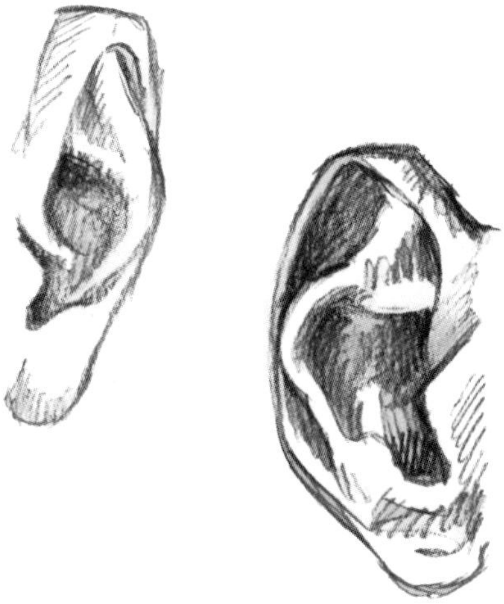

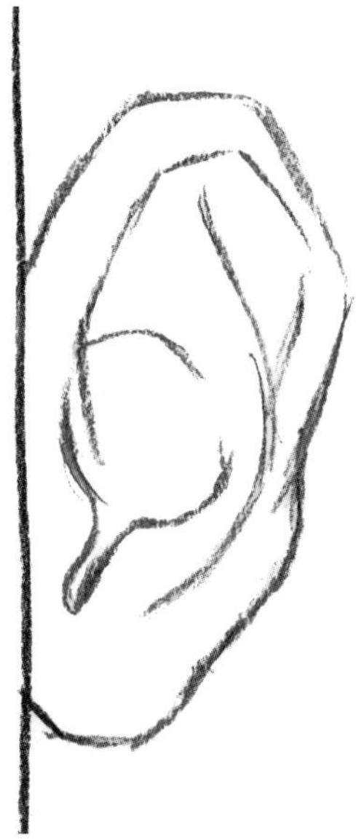

und aufschlüsseln kann. Dann kannst du die vielen kleinen Falten und Spitzen schraffieren und schattieren. Am besten übst du dies wieder mit vielen Fotoreferenzen. Was besonders beachtet werden sollte, ist, dass ein Ohr leicht schräg und nicht senkrecht am Kopf sitzt.

In der Viertelperspektive wirkt dies nur senkrecht. Hier sind alle Ohrmuschelbestandteile in der Perspektive leicht verkürzt. Die senkrechte Linie ist nur eine Andeutung der Schädelseite. In einem ersten Step wurde das Ohr grob skizziert. Mit kantigen suchenden Stri-

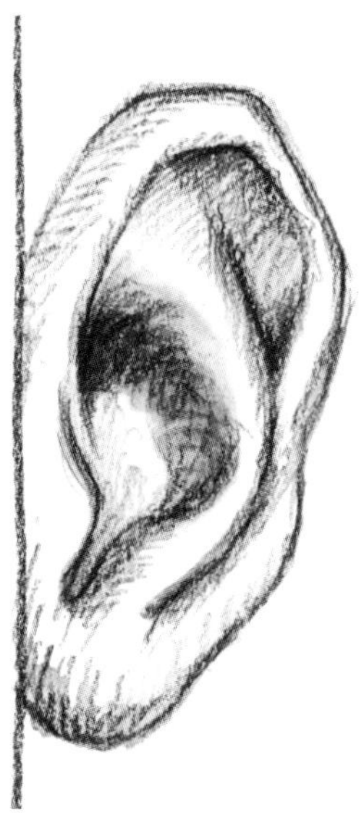

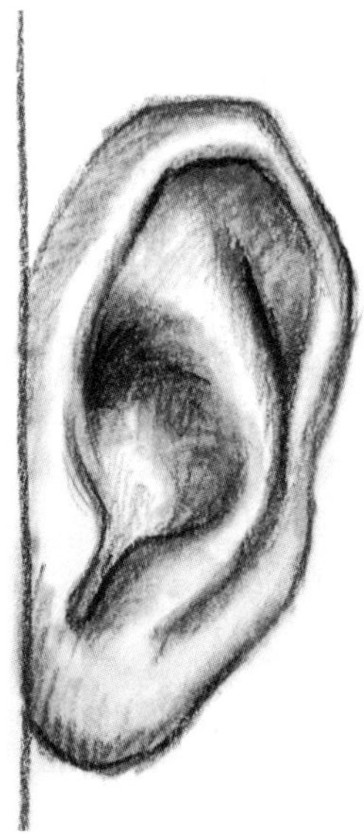

chen gelingt dies meistens einfacher als mit durchgängigen Linien, die sofort stimmen sollen. Als nächstes werden die vielen komplexen Formen schraffiert. Ohren sind eine tolle Übung, um Schraffurbilder zu trainieren: immer erst schraffieren und dann schattieren.

Über eine weichgezeichnete Schattierung kannst du nochmal eine Schraffur setzten, um beispielsweise eine geschwungene Form zu unterstreichen. Die Schatten geben Kontrast und eine Kontur mit unterschiedlich starkem Druck macht deine Zeichnung virtuoser.

4 Hilfstechniken

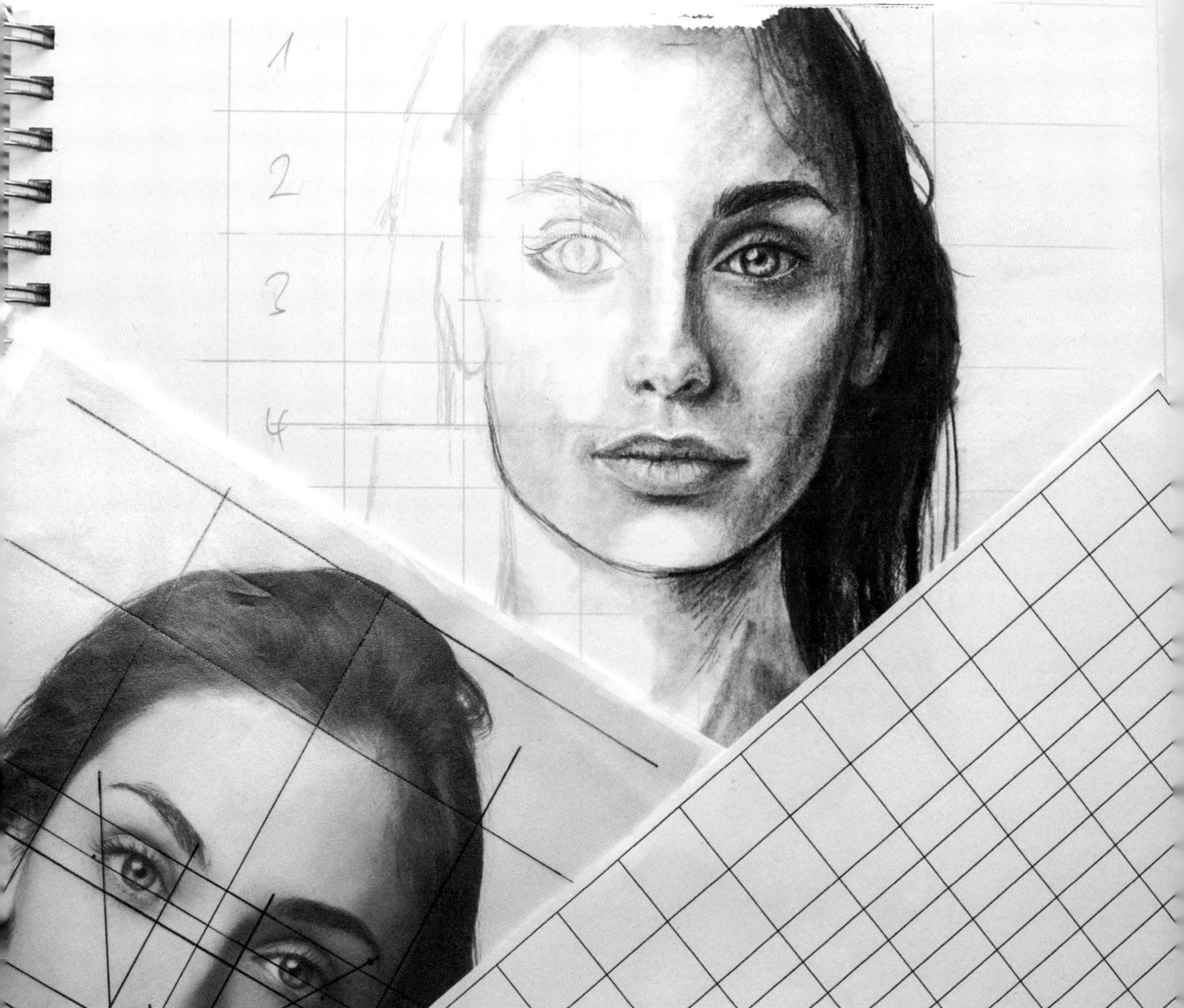

Um Gesichter zu zeichnen, gibt es ein paar Hilfstechniken, die in diesem Kapitel vorgestellt werden: die bekannte Rastermethode, das Zeichnen auf dem Kopf und das Durchpausen. Diese Hilfstechniken gehören zum Zeichnenlernen, wie auch das Erlernen der Methoden zum freien Aufbau von Gesichtern, dazu. Ohne dieses Wissen um die Techniken wäre das Repertoire an Zeichenübungen nicht vollständig. Sie ersetzen die freien Methoden zum Zeichnen von Gesichtern nicht, sondern bauen vielmehr darauf auf. Wer Gesichter richtig zeichnen lernen will, kombiniert dieses Wissen und schult sich damit noch schneller.

Warum behandeln wir nun die Hilfstechniken erst an dieser Stelle des Buches? Weil die Chronologie zum einen einer didaktischen Logik folgt und die Hilfstechniken zum anderen eben Hilfstechniken und keine Mogeltechniken sind. Trotz dieser Techniken ist es wichtig, zu lernen, wie Gesichter aufgebaut werden, die Wahrnehmung zu schulen und Informationen über die dreidimensionale Anatomie von Gesichtern zu erlangen, sprich: trainiert zu haben. Es nützt einem Zeichner wenig, ohne dieses Wissen an diese Stelle des Buchs zu springen und zu glauben, er könne damit gute Zeichnungen abliefern. Der Zeichner, der die vorangegangen Kapitel gelernt und trainiert hat, wird stets besser sein, weil er versteht, was wie und warum gezeichnet wird und weil die Auge-Hand-Koordination trainiert wurde. Außerdem hat das Gehirn tatsächliche Informationen über das Abbilden von Gesichtern mit einem Stift gelernt – die Wahrnehmung wurde geschult. Dieser Unterschied ist immer sichtbar.

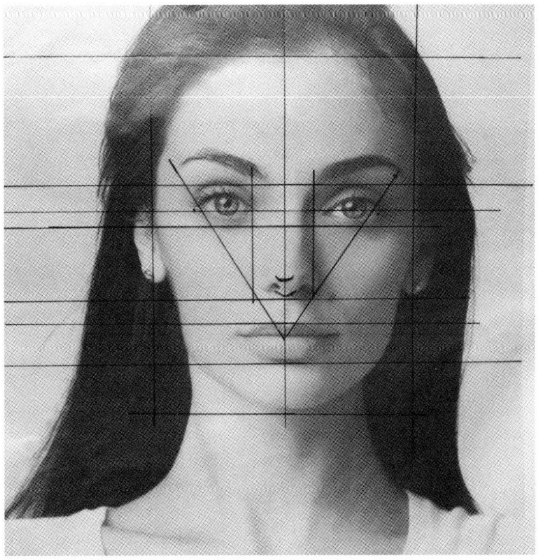

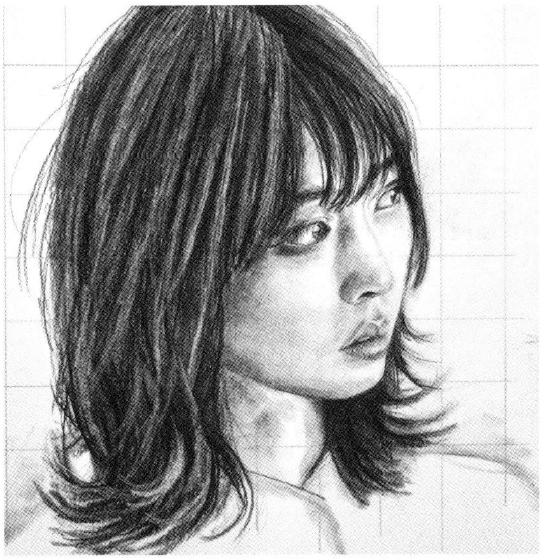

Gleichzeitig wäre das Zeichnenlernen von Gesichtern aber ohne die folgenden Hilfstechniken nicht komplett, denn auch mit ihnen kannst du das Zeichnen trainieren und erfahren, wie Proportionen wirklich anzulegen sind. An die Rastermethode gehst du ganz anders heran, wenn du gelernt hast, Gesichter methodisch aufzubauen. Du hangelst dich dann nicht von Kästchen zu Kästchen, sondern bekommst ein Auge für die Abstände. Genauso verhält es sich mit dem Zeichnen auf dem Kopf. In einem Experiment wirst du dort erfahren, wie mächtig unser Gehirn korrigierend in unsere Zeichnungen eingreifen will. Und zu guter Letzt: Das Durchpausen ist keine Schummeltechnik, sondern für das unterstützende Erlernen von Proportionen ebenfalls nützlich. Vorzeichnungen und Skizzen werden üblicherweise von Illustratoren mit einem Durchleuchtpult auf das finale Papier übertragen.

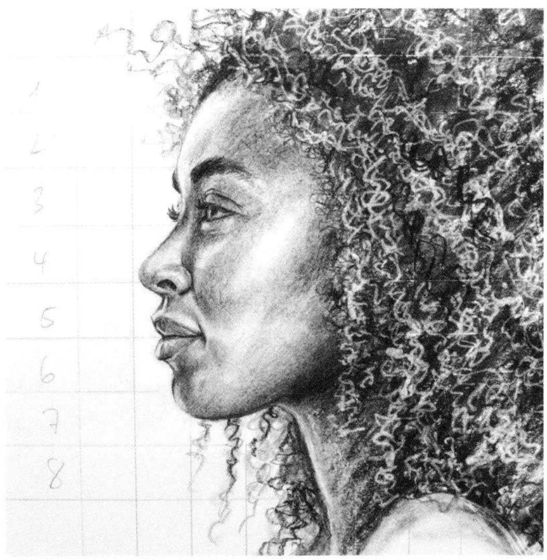

4.1 Die Rastertechnik

Das Prinzip der Rastertechnik ist es, die Fotoreferenz in Quadrate oder Rechtecke aufzuteilen und das Motiv in dasselbe auf Papier gezeichnete Raster zu übertragen. Du kannst so ein Gefühl für die richtigen Proportionen entwickeln, aber nicht das Erlernen des methodischen Aufbaus von Gesichtern ersetzen oder um das zeichnerische Trainieren der einzelnen Gesichtselemente herumkommen. Die Zeichnungen, die mit diesem Vorwissen entstehen, unterscheiden sich von solchen, die nur mit Hilfstechniken entstehen, extrem. Hilfstechniken sind eben nur das: eine Hilfe.

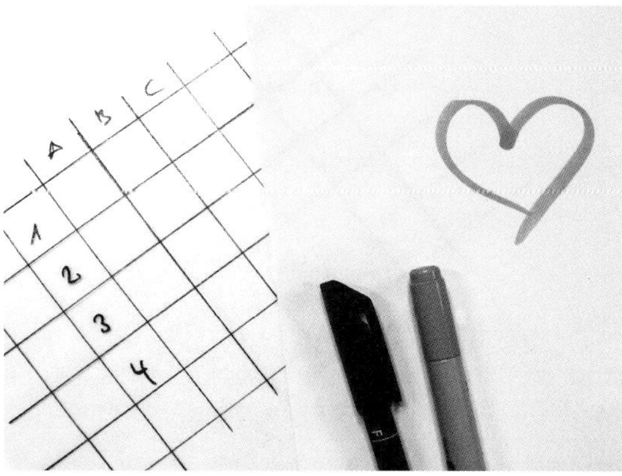

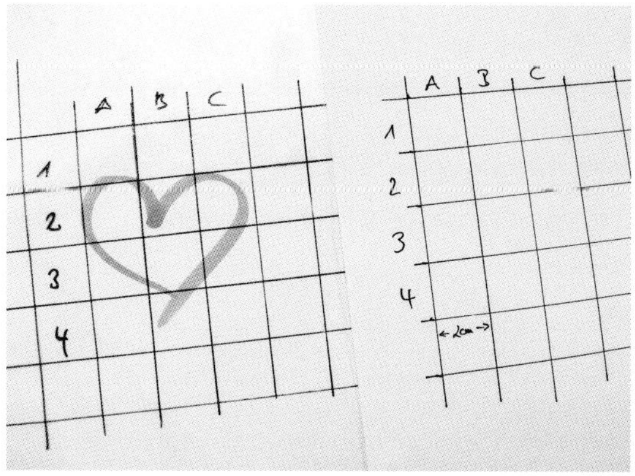

Bei einer 1:1 Übertragung zeichnest du dir ein Raster auf Klarsichtfolie (oder direkt auf das Foto) und schiebst das Motiv in die Folie. Auf Papier zeichnest du exakt dasselbe mit gleichem Zeilen- und Spaltenabstand. Eine Nummerierung am äußeren Rand hilft dir, dich noch besser zu orientieren. Dann gehst du von links oben nach rechts unten vor, wenn du Rechtshänder bist, oder von rechts oben nach links unten, wenn du Linkshänder bist. Der Grund für diese Vorgehensweise ist, dass du so die Zeichnung nicht mit deinem Handballen verschmierst. Wenn du dich schon sicher fühlst, ist es natürlich egal. Kästchen für Kästchen kopierst du so zeichnerisch das Motiv – und das ist es letztendlich nur: eine handwerkliche Kopie. Wenn du Gesichter richtig zeichnen möchtest, musst du das handwerkliche Kopieren mit dem Wissen um Anatomie und dem methodischen Aufbau von Gesichtern kombinieren. Daher dient die Rastertechnik als Hilfstechnik, um entweder Gesichtsproportionen zu üben oder um deine eigenen Zeichnungen zu vergrößern.

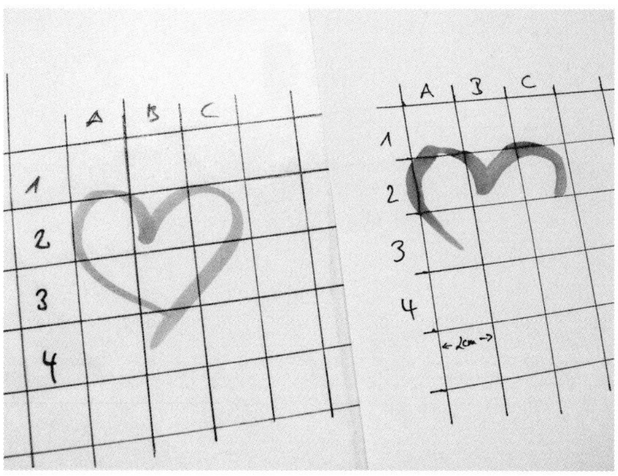

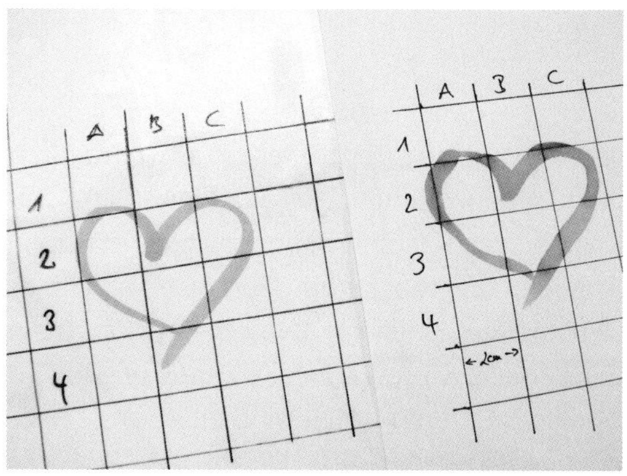

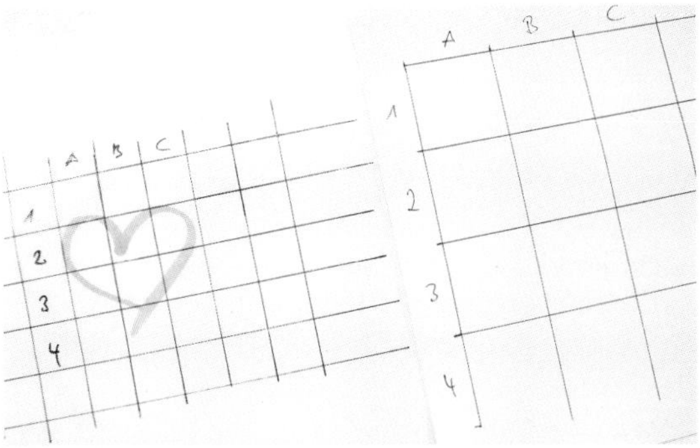

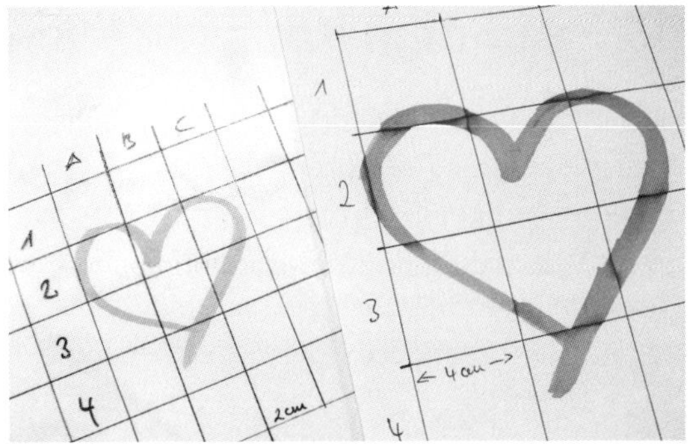

Die Vergrößerung von Motiven und Vorzeichnungen haben schon die alten Maler mit der Rastertechnik vorgenommen. Daher stammt diese Methode ursprünglich. Die alten Maler haben damit Zeichnungen aus ihren Skizzenbüchern auf gigantische Leinwände übertragen. Dafür zeichnest du auf deinem finalen Papier einfach ein größeres Raster als auf dem Ursprungsmotiv. In der Abbildung wird das Motiv auf ein Raster mit 4 cm großen Quadraten vergrößert. Das lässt sich beliebig groß skalieren und natürlich auch verkleinern. Für

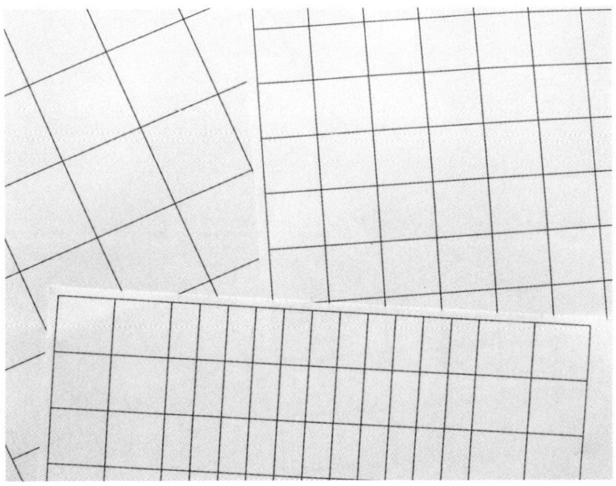

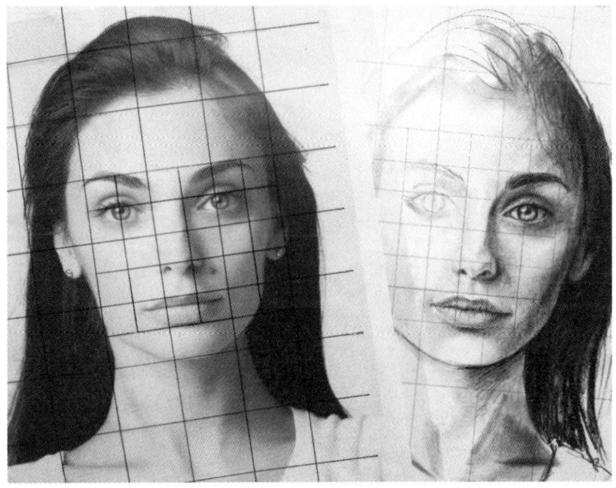

schwierige Passagen kannst du den Trick anwenden, das Raster schmaler werden zu lassen. Entweder planst du das Raster schon vorab innen feiner als außen oder du teilst die Flächen einzelner schwieriger Stellen während der Übertragung. Bei dem Damenfoto waren die Kästchen um die Augen erst sehr groß und wurden dann dort, wo es nötig wurde, nochmals unterteilt. Dies machst dann auch im Raster, das auf dem Zeichenpapier steht. So kannst du jede Zeichnung flexibel an dein Lernniveau anpassen.

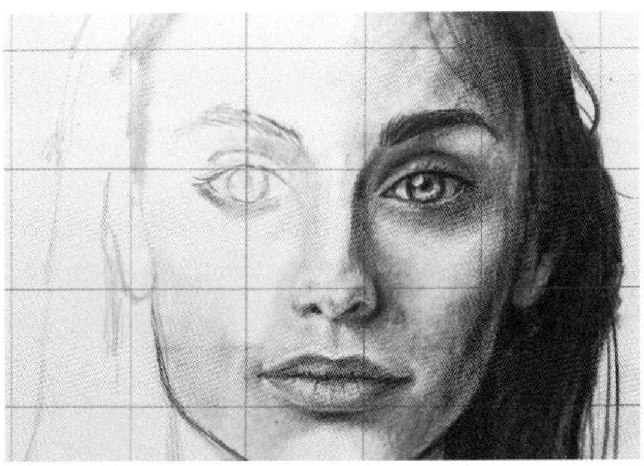

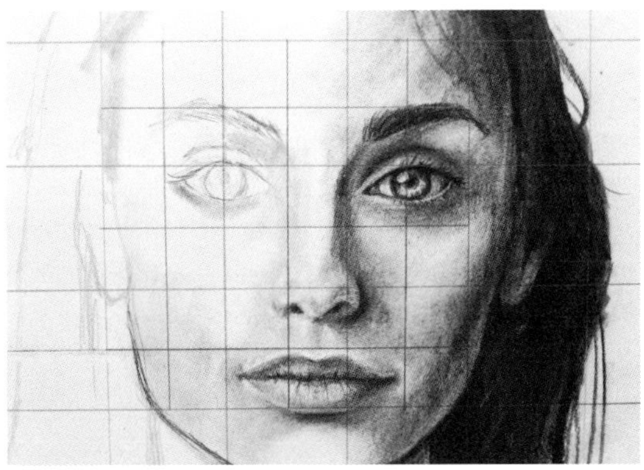

4.2 Auf dem Kopf zeichnen

Gesichter lassen sich für Anfänger viel leichter von einem Foto abzeichnen, wenn man die Fotoreferenz auf den Kopf dreht. Das liegt daran, dass das Gehirn diese Situation nicht kennt und nicht mit spekulativen Informationen über Gesichter korrigierend in die Ausführung der Zeichnung eingreift. Was das bedeutet und wie mächtig unser Gehirn korrigiert und die Zeichnung dann doch

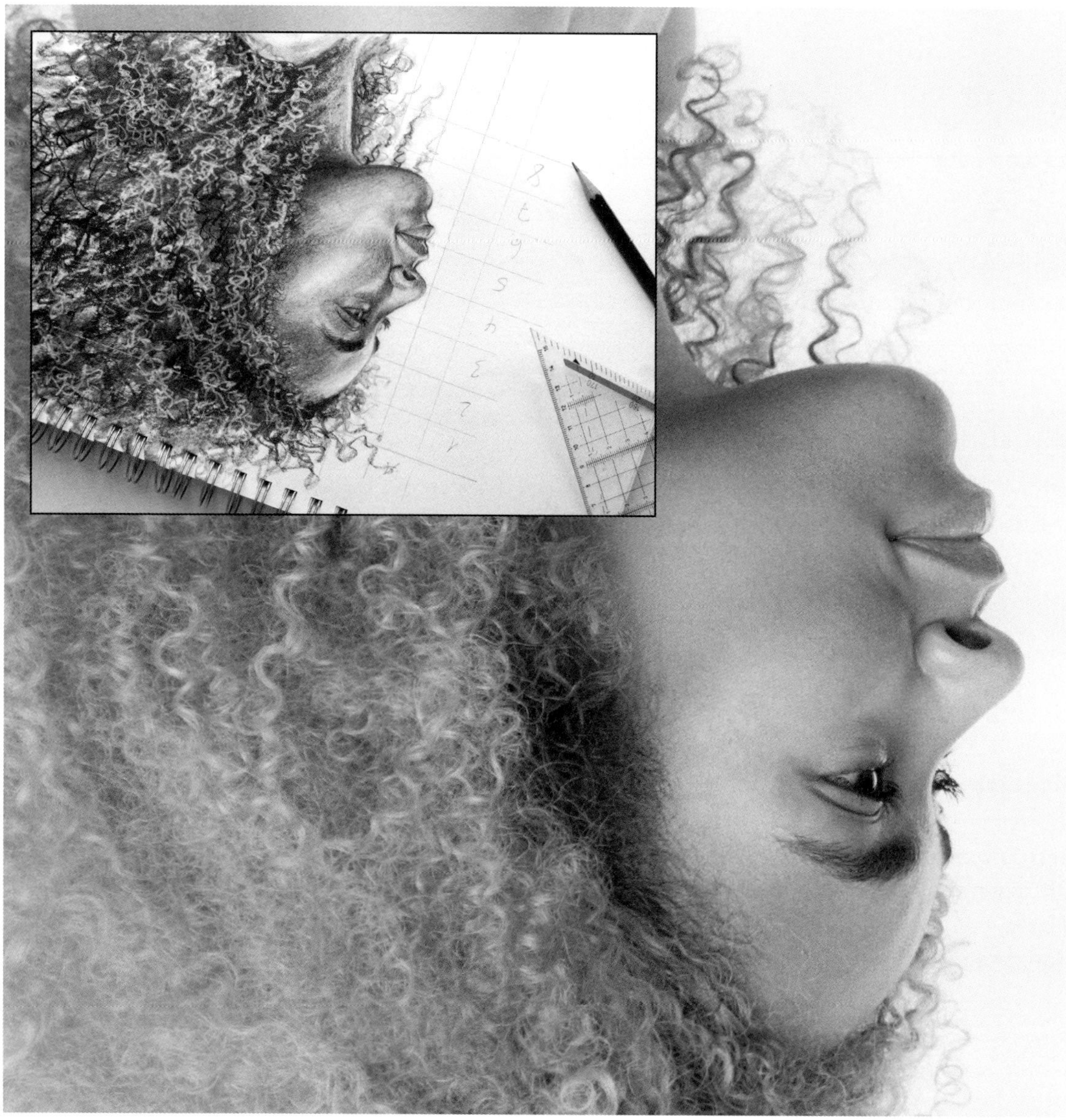

verzerrt (weil es keine tatsächlichen erlernten und trainierten Informationen über Anatomie hat), wirst du hier in einem Experiment erfahren. Zunächst jedoch ein paar Worte zum Zeichnen auf dem Kopf: Du kannst diese Zeichenmethode mit der Rastertechnik kombinieren. Du drehst sowohl die Fotoreferenz als auch deine Zeichenfläche auf den Kopf und gehst wie im vorangegangenen Kapitel vor. Auf diese Weise kannst du dich besonders gut von Kästchen zu Kästchen vorarbeiten, ohne dass die Gesichtspartie von der Interpretation

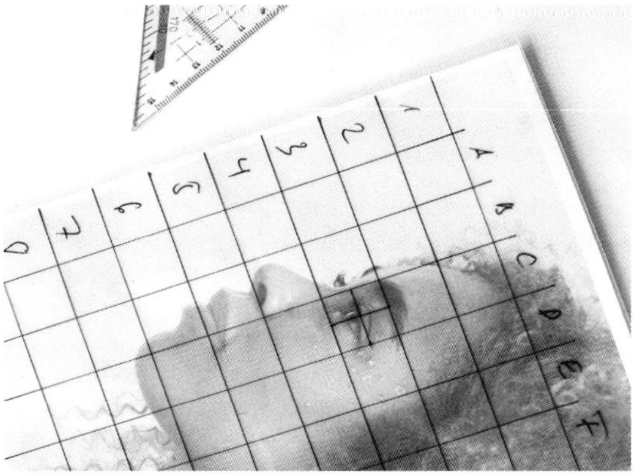

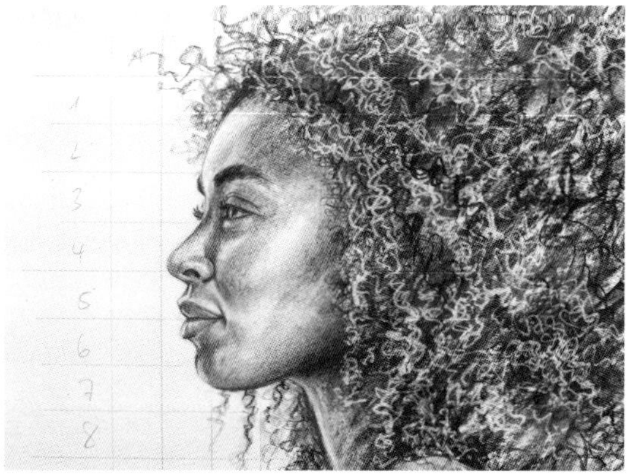

aller Proportionen verzerrt wird. Einzelne Passagen kannst du auch hier nochmal unterteilen. Meistens sind dies die Augen. Wenn du die Zeichnung beendest und umdrehst, wirst du überrascht sein, wie gut sie geworden ist.

Was macht unser Gehirn da? Was bedeutet es, wenn es »mit nicht erlernten, sondern spekulativen Annahmen« in die Zeichnung eingreift? Das kannst du mit folgendem Experiment erfahren: Zeichne die Schnörkel in der mittigen

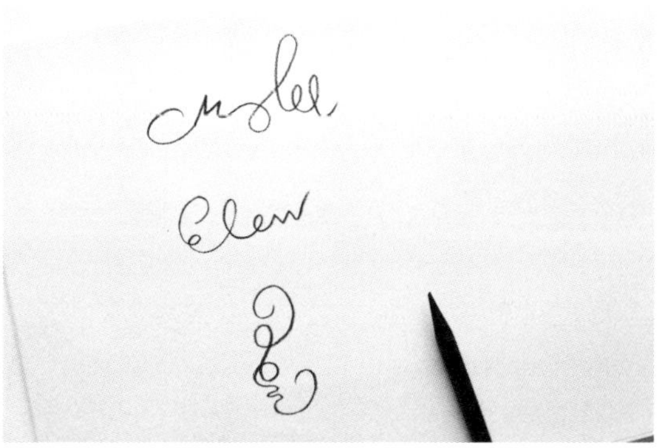

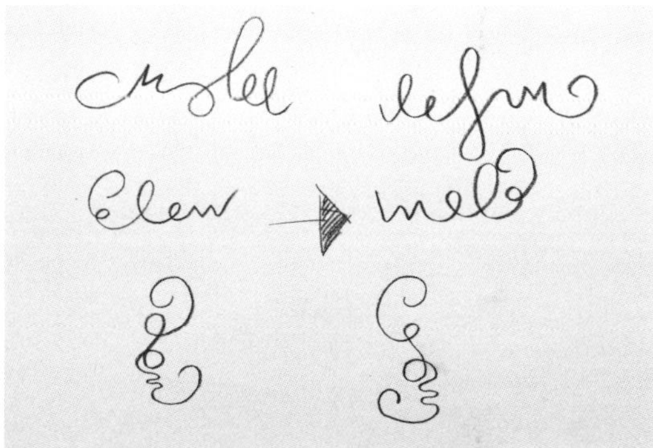

linken Abbildung. Genau diese Schnörkel zeichnest du jeweils spiegelverkehrt daneben. Klingt einfach, oder? Es ist aber, je älter wir werden, gar nicht einfach bis sehr schwer. Überprüfe mit einem Spiegel, ob deine Zeichnung stimmt. Junge Menschen können dies besser als ältere, da ihr Gehirn noch nicht viele spekulative Informationen abgespeichert hat. Derselbe Mechanismus setzt ein, wenn ein zeichnerisch untrainierter Mensch ein Gesicht abzeichnen möchte. Das Gehirn will helfen, hat dafür aber keine bewusst studierten Informationen und verzerrt das Bild dann durch Annahmen. Deswegen werden Zeichnungen auf dem Kopf besser.

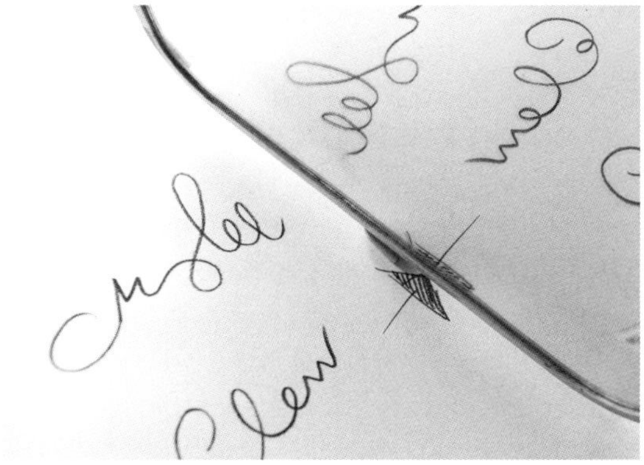

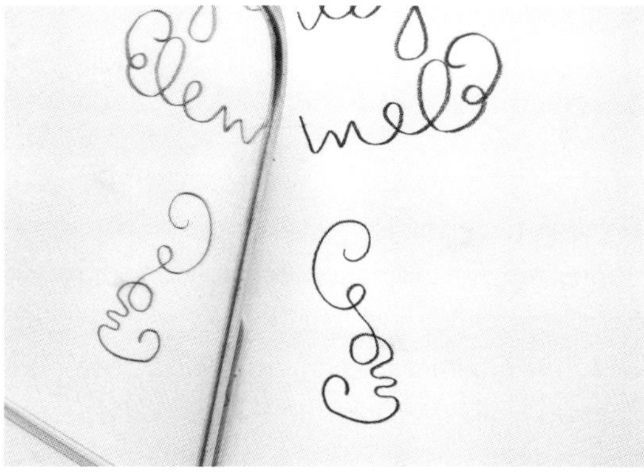

4.3 Durchpausen

Was hat Durchpausen in einem Buch über das Zeichnenlernen von Gesichtern zu suchen? Wer die Kapitel bis hierhin verfolgt hat, weiß, dass man mit Durchpausen nicht schummeln kann, denn es fällt wirklich sofort auf, wenn etwas nur zeichnerisch kopiert wurde, aber nicht anatomisch und zeichnerisch verstanden wird. Das Durchpausen dient hier dem Trainieren und Speichern von Informationen über Proportionen. In Grunde gehört es zur Wahrnehmungsschulung. Die Hilfstechnik »Durchpausen« ist also eine Hilfe zum Zeichnenlernen, nicht zum Gesichterzeichnen selbst.

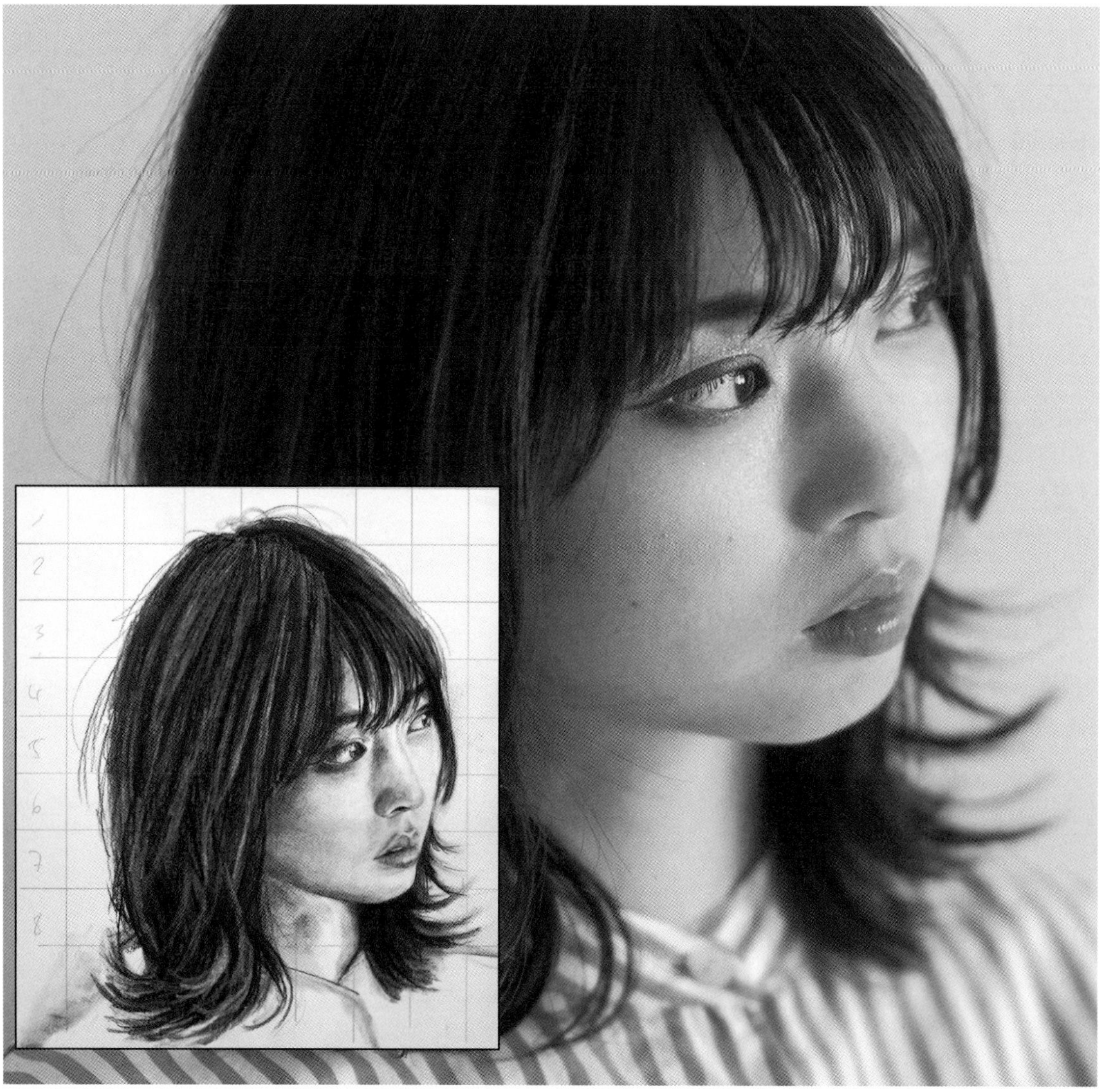

Für das Durchpausen kannst du Transparentpapier auf Fotovorlagen verwenden, die helle Fensterscheibe oder du machst es wie Illustratoren: Du verwendest ein beleuchtetes Zeichenpult. Illustratoren und Zeichner übertragen damit ihre Skizzen von Vorzeichnungen bis hin zur Reinzeichnung auf richtig gutem Zeichenpapier. Davon ist ein Bogen teuer und die finale Zeichnung wird erst zum Schluss auf das richtige Format gezeichnet. Solche Durchleuchtpulte haben also einen professionellen Hintergrund. Im digitalen Zeichnen verwen-

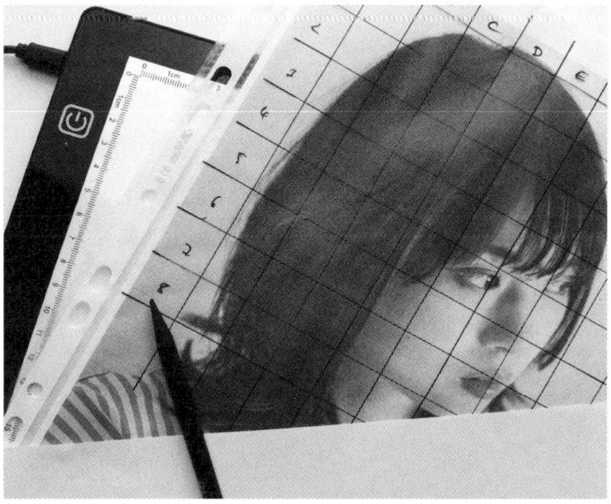

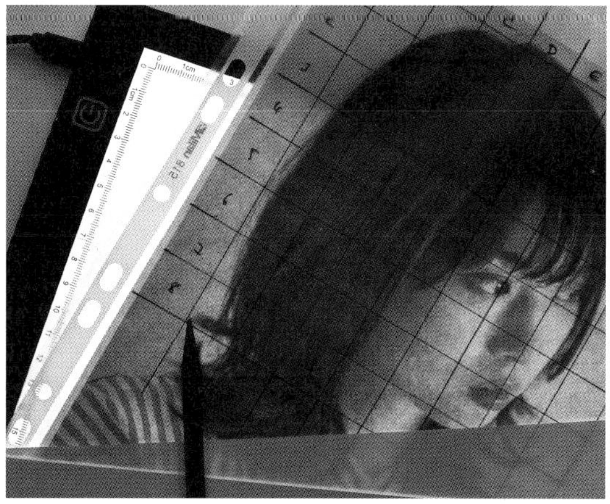

det man dafür die Ebenen in einem Bildbearbeitungsprogramm. Dasselbe in analog ist das beleuchtete Zeichenpult. Auch das kannst du mit der Rastertechnik kombinieren. Das Foto in der Abbildung steckt in einer Hülle mit Raster. Schaltet man das Pult ein und legt ein Papier über das Foto mit Raster, leuchtet das Foto durch und man kann die Zeichnung übertragen. Die Ausarbeitung findet dann bei ausgeschaltetem Pult statt. Bedenke, dass dieser Vorgang ohne das separate Zeichnenlernen von Gesichtern nur Kopieren ist – und das sieht man. Gib solche »Zeichnungen« nicht als echte Porträts aus, denn auch wenn dir dein Gegenüber nichts dazu sagt, fällt es auf.

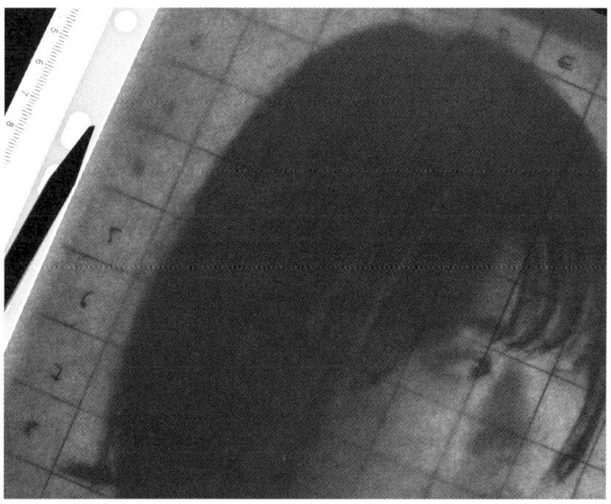

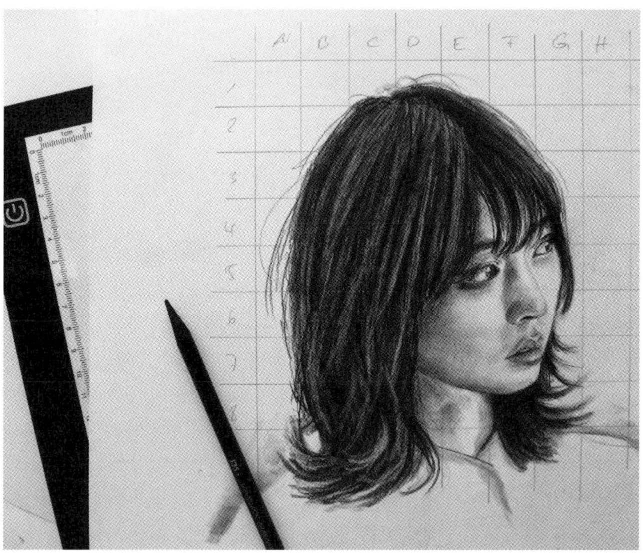

Das Durchpausen hilft uns aber beim Trainieren und Einprägen von Abständen und Proportionen. Für sich allein kann man damit zwar keine Gesichter zeichnen lernen, aber zusätzlich echte Informationen für unser ständig korrigierendes Gehirn sammeln – wie das Lernen von Vokabeln, was besser gelingt, wenn man diese auch aufschreibt und nicht nur aufsagt. Mit dem Pult und der Rastertechnik zeichnest du Gesichter langsam ab und merkst dir dabei immer mehr, wie sie tatsächlich geschrieben, äh, gezeichnet werden. Zusammen mit den systematischen Methoden und dem separaten Lernen der Gesichtselemente ist es ideal, um das Zeichnen zu trainieren.

Nicht zu vergessen ist, dass gutes Zeichnen mit der Entwicklung eines eigenen Stils zu tun hat und diesen findest du, wenn du ohne Nachdenken anfängst, frei und locker zu zeichnen.

4.4 Exkurs: Modellieren

Auf den folgenden beiden Seiten möchte ich das »Modellieren« als Hilfstechnik empfehlen. Es ist eine Wahrnehmungsschulung bzw. ein Training für das räumliche Vorstellungsvermögen, denn die systematischen Methoden zum Aufbau von Gesichtern lassen sich ins echte, haptische Leben übersetzen. Vor allem die Gesichtselemente können damit geübt werden. Richtig gut zeichnen zu können bedeutet, dass du das Motiv anatomisch und räumlich verstehst.

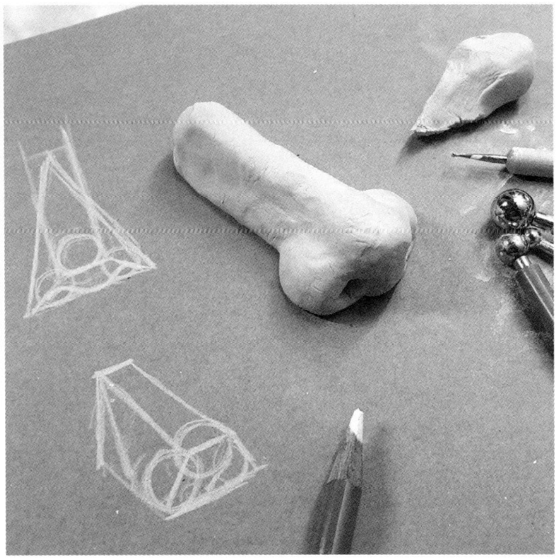

Mit dem spielerischen Modellieren von Nase und Mund übst du dieses Vorstellungsvermögen rein spielerisch – es müssen keine Kunstwerke entstehen. Es geht einzig um das plastische Training, um zu realisieren, dass dort keine Kreise, sondern Kugeln skizziert sind.

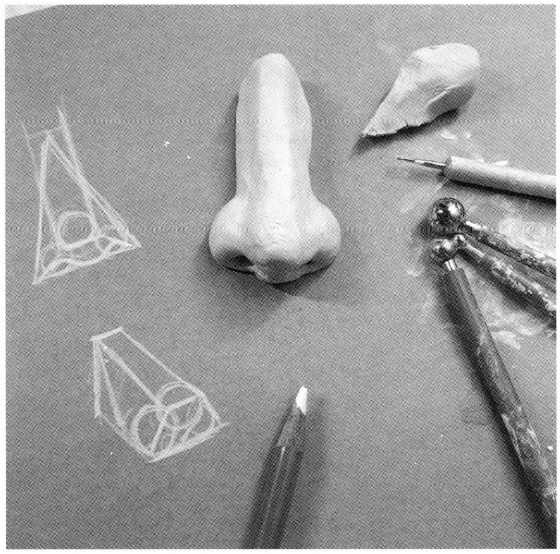

Für das Modellieren verwendest du am besten lufttrocknende Modelliermasse. Ton, Knete und Salzteig eignen sich ebenso gut. Die Werkzeuge im Foto gehört zum Modellieren, du kannst aber auch mit den Fingern formen oder dir mit Besteck aus der Küche aushelfen.

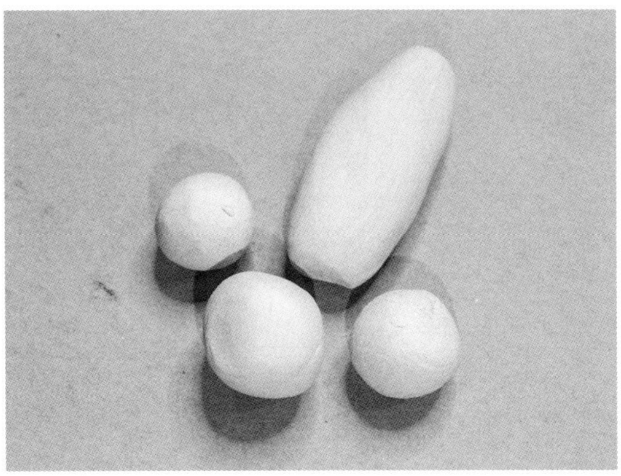

Genau wie im zeichnerischen Aufbau braucht es beim Modellieren von Nasen einen Steg und drei Kugeln. In der Mitte ist die große Kugel und die beiden seitlichen bilden die Nasenflügel.

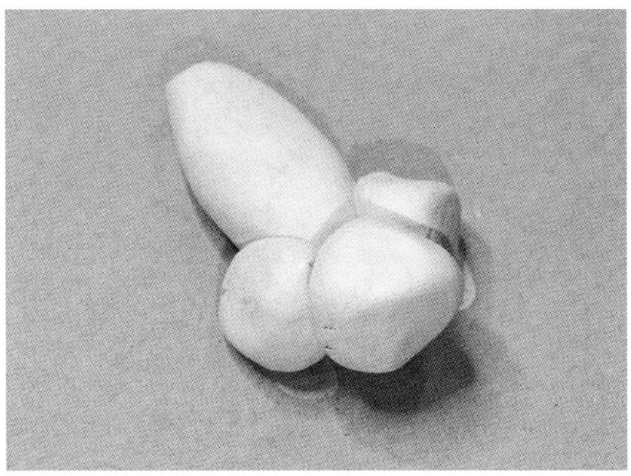

Setze die Einzelteile zusammen und forme daraus eine möglichst realistische Nase. Fotoreferenzen helfen dir dabei. Die Erfahrung, etwas von 2D in 3D zu verwandeln, bringt dei-

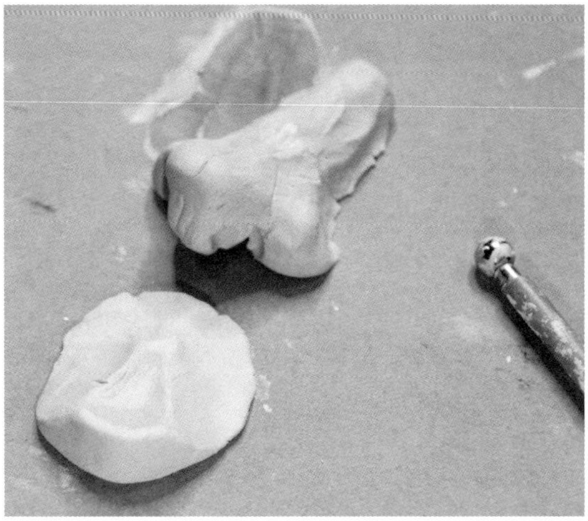

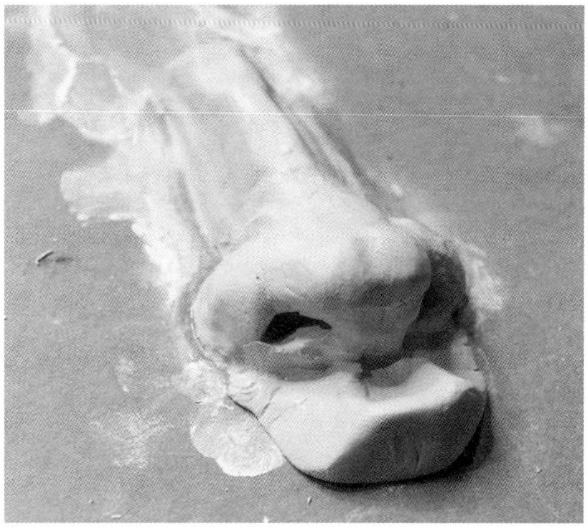

nen Zeichenfertigkeiten und deinem Anatomieverständnis enorm viel. Im digitalen Zeichnen gibt es diese Übung regulär in 3D-Programmen. Im Analogen ohne digitalen Zugang kannst du dies durch Modellieren trainieren.

Zum Schluss sollte die Nase ungefähr so aussehen, vielleicht auch besser. Hier wurde zusätzlich ein Philtrum geformt, um den Übergang schöner zu gestalten. Mit Übung kannst du so viele verschiedene Nasentypen modellieren.

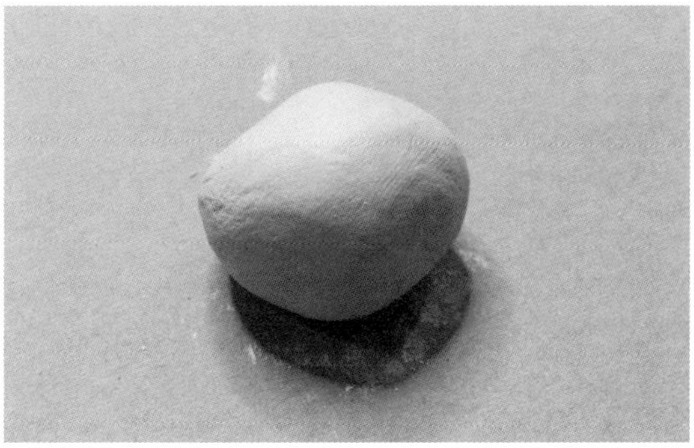

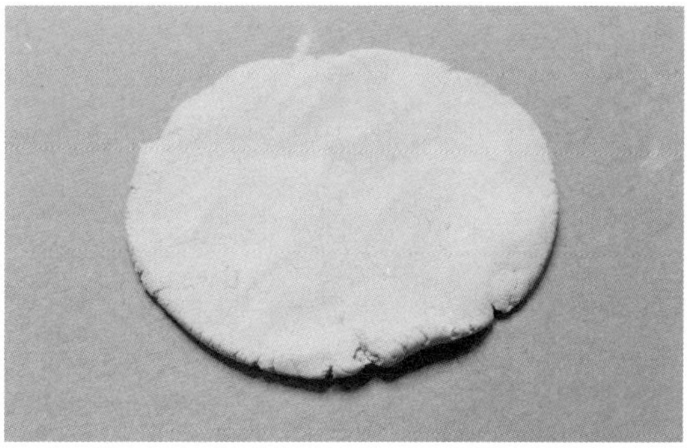

Für den Mund brauchen wir eine Basis. Diese formst du aus einer Kugel, die du plattdrückst. Darauf baust du nun einen Mund nach den Zeichenformeln: Tuberculum und Amorbogen aus drei Kugeln in der Oberlippe, flankiert von zwei Ovalen. Die Lippenhügel der Unterlippe bestehen aus zwei großen Kugeln, die ebenfalls flankiert werden. Die Modelliermasse der Kugeln verstreicht man miteinander und fügt, wo es nötig ist, noch Material hinzu.

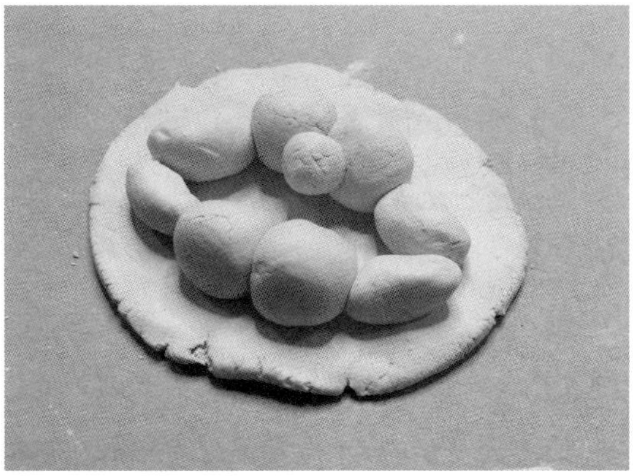

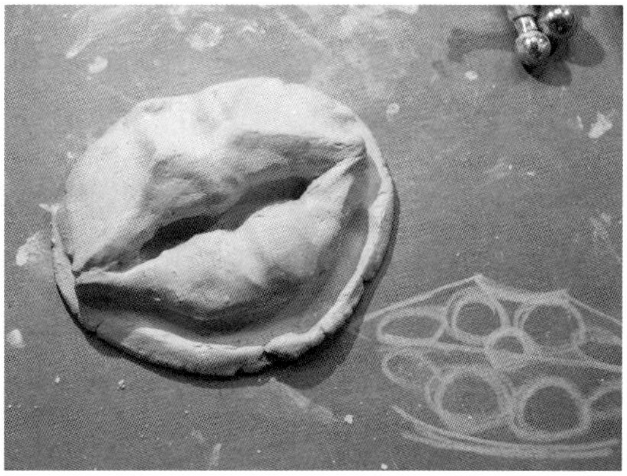

5 Porträts zeichnen

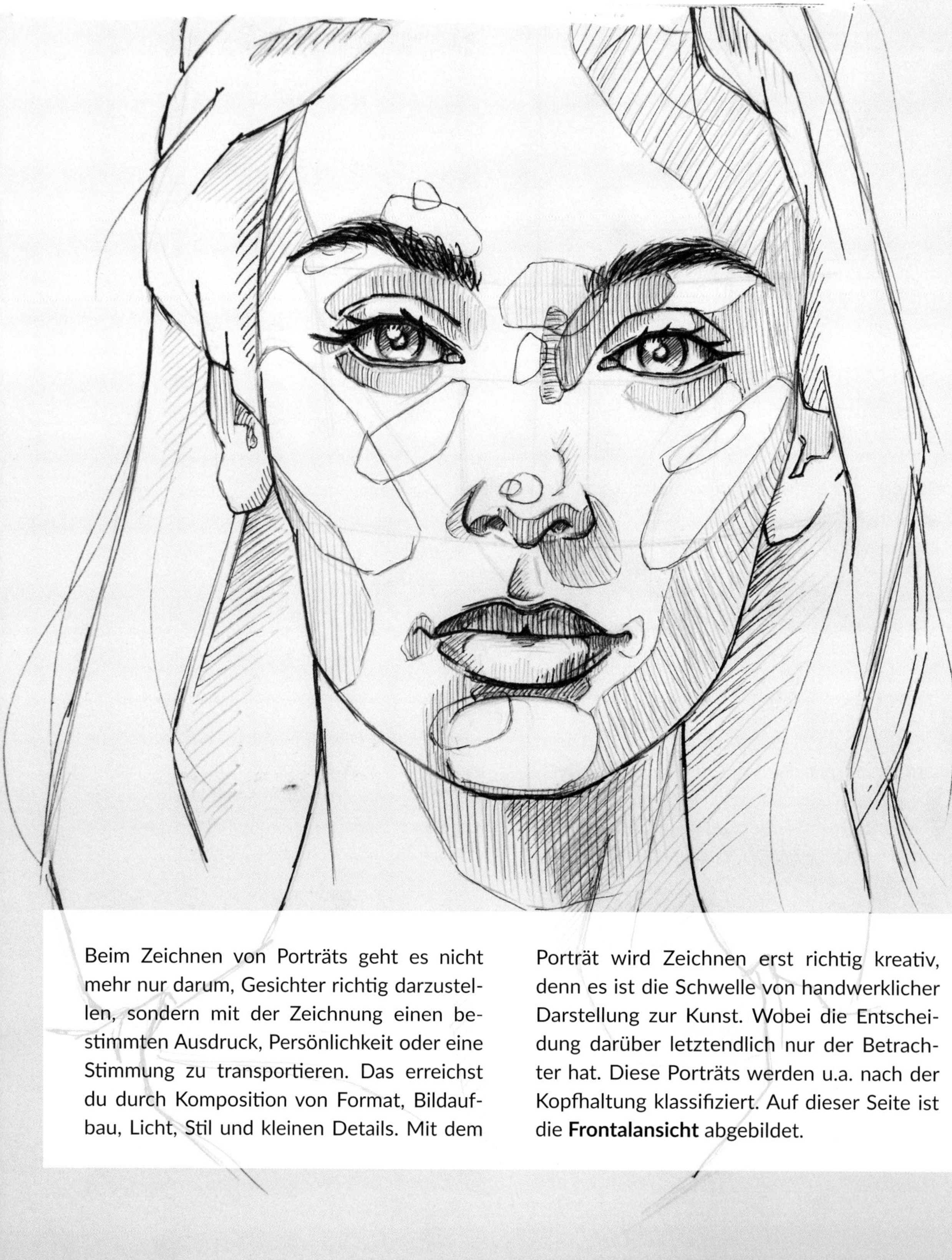

Beim Zeichnen von Porträts geht es nicht mehr nur darum, Gesichter richtig darzustellen, sondern mit der Zeichnung einen bestimmten Ausdruck, Persönlichkeit oder eine Stimmung zu transportieren. Das erreichst du durch Komposition von Format, Bildaufbau, Licht, Stil und kleinen Details. Mit dem Porträt wird Zeichnen erst richtig kreativ, denn es ist die Schwelle von handwerklicher Darstellung zur Kunst. Wobei die Entscheidung darüber letztendlich nur der Betrachter hat. Diese Porträts werden u.a. nach der Kopfhaltung klassifiziert. Auf dieser Seite ist die **Frontalansicht** abgebildet.

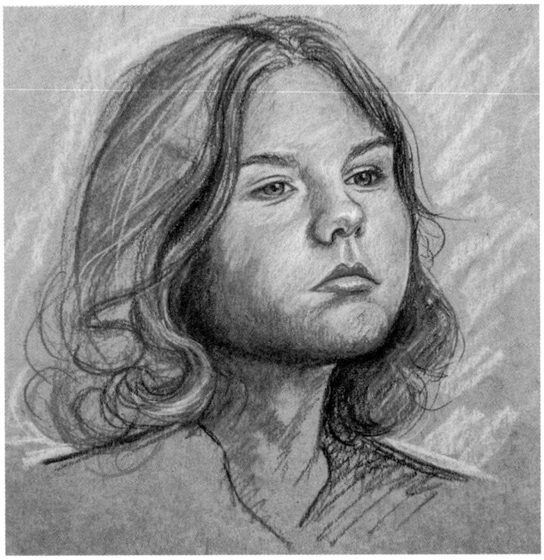

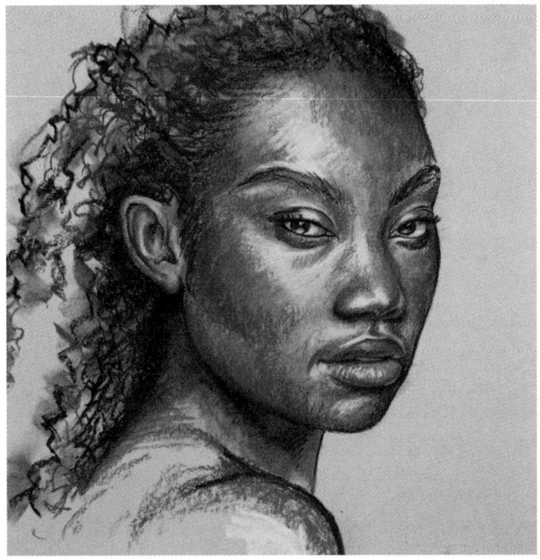

Oben ist das **Viertelprofil** zu sehen. Das Gesicht ist leicht vom Betrachter weggedreht. Die Augenpartie siehst du noch voll, die abgewandte Gesichtshälfte ist insgesamt leicht verkürzt. Die Übergänge zwischen den folgenden Porträtansichten sind fließend.

Wenn das Gesicht noch weiter weggedreht wird, erhältst du das **Halbprofil**. Die Augen sind geradeso noch abgebildet. Der Abstand der Nase zur abgewandten Wangenpartie ist stark verkürzt. Zwischen Mund und Gesichtskontur ist fast nichts mehr dargestellt.

Unten siehst du das **Dreiviertelprofil**. Das abgewandte Auge ist noch zu sehen, wird aber von der Nase überdeckt. Diese siehst du schon leicht im Profil, die Kontur überragend, und vom Mund sind noch das ganze Philtrum sowie beide Lippenhügel zu sehen.

Gesichter im **Profil** zeigen die klare Kontur der Nase. Vom zweiten Auge sind nur die Wimpern zu sehen. Die Kontur des Munds zeigt die Höhen einer Seite. Das Philtrum wird extrem verkürzt dargestellt oder es wird nur ein Philtrumhügel gezeichnet.

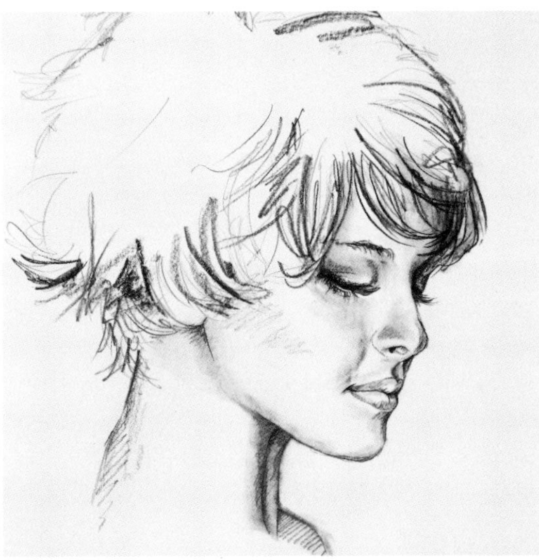

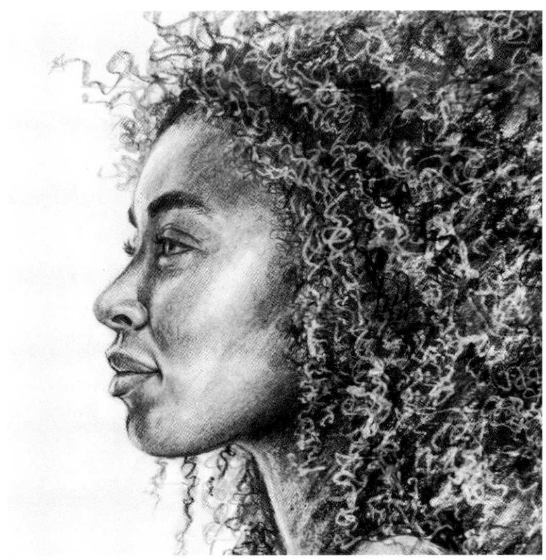

5.1 Graphit

Graphit ist so viel mehr als nur ein Bleistift! Materialkunde ist für das Zeichnen genauso wichtig wie das Zeichentraining. Wer sich mit den Materialien auskennt, kann sie kreativ miteinander kombinieren und über den Stift hinauskommen. Die Bezeichnung »Bleistift« kommt von einem Missverständnis: Bleistift und Graphit sind dasselbe. Einige Zeit nach der Entdeckung des Graphits wurde ein weiteres Vorkommen gefunden, dessen Graphit so rein war, dass man zunächst dachte, es müsse sich um ein anderes Mineral handeln, und nannte die daraus hergestellten Stifte Bleistifte. Später erkannte man, dass es sich um dasselbe pure Kohlenstoffmineral handelte: Graphit.

In den allseits bekannten Bleistiften gibt es also kein Blei. Die Zusammensetzung besteht hauptsächlich aus Graphit und feinem Ton. Je mehr Graphit, desto weicher und dunkler ist der Abrieb und je mehr Ton, desto härter und heller ist der Strich. H steht für »hard« und B für »black« – also weiche, dunkle Töne.

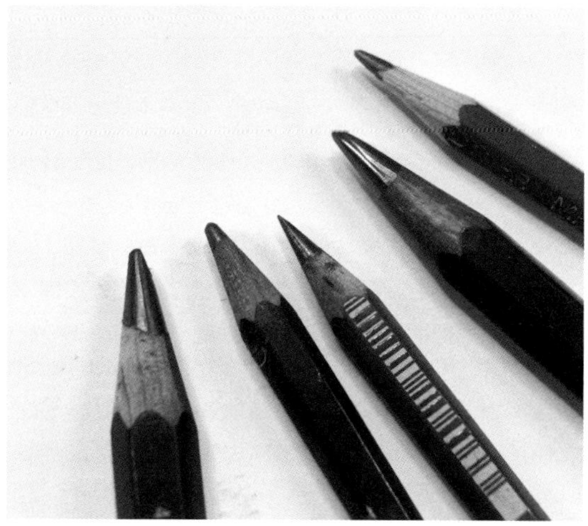

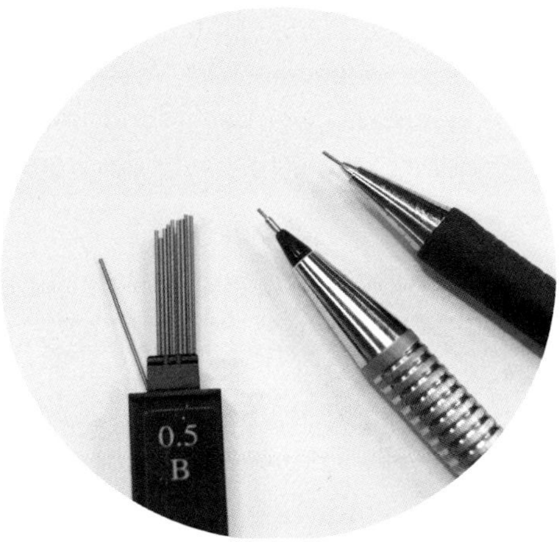

Mit dem Minenhalter (links) kannst du wunderbar feine und klare Schraffuren anlegen. Mit diesen Stiften kannst du schnell zu einem anderen Stil wechseln. Die Minen gibt es in allen möglichen Härtegraden.

Graphit hat zwei Mankos: Es gibt keine Schwarzwerte und es glänzt auf dem Papier. Mit speziellen »matten Bleistiften« versucht man, dem etwas entgegenzuwirken. In der rechten Abbildung siehst du links außen das glänzende Graphit, in der Mitte einen matten Bleistift und außen das matte Schwarz eines Kohlestifts. Die matten Bleistifte glänzen etwas, aber nicht so stark wie der klassische Bleistift. Echtes Schwarz und echtes Matt gibt es nur bei Kohle, bei allen Graphitstiften ist es maximal dunkles Anthrazit. Kohle und Graphit kannst du leider nicht kombinieren, da die Kohle auf den glatten Graphitflächen nicht mehr halten kann.

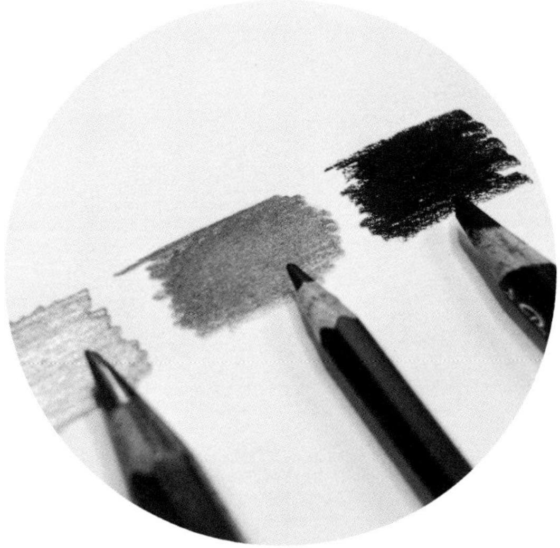

Graphit ist wasserlöslich! Und zwar vollständig, sodass sogar Aquarell-Effekte möglich sind. Da Bleistifte mit dem schwerlöslichen Ton gemischt sind, gibt es viele reine Graphitprodukte. Mit diesen Stiften und Blöcken kannst du sowohl zeichnen als auch malen.

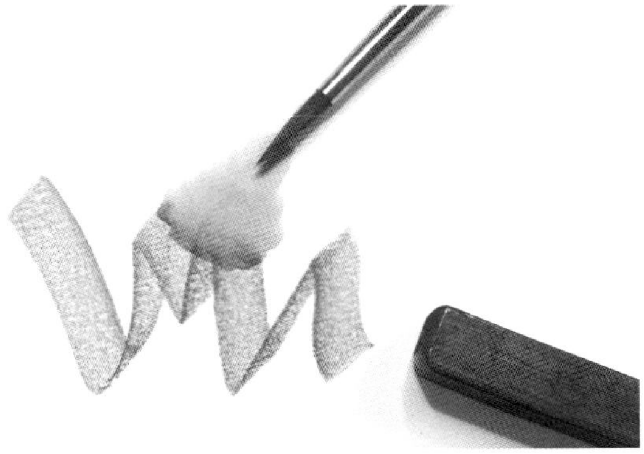

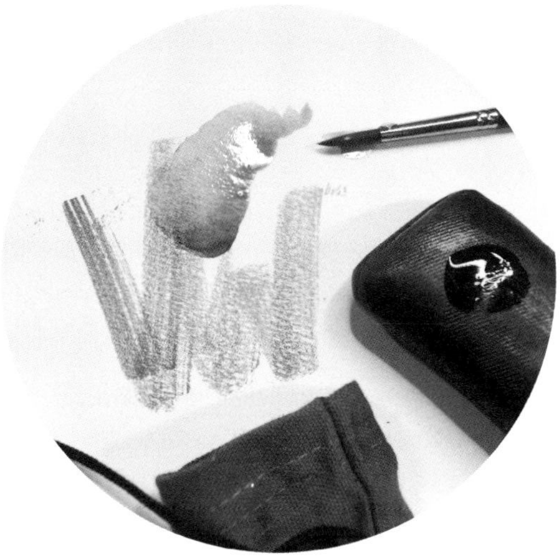

Die puren Graphitzeichenmedien gibt es in vielen verschiedenen Formen, die gleichzeitig zum Zeichnen und Malen einladen. Du kannst die gezeichneten Strukturen, wie bei Aquarellstiften, mit einem nassen Pinsel anlösen und auflösen, oder mit dem nassen Pinsel direkt vom Graphitblock »Farbe« aufnehmen und damit ähnlich wie mit Aquarell gestalten. Dabei lassen sich die Ebenen auch schichten.

Dieses Wissen ist vor allem für monochrome Kunstwerke besonders wertvoll, da mit nur einem Zeichenmedium so viel kreativer gearbeitet werden kann. Für das Malen mit Graphit gibt es das wasserlösliche pure Graphit auch im Tiegel. Malen mit reiner Pinselanwendung und Graphit wird schnell zum Zeichnen, wenn das Graphit während des Malvorgangs auf dem Pinsel trocknet und dann einen einzigartigen Duktus hinterlässt.

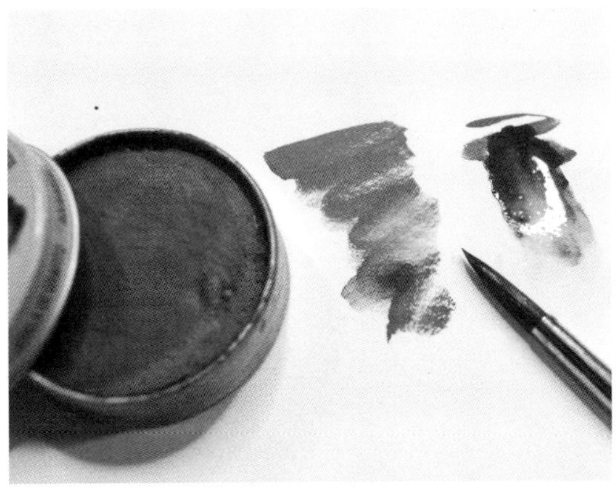

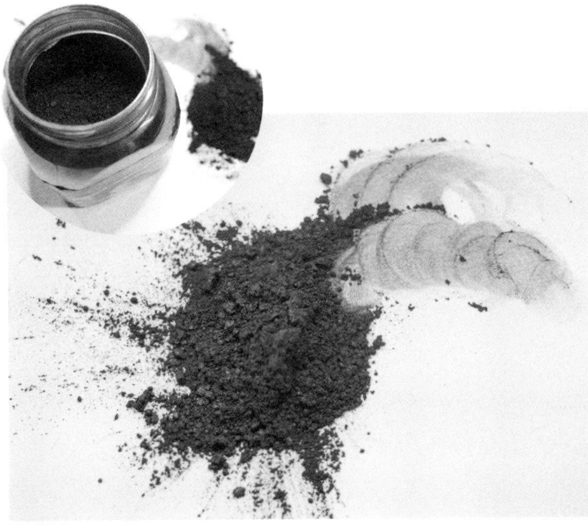

Spätestens jetzt wird klar, dass Graphit so viel mehr ist als nur ein Bleistift. Es gibt noch weitere Möglichkeiten, um mit Graphit kreativ zu werden, zum Beispiel mit Graphitpulver. Mit diesem kannst du schöne homogene Hintergründe gestalten, nebelige Texturen kreieren und dann sogar mit den »Fingern zeichnen«, anstatt zu malen. Dieses Graphit ist natürlich auch wasserlöslich. Man muss nur wissen, dass mit Wasser angelöstes Graphit auf dem Papier schwerer zu radieren ist als Kohle.

5.2 Porträt zeichnen mit Graphit

Klassische und matte Bleistifte

Die erste Gesichterzeichnung mit Graphit entsteht mit klassischen und matten Bleistiften. Sie wird auf ein Format von DIN A3 ins Skizzenbuch gezeichnet. Um die Perspektiven der modernen Methoden an der Stelle etwas zu erweitern, gibt es hier ein Halbprofil, das leicht von schräg unten betrachtet wird. Das Ziel ist es, eine simple Zeichnung mit einfachen Schraffuren anzulegen.

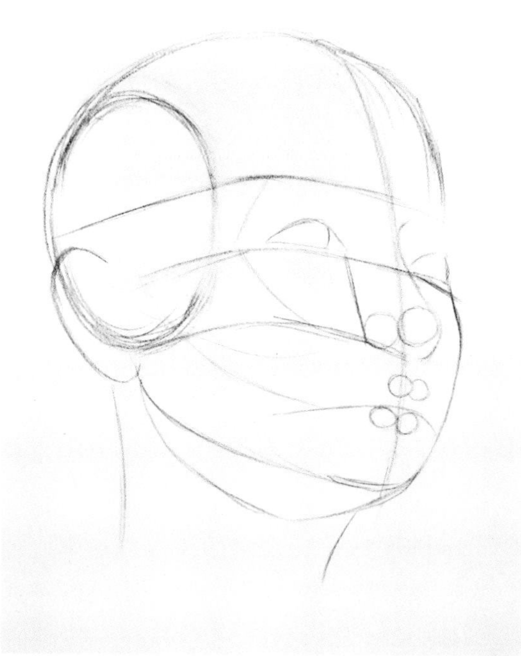

Zu Beginn baust du dir die Grundstruktur in seitlicher Ansicht nach der modernen Zeichenmethode für Gesichter auf. Eine Fotoreferenz gibt die Anhaltspunkte für die Gesichtsproportionen – du kannst Gesichter aber auch frei nach Fantasie zeichnen.

In diesem Beispiel wurde die moderne Methode etwas abgewandelt und so angewendet, wie es am besten dient. Mit der Zeit und Übung sind die meisten Hilfslinien auch imaginär. Solltest du noch Training benötigen, um Gesichter in dieser Weise aufzubauen, kombiniere beim Zeichnen nach Foto die modernen Methoden mit der Rastermethode.

Nachdem die Grundstruktur mit Proportionen und Positionen für die Gesichtselemente skizziert ist, arbeitest du die Bereiche langsam aus. An welche Partie du dabei zuerst gehst und welche Reihenfolge du verfolgst, ist dabei von Motiv und Zeichner abhängig. Von Vorteil ist es, so zu zeichnen, dass du das Motiv während des Prozesses möglichst nicht mit dem Handballen verschmierst.

Verwende in dieser Phase der Gesichterzeichnung noch helle Bleistifte aus dem HB-Bereich und drücke nur leicht auf. Dies ist immer noch die Konstruktionsphase, bei der wir uns die Möglichkeit offen lassen wollen, rückstandslos zu radieren. Korrekturen könnten so auch noch in den nächsten Phasen durch Überzeichnen stattfinden.

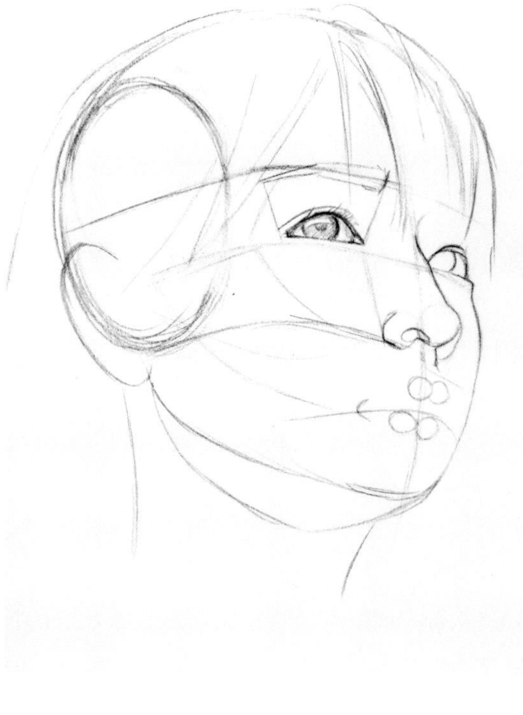

Um die Gesichtselemente richtig und plastisch darzustellen, musst du sie separat geübt haben. Beim traditionellen, realistischen Zeichnen gibt es zwei Herausforderungen: die Proportionen richtig abzubilden **und** in diese dann Augen, Nase und Mund anatomisch korrekt zu zeichnen. Das sind zwei unterschiedliche Fertigkeiten und Phasen, die beim Zeichnen von Gesichtern miteinander kombiniert werden müssen. Deswegen übst du dies am besten separat und schulst deine Wahrnehmung, bevor du ganze Gesichter zeichnest und dann frustriert sein könntest.

In der Phase rechts wurden Augen, Nase und Mund mit noch leichten Konturen und Schraffuren eingezeichnet. Hier ist noch nichts schattiert oder weichgezeichnet. Diese Ausarbeitungsschritte finden statt, wenn du mit dem grundsätzlichen Aufbau des Gesichts zufrieden bist.

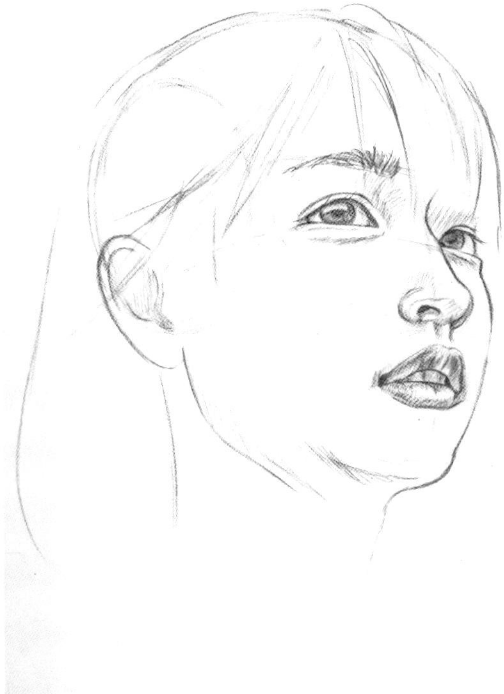

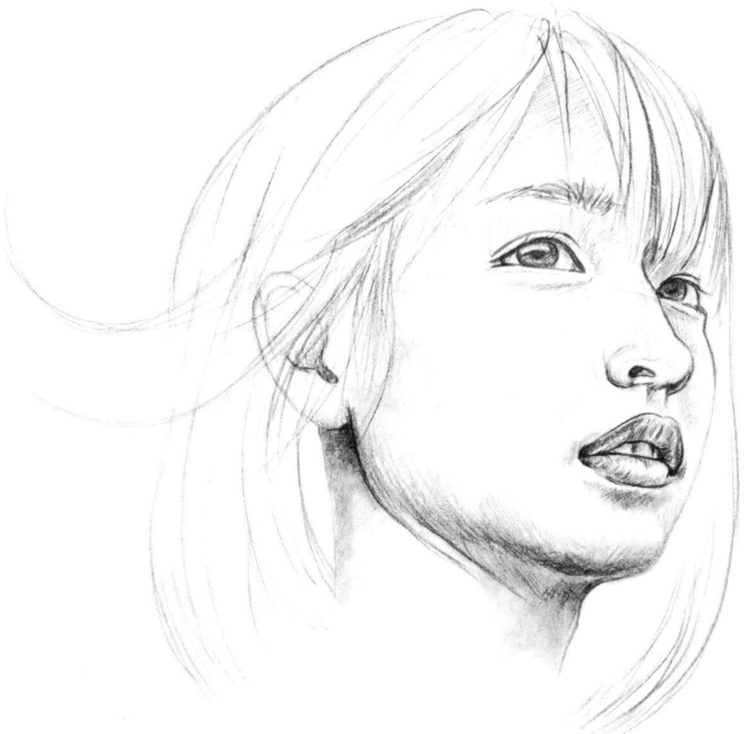

Ab jetzt beginnt die Ausarbeitung: Flächen, Rundungen und Tiefen werden mittels Schraffuren und Schattierungen kontrastreicher gezeichnet, also mit klaren hellen sowie satten dunklen Stellen versehen.

Hier könnte deine Zeichnung auch schon fertig sein. Wenn das Gesicht allerdings zu wenig Kontraste aufweist und nicht wenigstens eine Partie oder einen Stilabschnitt hat, auf dem der Fokus liegt, wirkt das ganze Motiv schnell unfertig. Solltest du einen skizzenhaften Look beabsichtigen, hilft es, eine Passage besonders auszuarbeiten, damit deine Absicht klar wird.

Um das Gesicht werden nun die dunklen Haare gezeichnet. In dieser Zeichnung wird die äußere Kontur der Frisur mit einem matten 12B Bleistift gezogen. Dann werden die einzelnen Haarpartien mit einem schwungvollen Strich angelegt, bevor du die dunklen Abschnitte schraffierst. Helle Partien werden leichter gezeichnet und Lichter komplett ausgespart.

Du kannst dich dabei gut vom Motiv leiten lassen: Die Haare fliegen ein bisschen – um dies darzustellen, sollte auch deine Hand einen dynamischen, schnellen Strich ausführen und der Linie nicht langsam und schwer folgen. Wie du eine Zeichnung ausführst, wirkt sich unmittelbar auf den Eindruck aus.

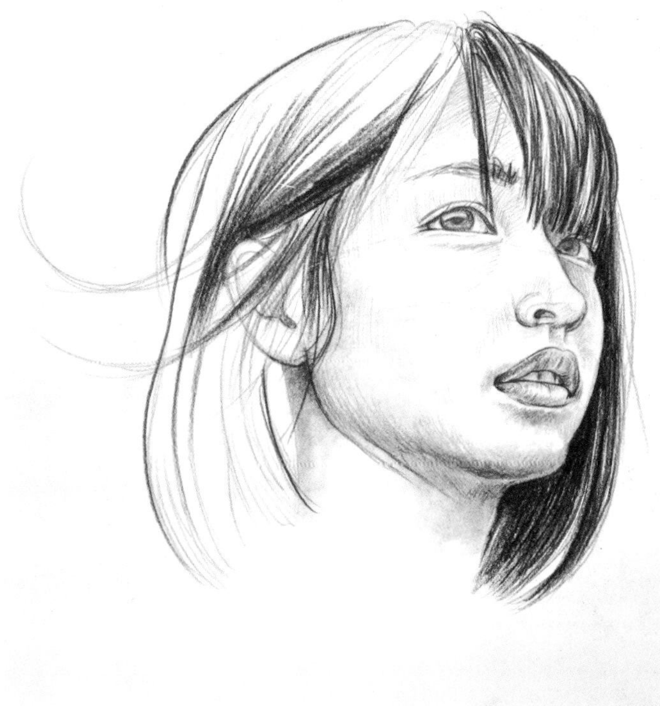

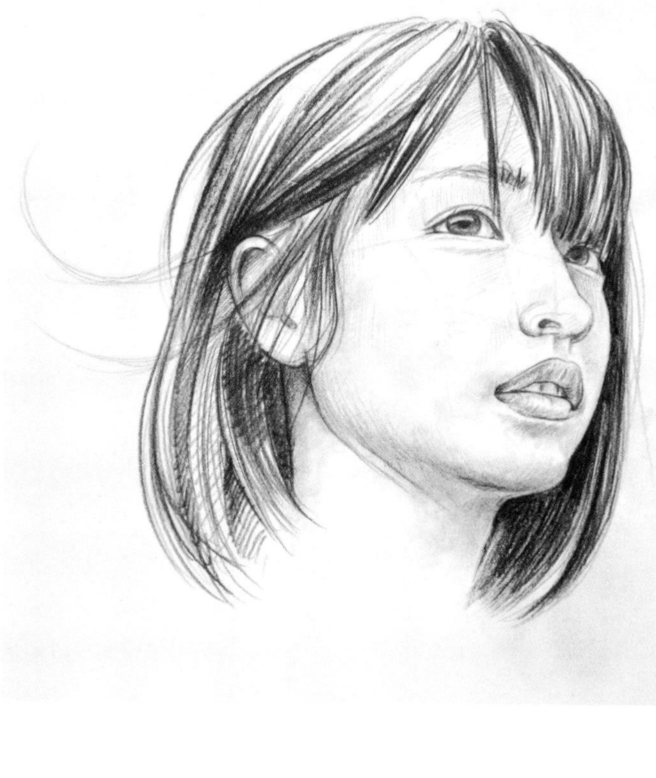

Rein optisch sind die dunklen Haare der Person der tiefste Tonwert im Motiv. Um dies auszugleichen, muss das Gesicht mit seinen Elementen diesem Kontrast angeglichen werden. Die Pupille und die Wimpern der Augen müssen dunkler nachgezeichnet werden sowie die Schatten vertieft werden. Genau so wird mit der Nase und dem Munde verfahren. Dabei gewinnen diese Gesichtspartien noch mehr Plastizität. Je länger du eine Zeichnung ausarbeitest, desto fotorealistischer wird sie. Hier soll es skizzenhaft bleiben.

Für ein wenig »Tiefenschärfe« wird die Schulter mit der breiten Seite des Bleistifts gezeichnet und dann mit Estompen weichgezeichnet.

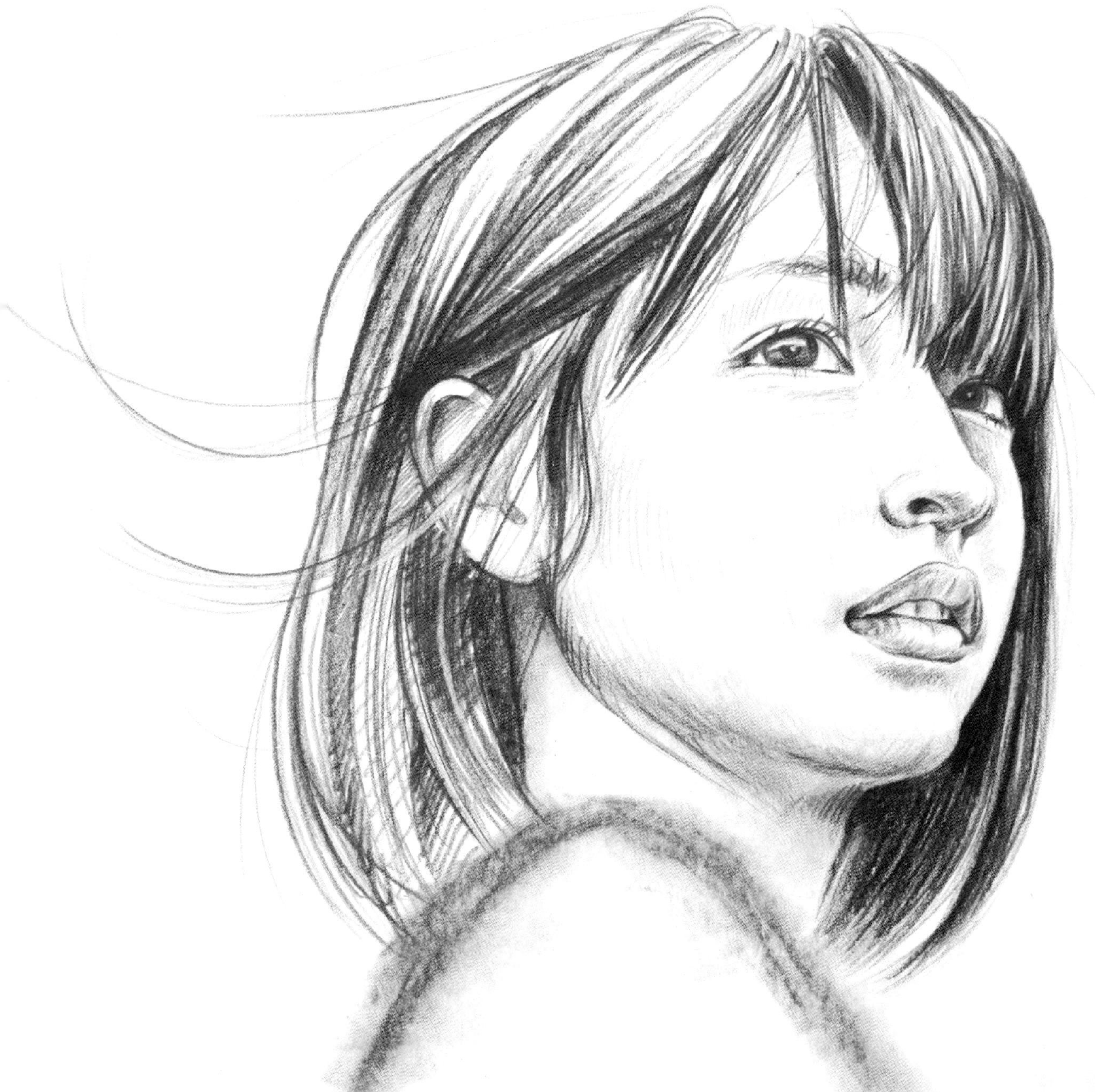

5.3 Porträt zeichnen mit Graphit

Minenhalter und Graphitpulver

Mit dem Minenhalter als Bleistift – man kann auch andere Minen verwenden als Graphit – entstehen schöne, klare Schraffuren, da die Mine immer die gleiche Breite hat. Dadurch, dass sie sich nicht zu einer breiten Spitze abträgt, ist man weniger versucht, flächig zu schraffieren statt klar linear zu zeichnen – ein schönes Beispiel dafür, wie die Wahl des Zeichenwerkzeugs den Stil beeinflusst.

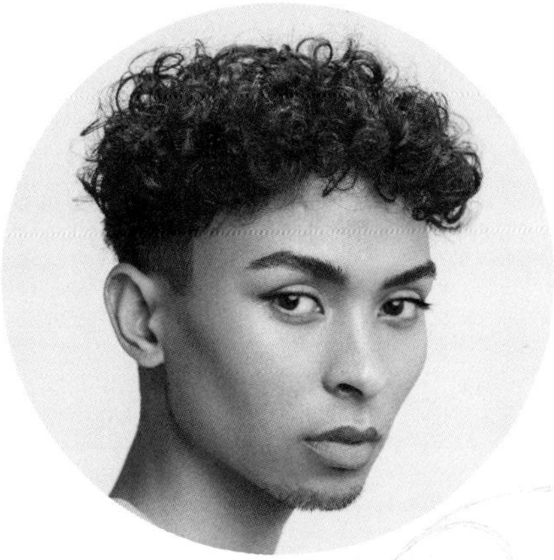

Das Halbprofil wird nach der modernen Methode zum Zeichnen von Gesichtern aufgebaut, am besten mit einer H-Mine, damit die Linien später leichter zu radieren sind.

Die Grundstruktur der Gesichtselemente ist ebenfalls bereits eingezeichnet. Alle Linien sind noch kantig und suchend – das ändert sich mit der Ausarbeitung.

Du siehst auch hier, dass nur jene Linien aus den Methodiken und Zeichenformeln verwendet werden, die dem Aufbau des Gesichts am besten dienen. Gesichtspartien, die dir bereits klar sind, müssen nicht mehr extra konstruiert werden.

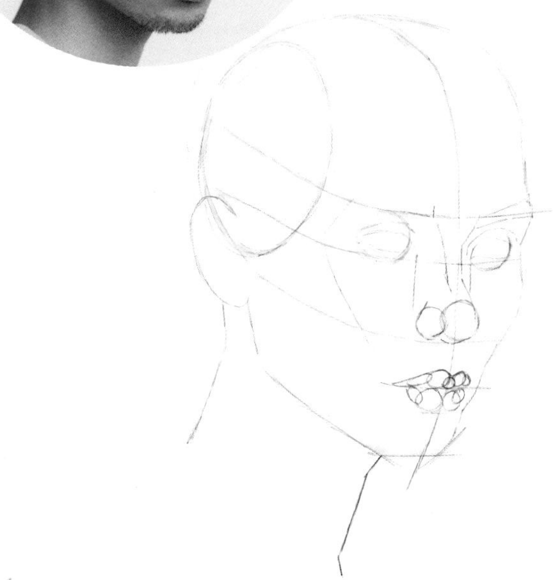

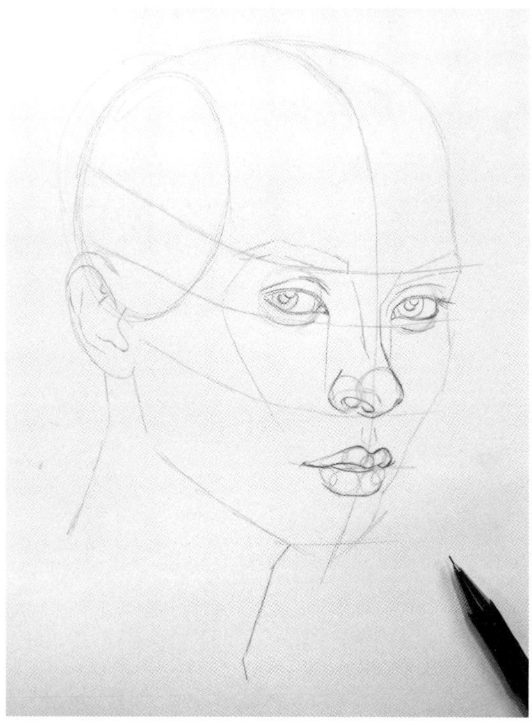

Die Proportionen sind gefunden und die Gesichtselemente gesetzt – die Ausarbeitung der Gesichtselemente beginnt. Du könntest auch erst die Flächen, wie z.B. Wangen und Stirn, schraffieren. Das ist von deiner persönlichen Vorliebe im Zeichenablauf abhängig. Hauptsache, die ersten Phasen werden vorsichtig angelegt, damit Änderungen leicht zu machen sind und Korrekturen des Kontrasts später noch nachgearbeitet werden können.

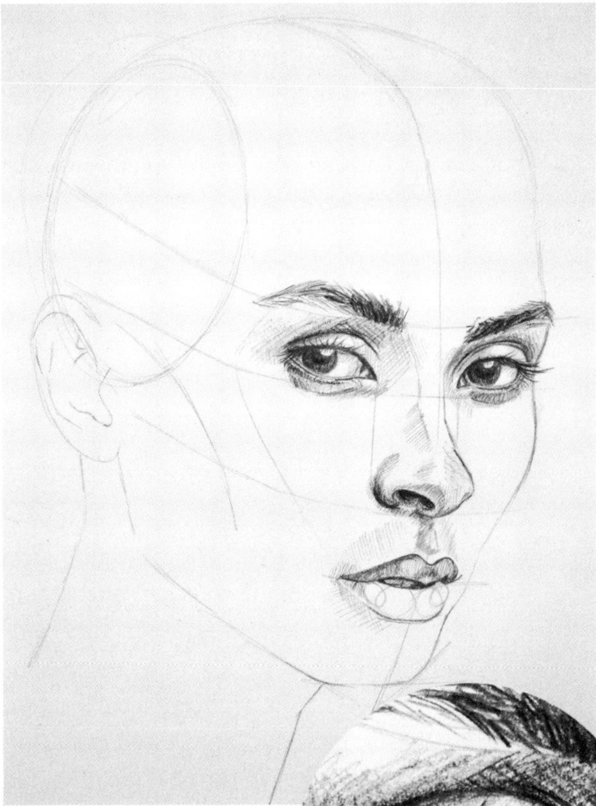

Die Gesichtselemente sind hier schon sehr detailliert gezeichnet. Auch die Tonwerte sind schon recht intensiv. Das Schraffurbild zeigt an den dunkleren Stellen eine Kreuzschraffur, während die mittleren Passagen eine einfache diagonale Schraffur zeigen.

Wenn du dein Schraffurbild übst und mit der Ausarbeitung von runden geometrischen Figuren kombinierst, fällt es dir sehr viel leichter, Gesichter mit Schraffuren zu »schattieren«. Wenn du richtig gut darin wirst, wählst du die Art der Schraffur dann intuitiv. Deswegen ist es auch hier empfehlenswert, Schraffuren separat zu üben und dieses Thema nicht zu überspringen.

Zeichnen ist die Kombination von vielen einzelnen Techniken, die du am besten separat trainierst, bevor du dich an ein ganzes Gesicht wagst.

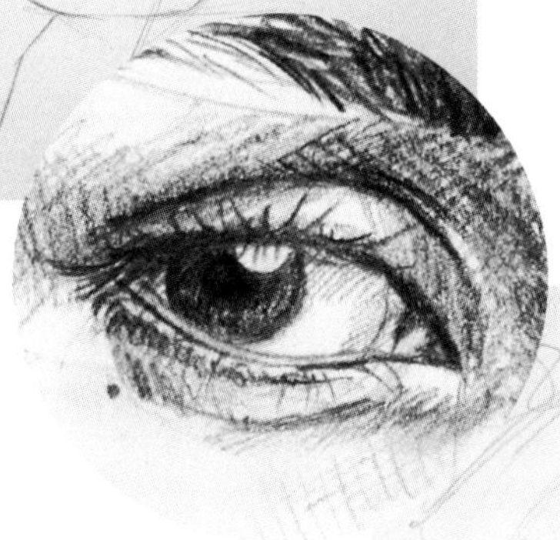

Ab einem bestimmten Trainingslevel solltest du anfangen, das Schraffieren in der Gesichtszeichnung üben. Am besten nimmst du dir dafür vor, nicht zum Papierwischer zu greifen, um Höhen und Tiefen auch wirklich durch die Schraffur sowie durch Licht und Schatten zu zeichnen.

Die Phase rechts zeigt wieder deutlich, dass eine Zeichnung zu jedem Zeitpunkt vollendet werden könnte. Der Bereich der Haare ist hier nur skizziert und bildet einen interessanten Kontrast zum ausgearbeiteten Gesicht. Die Partien der Gesichtselemente sind stattdessen prägnant ausgearbeitet. Noch ein paar stärkere äußere Konturen als Akzente und die Zeichnung könnte bereits fertig sein.

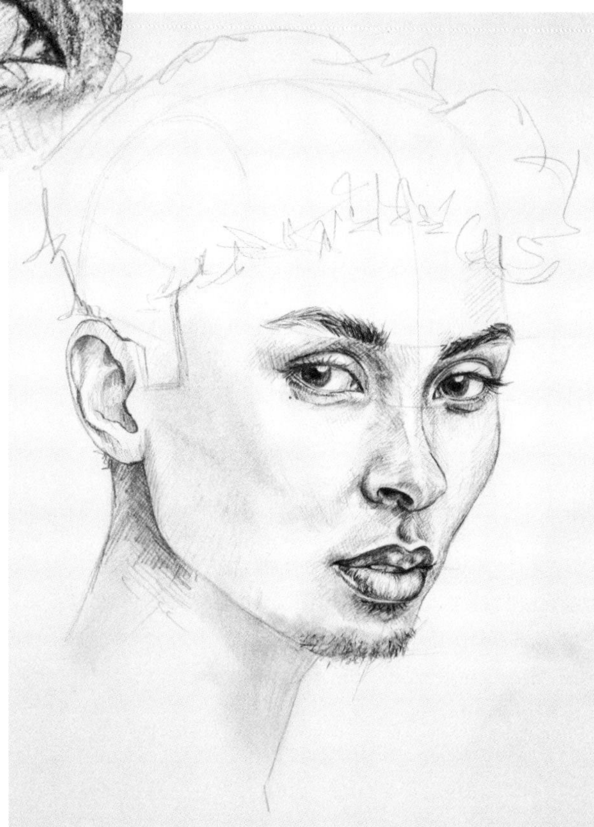

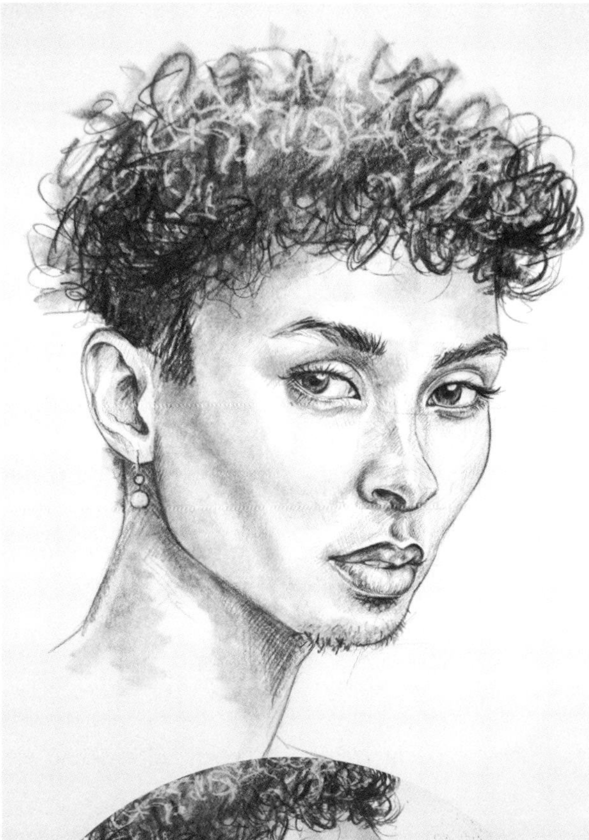

Der Zeichenprozess geht noch weiter. Eingangs wurde erwähnt, dass Porträts durch Stil und kleine Details entstehen, da man bei Porträts vor allem die Persönlichkeit zeichnet und nicht nur ein Gesicht. Dafür wurden in dieser Zeichnung bewusst Ohrringe hinzugefügt. Diese können für die abgebildete Person eine Bedeutung haben. Generell haben Porträts gegenüber puren Gesichterzeichnungen meistens eine Bedeutung – sei es für die abgebildete Person, den Zeichner oder für einen Auftraggeber.

Die fertige Zeichnung rechts entstand durch Graphitpulver. Hintergründe sind meistens gar nicht einfach anzulegen. Mit Graphitpulver entstehen ganz einfache gleichmäßige Flächen. Bei weichgezeichneter Schraffur siehst du letztere immer ein bisschen durch. Mit dem Pulver verreibst du die Partikel gleichmäßig und kannst auch dynamische Strukturen wie Kringel kombinieren. Im Handumdrehen hast du so eine Umgebung für das Gesicht geschaffen.

Zum Abschluss wurde der kreisrunde Look der Ohrringe nochmal aufgegriffen und einige Kreise in die Graphitfläche hineinradiert. Dies ist ein Beispiel dafür, wie du mit umfassender Materialkunde kreativere Artworks erschaffen kannst.

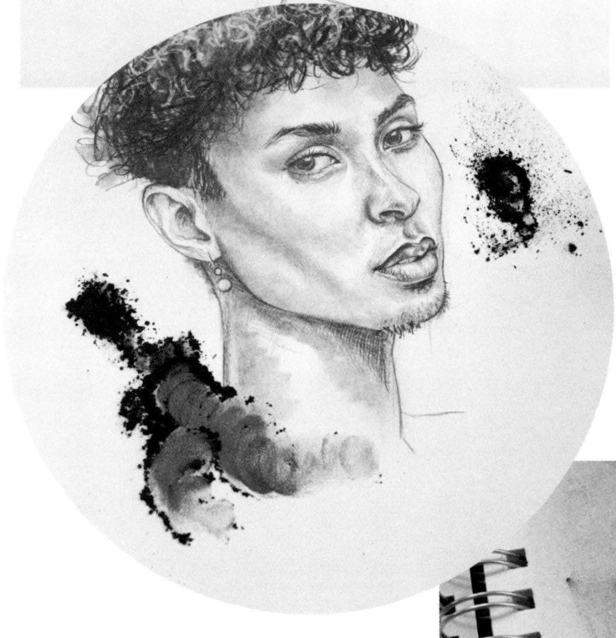

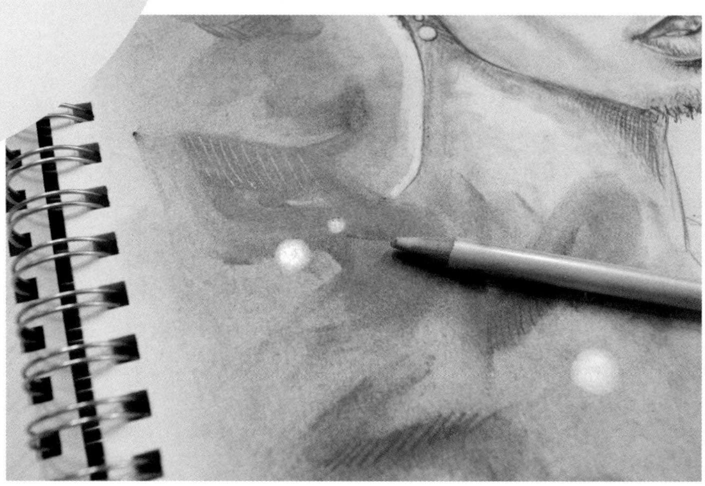

Auch diese Zeichnung entsteht in einem Skizzenbuch auf einem Format von DIN A3. Graphitzeichnungen, vor allem solche mit Pulver, müssen anschließend mit Fixierspray versiegelt werden. Achtung: Haarspray vergilbt mit der Zeit.

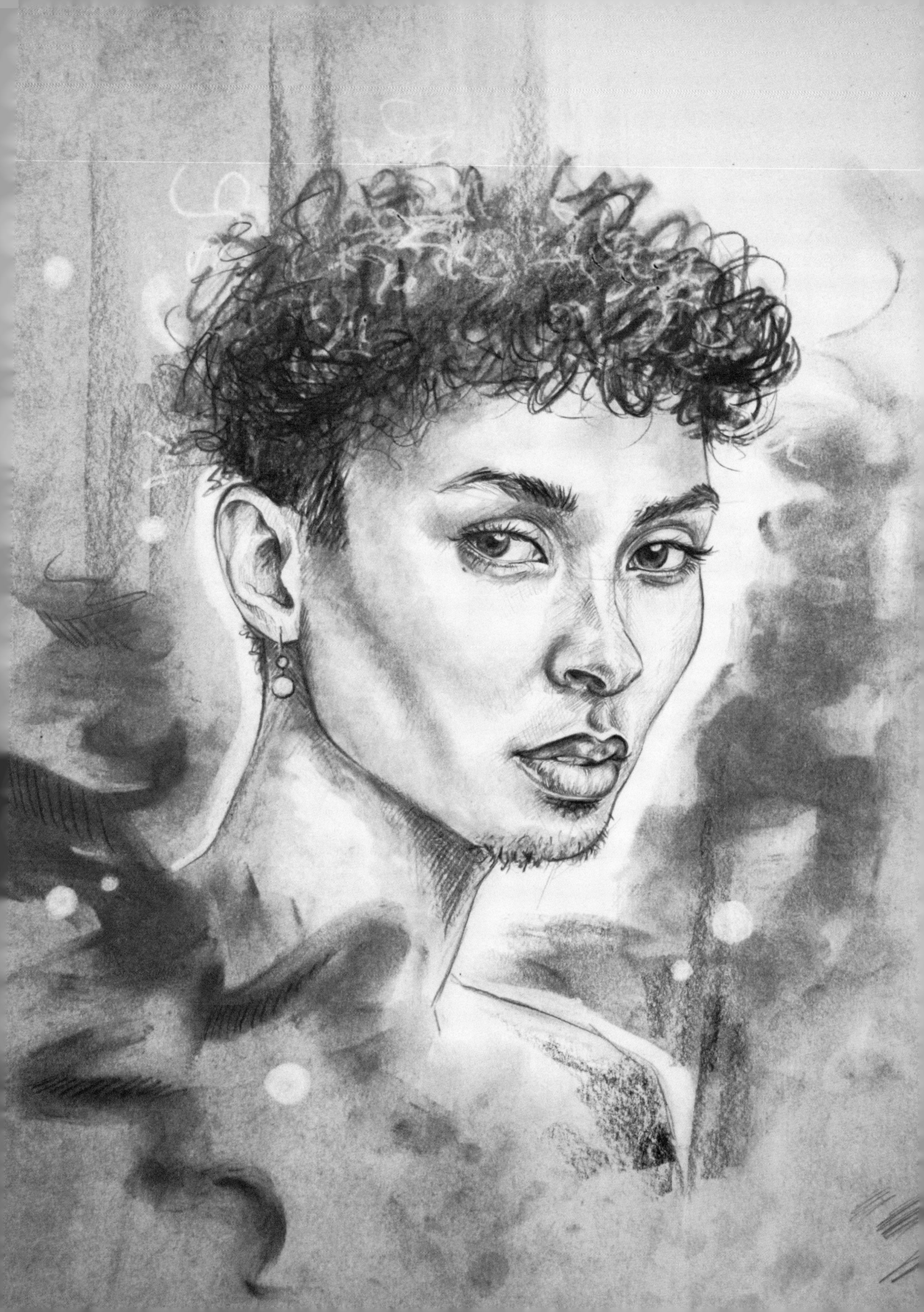

5.4 Porträt zeichnen mit Graphit

Trocken und nass

Für das nächste Porträt ist es geplant, sowohl zu zeichnen als auch mit dem Pinsel und Graphit zu malen. Graphit ist nämlich wasserlöslich. Der Übergang vom Zeichnen zum Malen ist hier sprichwörtlich fließend. Es braucht dafür reines Graphit. Das Graphit aus dem Bleistift ist mit Ton gemischt – daher funktioniert es mit Bleistiften an sich nicht gut.

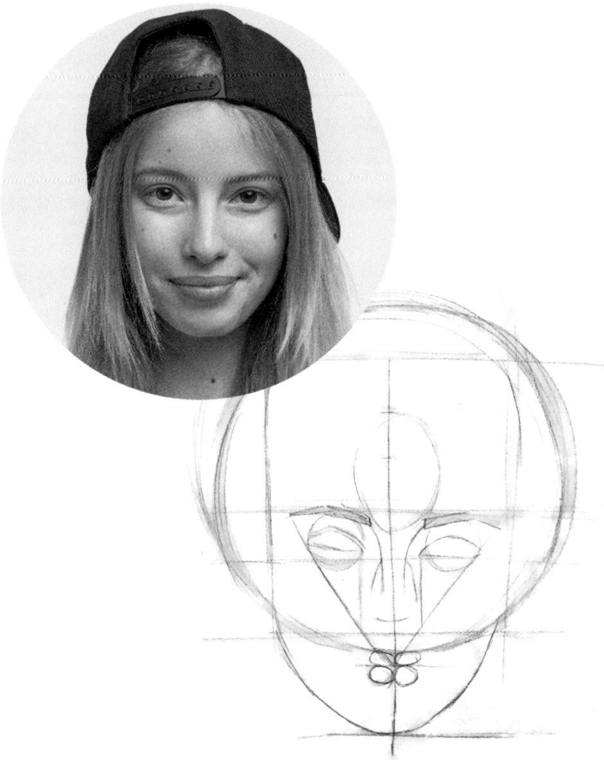

Die Vorzeichnung wird mit der modernen Methode zum Zeichnen frontaler Gesichter einfach skizziert und dann ausgearbeitet.

Beim Aufbau der Grundstruktur durch die moderne Zeichenformel fällt auf, dass die Augen der abgebildeten Person ein bisschen schief angeordnet sind. Solche Feinheiten fallen dir auf, wenn du zuvor schematische Gesichter geübt hast und die Methoden zum Gesichtsaufbau beherrschst. Solche Details machen ganz viel Persönlichkeit aus und entscheiden darüber, ob du den Typ einer Person triffst oder nicht.

Porträts solltest du, bevor du an die eigentliche Zeichnung gehst, mit Sketchen im Skizzenbuch planen, was auch der Ideenfindung dient.

In diesem Fall wollen wir die Schattierungen mit nassem Graphit und Pinsel ausführen und diese danach nochmal als Stilmittel schraffieren. Deswegen wird die Zeichnung mit einfachen Schraffuren clean ausgeführt und überwiegend auf akzentuierte Konturen geachtet.

Die Zeichnung rechts zeigt den Schritt vor der Nasstechnik und ist auf die ganze Seite abgedruckt, damit du sie dir durchpausen kannst, um sie anschließend weiterzugestalten. Werde kreativ und kombiniere die Materialien.

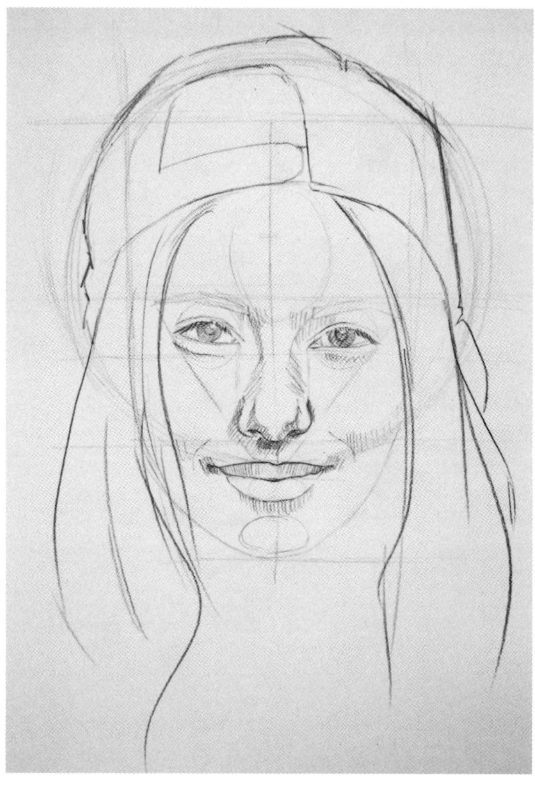

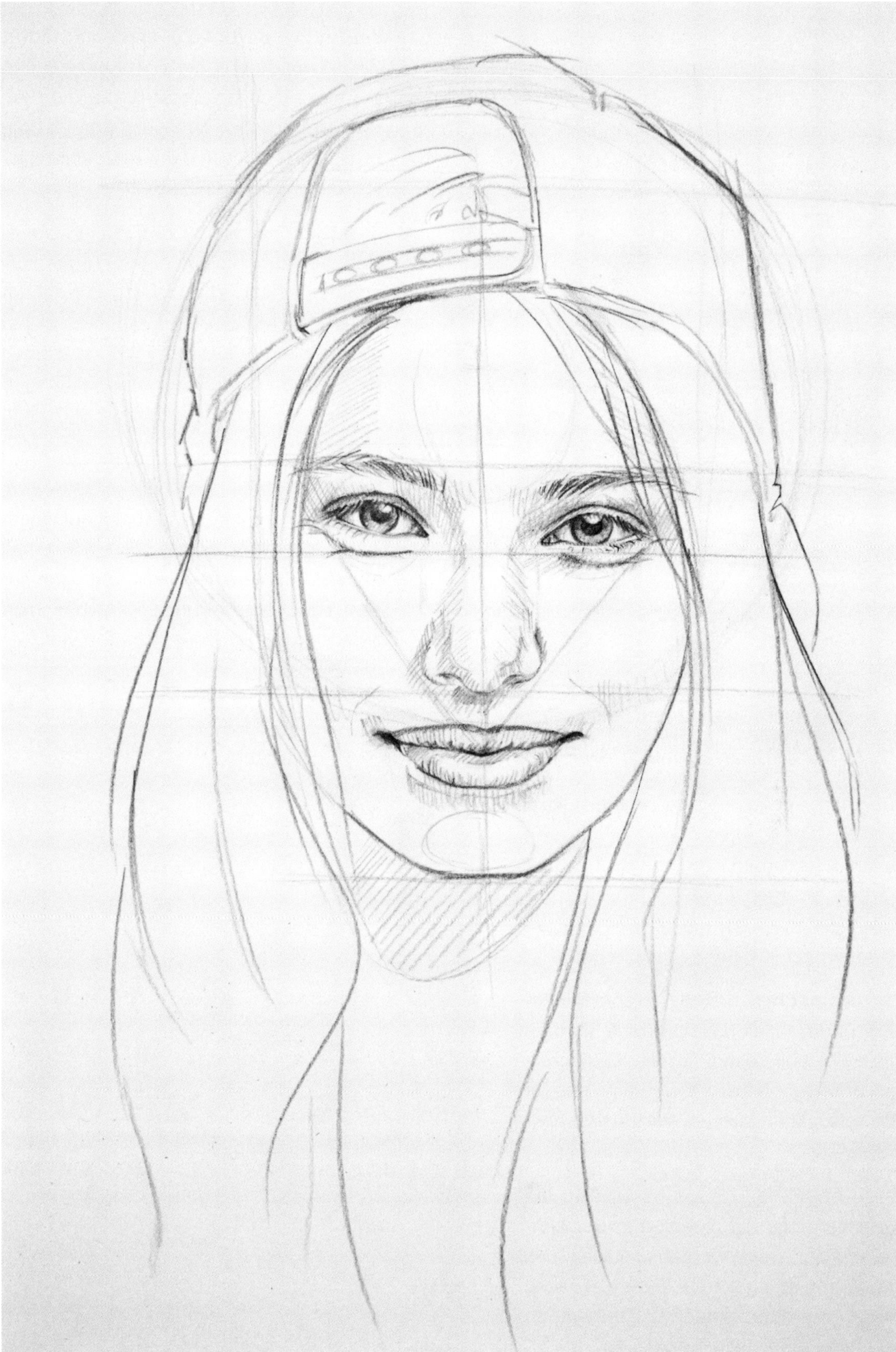

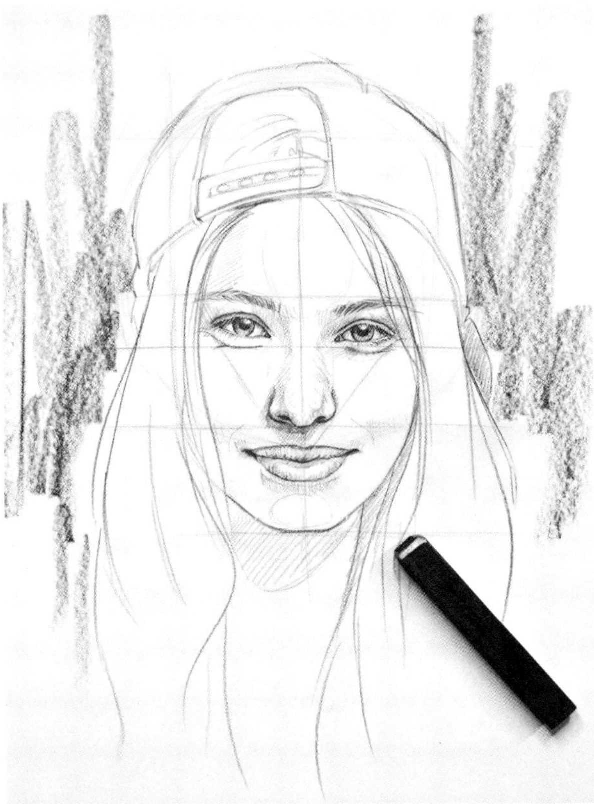

Neben der Gesichtsfläche soll, wie in der Zeichnung davor, ein Hintergrund für das Motiv entstehen. Dafür verwenden wir hier einen Graphitstift, mit dem wir erst grobe Schraffuren um das Gesicht zeichnen und diese dann mit einem nassen Pinsel weitergestalten.

Zusätzlich kannst du mit Wasser angelöstestes Graphit aus einem Tiegel aufnehmen, siehe dazu das Material ab Seite 100. Mit diesem Graphit erreichst du die allerdunkelsten Töne, also auch für Pupillen, die bei Bleistiftzeichnungen im Grunde nie dunkel genug gelingen. Nasses Graphit ist hier eine Möglichkeit.

Um die Flächen des Gesichts vorsichtig auszuarbeiten, wird das Graphit auf einem Teller oder einer Palette wie bei Aquarell mit viel Wasser angemischt und dann auf dem Papier geschichtet. So kommt man behutsam zum gewünschten Tonwert.

Während man Graphit auf dem nassen Pinsel hat, trocknet dieses merklich schneller als andere Malmedien ab. Das führt bei der Ausführung der Pinselstriche zu einem interessanten Finish. In einem Pinselstrich kann es sowohl nasse Partien als auch trockene Pinselschraffuren geben — ein geniales Mittel, um Zeichnungen kreativ zu gestalten.

Um das zu üben, bieten sich solche Hintergründe an. Fortgeschrittene können diese Technik dann für die Gesichterzeichnungen selbst verwenden. Das ist ein tolles Stilmittel, um Porträts zu abstrahieren.

Auch bei dieser Zeichnung müssen die Gesichtdetails den Tonwerten der Umgebung angepasst werden: der Ausdruck der Augen durch sattere Tiefen, genauso Nase und Mund. Andernfalls kommt es zu einem unfertigen Eindruck.

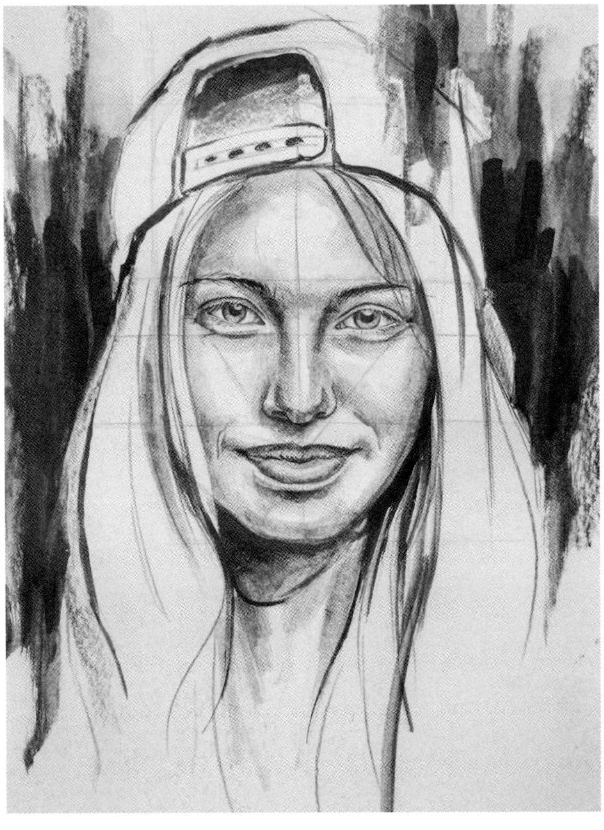

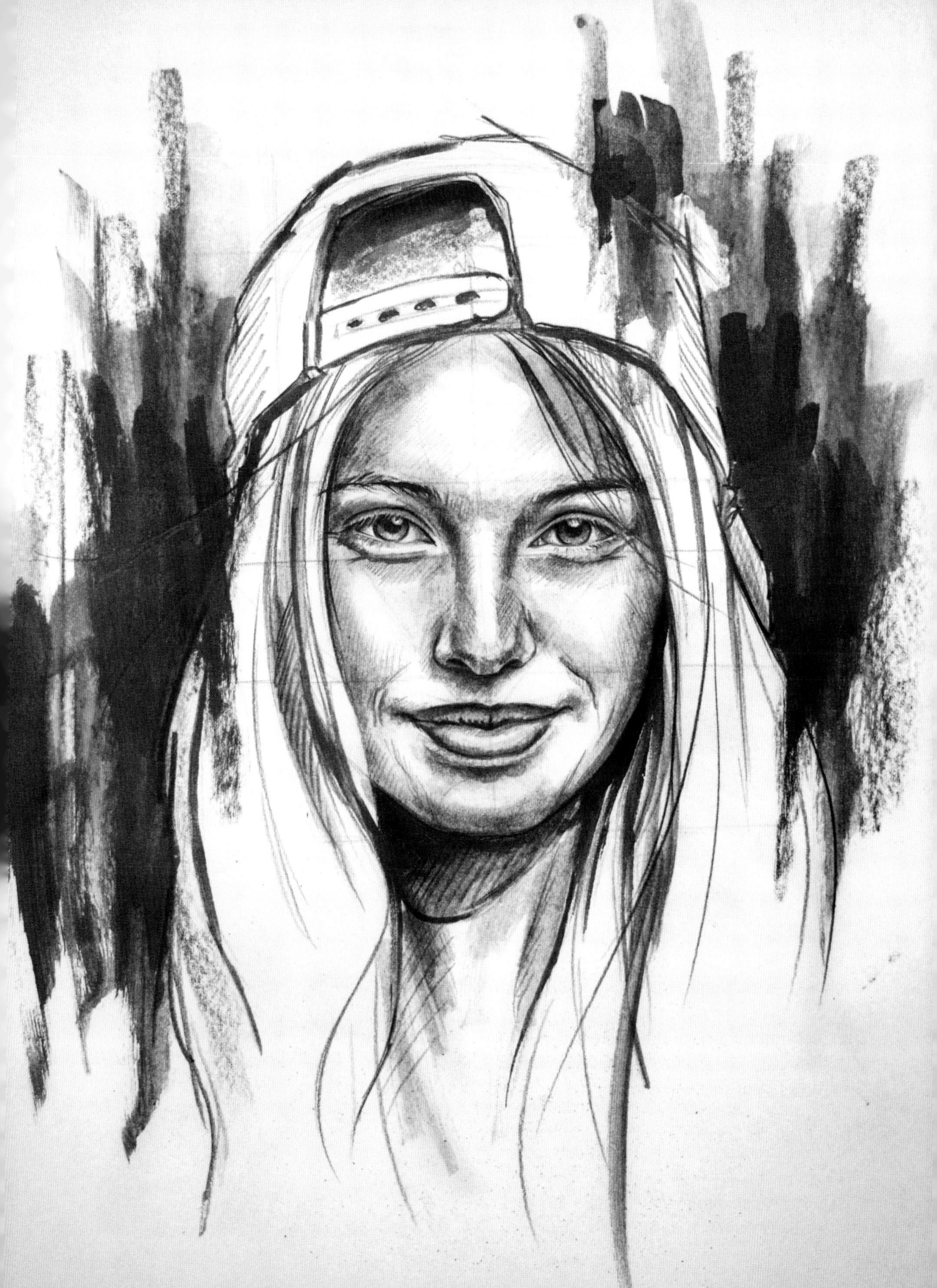

5.5 Kohle

Kohle ist eines der ältesten Zeichenmittel. Unsere Vorfahren entdeckten sie, als Holzäste an den ersten Lagerfeuern unserer Zeit verbrannten. Mit diesen verkohlten Ästen malten sie an Höhlenwände. Es gibt die trockenen Kohlestifte und auch solche, die mit Ölen gebunden sind. Zeichenkohle besteht aus verbrannten Hölzern oder daraus gepresstem Kohlestaub. Auf jeden Fall ist sie pflanzlich und hat nichts mit den fossilen Kohlevorkommen zu tun, mit denen man heizt.

Da die Kohlestifte aus gepresstem Kohlenstaub bestehen, gibt es sie in verschiedenen Härtegraden. Die meisten sind wie Bleistifte mit Holz ummantelt – es gibt aber auch Vollminenstifte in unterschiedlichen Härtegraden.

Mit den härtesten Kohleminen guter Qualität lassen sich genauso feine Linien ziehen wie mit einem Bleistift.

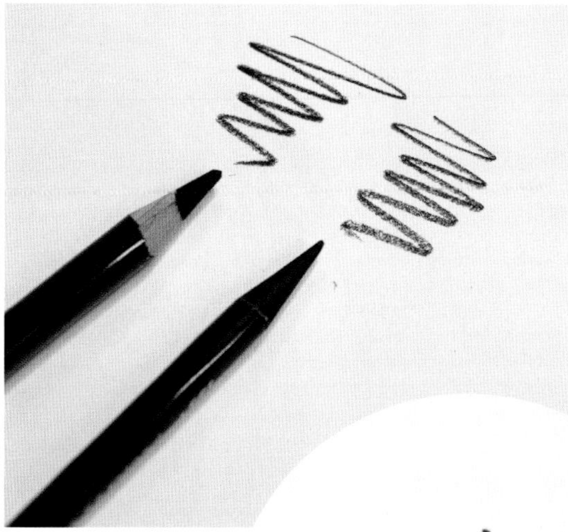

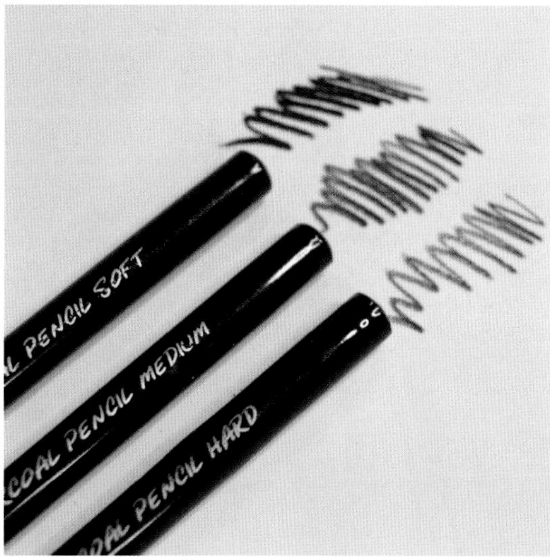

Rechts siehst du, dass Kohle nicht auf Graphit hält. Die Flächen werden zu glatt – die Kohle haftet nicht.

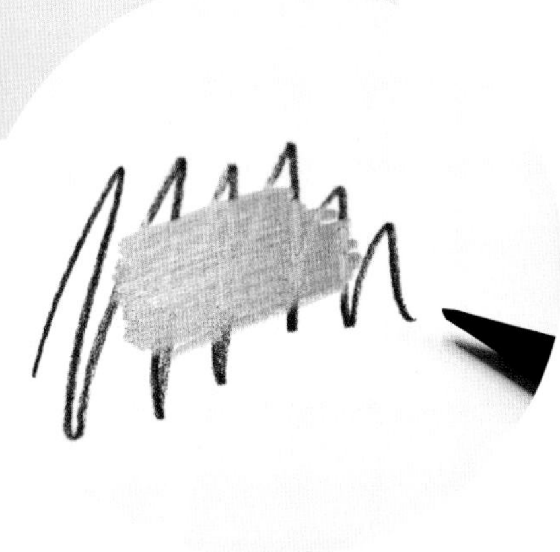

Je weicher die Kohle ist, desto schwärzer ist der Strich. Er wird auch etwas breiter, ist aber in Stiftform für Feinheiten noch sehr gut zu kontrollieren. Gerade für dunkle Pupillen und Augen ist Kohle die beste Wahl.

In der Abbildung rechts siehst du links den Stift mit trockener Kohle und rechts einen »nassen«, mit Ölen gebundenen Kohlestift. Der Strich der gebundenen Kohle ist noch satter, lässt sich aber schwer radieren.

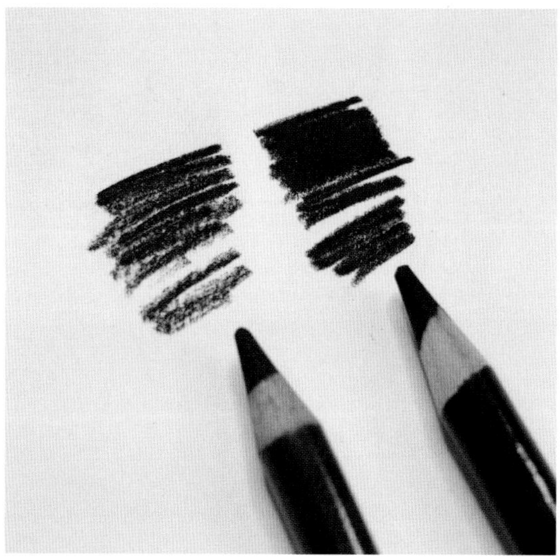

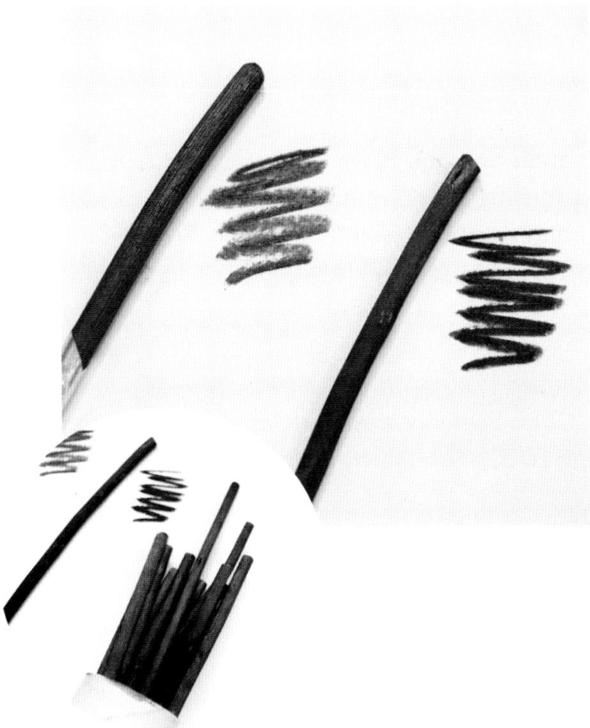

Links siehst du Zeichenkohle, wie sie seit Urzeiten verwendet wird: als verkohlte Ästchen. Diese hier sind verbrannte Weidenstäbchen. Je nach Holzart gibt es auch hier unterschiedliche Härtegrade und viele verschiedene Breiten bis hin zu daumendick!

Die Entscheidung, solche Kohlestäbchen in der Zeichnung zu kombinieren, ist ein tolles Stilmittel, da allein die Strichführung eine neue, interessante Charakteristik aufweist.

All diese Varianten der natürlichen Zeichenkohle sind im Handel erhältlich und werden meistens im Bündel verkauft.

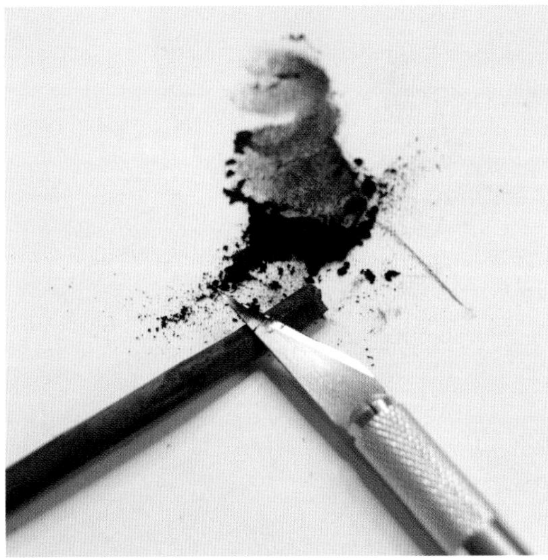

Kohlepulver für gleichmäßige Flächen kannst du, ähnlich wie Graphitpulver, sehr einfach mit den natürlichen Zeichenkohlestäbchen selbst herstellen. Dazu schabst du die Kohle mit einem Messer vom Ästchen ab und verreibst dieses Pulver dann auf der Zeichenfläche.

Auch bei Kohle ist dies die beste Vorgehensweise für gleichmäßige Flächen ohne jegliche sichtbare Schraffur.

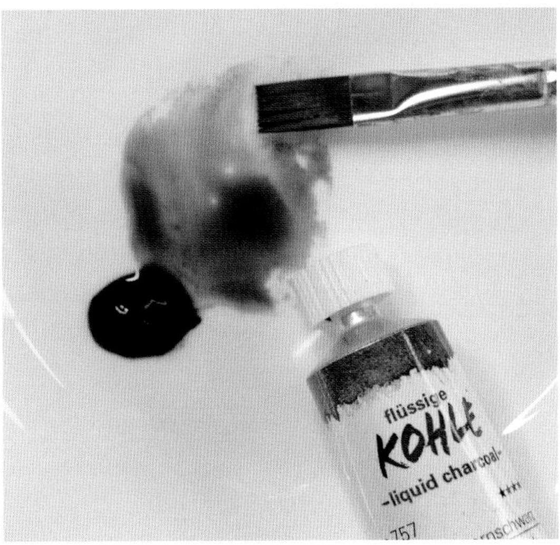

Es gibt auch flüssige Kohle. Mit diesem Malmittel ist es möglich, ein ganzes Porträt in Kohle anzulegen, obwohl du trockene Strichführung **und** nasse Passagen siehst.

Die flüssige Kohle ist, ähnlich wie bei der Gouache-Malerei, von deckend bis stark transparent anmischbar. Das eröffnet viele kreative Kombinationsmöglichkeiten. Besonders raffiniert ist sie für Detailarbeiten, wie das Malen von intensiven Augenaufschlägen und als Finish für Kohlezeichnungen.

Flüssige Kohle ähnelt der Tusche des Sumi-e, welche aus Ruß gewonnen wird.

5.6 Porträt zeichnen mit Kohle

Kohlestift und natürliche Zeichenkohle

Das Zeichnen mit Kohle hat den großen Vorteil, dass du richtig schöne Schwarzwerte erzielen kannst und die gesamte Zeichnung matt ist. Vor allem für die Reprofotografie ist das unglaublich wertvoll, da es keine reflektierenden Flächen gibt, die im Foto weiß erscheinen. Für alle, die ihre Zeichnungen fotografieren müssen oder wollen, ist Kohle daher eine gute Wahl. Sie ist zwar nicht gut mit Graphit kombinierbar, dafür aber mit Rötel.

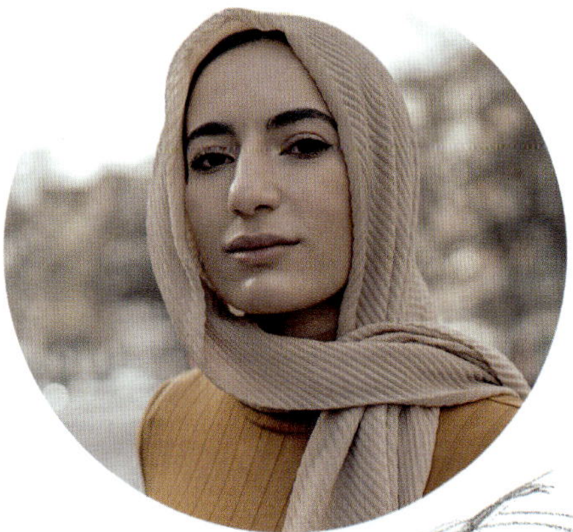

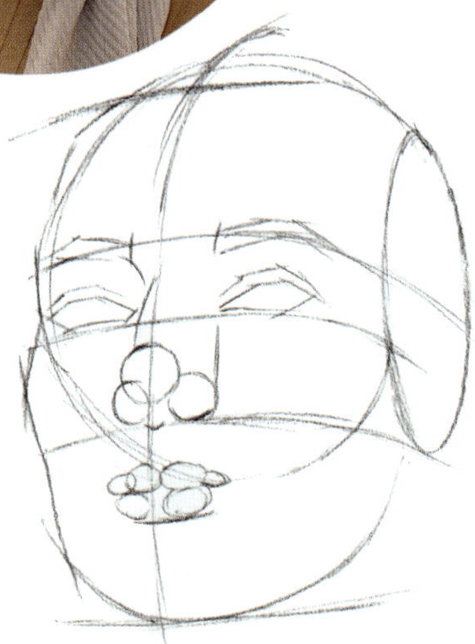

Beim Zeichnen nach Foto bietet es sich an, die Struktur des Gesichtaufbaus in die Vorlage einzuzeichnen. Dazu gibt es einige Übungen in Kapitel 2 (»Wahrnehmungsschulung«). Dadurch studierst du die Gesichtszüge genauer und kannst das Gesicht mit geübtem Blick auf das Papier zeichnen.

Die Vorzeichnung legst du mit dem härtesten Kohlestift an. Wähle dafür eine feine Spitze hochwertige und vor allem scharfe Spitzer.

Dieses Porträt ist ein klassisches »Schulterstück«. So nennt man Porträts, die eine Person bis zu den Schultern abbilden.

Die Grundlinien bauen sich nach der modernen Methode zum Aufbau von Gesichtern auf. Du kannst ein Porträt auch von einem Foto abzeichnen und dabei die Rastermethode verwenden. Da es sich bei diesem Vorgang aber eher um das Kopieren einer Vorlage handelt als um das Verstehen von Perspektive und Anatomie, wählen wir hier (um weiter zu üben) weiterhin die modernen Zeichenformeln. Du kannst aber die Rastermethode und die Zeichenformeln miteinander kombinieren, um es am Anfang etwas einfacher zu haben.

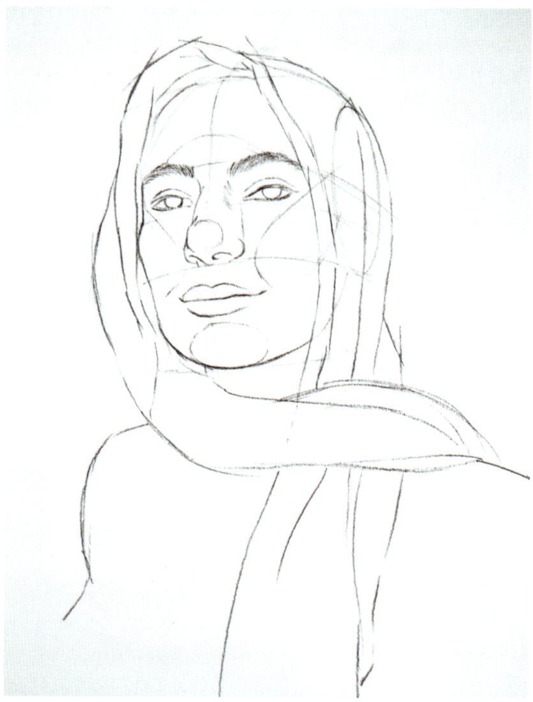

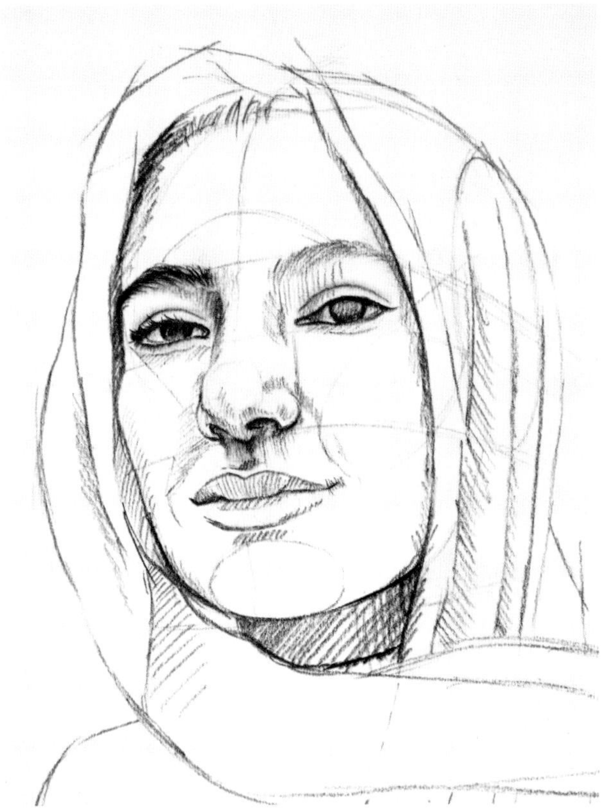

Je weiter du die Skizze ausarbeitest, desto weicher und dunkler werden die Stifte. Dies ist bei Kohle, wie auch bei jeder anderen Stiftart für Zeichnungen, der Fall.

Jetzt ist ein guter Zeitpunkt, dir nochmal vor Augen zu führen, an welcher Stelle des Trainings das Zeichnen ganzer Porträts kommt. Dieses Level setzt voraus, dass alle vorangegangenen Theorien und Techniken bereits oft geübt wurden – sowohl alle Methoden der Wahrnehmungsschulung als auch das separate Zeichnen der Gesichtselemente.

Falls du hier noch große Schwierigkeiten hast, bedeutet das nicht, dass du nicht zeichnen kannst, sondern dass du die Lektionen weiter üben solltest. Zeichnen ist nicht trivial. Es muss wie ein Musikinstrument geübt werden.

Sobald die Proportionen und die wichtigsten Konturen der Gesichtselemente gefunden wurden, kannst du dich dazu entscheiden, die Flächen und Schatten mit einem Papierwischer weichzuzeichnen.

Dieses Porträt ist ein Mix aus Schraffur und weicher Schattierung. Das ergibt interessante Kontraste, die sich zu einem Stil entwickeln können.

Das Kopftuch sowie die Schultern sind bis jetzt nur angedeutet. Dies ist ebenfalls ein Stilmittel, um durch Reduzierung Spannung im Bild zu erzeugen. Das sind kleine Feinheiten, die eine Zeichnung interessanter machen.

Aussparen kannst du immer, damit du dich leicht umentscheiden kannst. Bereits gezeichnete, richtig dunkle Flächen sind, vor allem bei Kohle, sehr viel schwerer bis gar nicht korrigierbar.

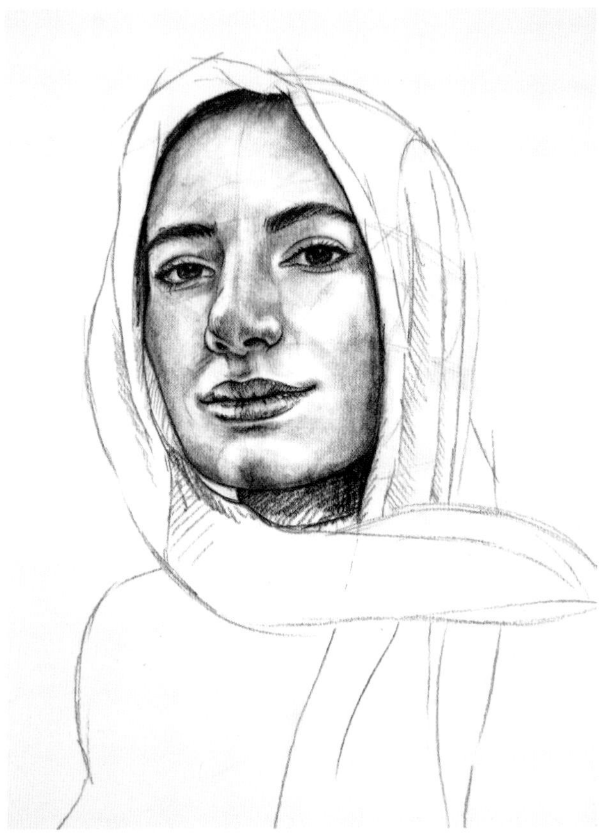

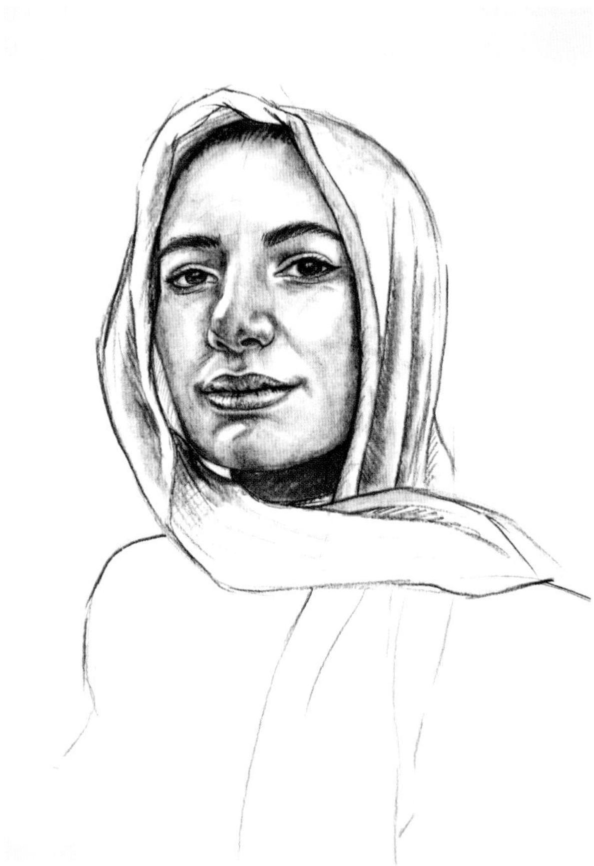

Wenn sich deine Porträtzeichnung dem Finale nähert, widmest du dich nochmal ganz besonders dem Blick.

Die Augen bzw. der Blick sind mit das wichtigste in einem Porträt. An dieser Stelle kommt der weicheste und somit dunkelste Kohlestift zum Einsatz. Noch satter wird es, wenn du an dieser Stelle Kohlestifte wählst, deren gepresster Kohlenstaub mit Ölen oder anderen Bindemitteln angereichert ist.

Mit diesen Stiften erzielst du das dunkelste Schwarz. Verwende sie am besten zum Schluss deiner Zeichnung, da der normale Kohlestift auf ihnen ebenfalls schlecht hält.

Für den Hintergrund ziehst du mit der vollen Länge des Stängchens natürlicher Zeichenkohle diagonale Schraffuren. Dies ist ein schönes Bespiel dafür, wie aus einer Fotovorlage eine wertvolle Porträtzeichnung wird.

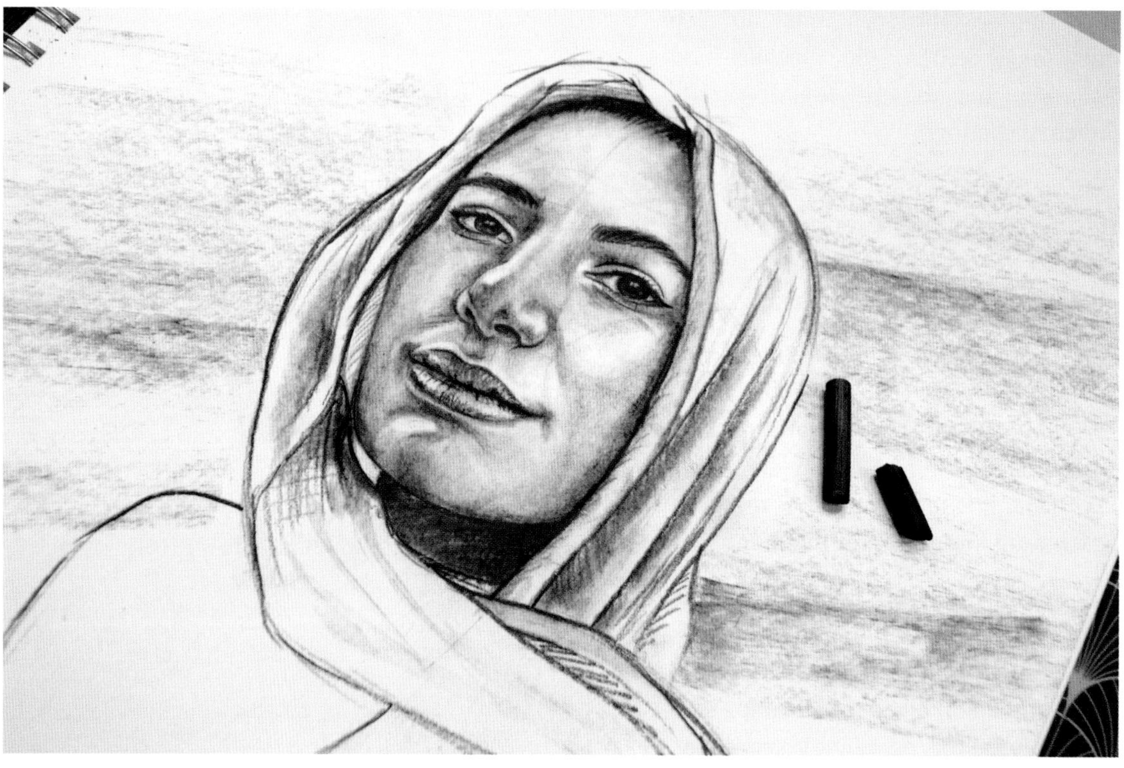

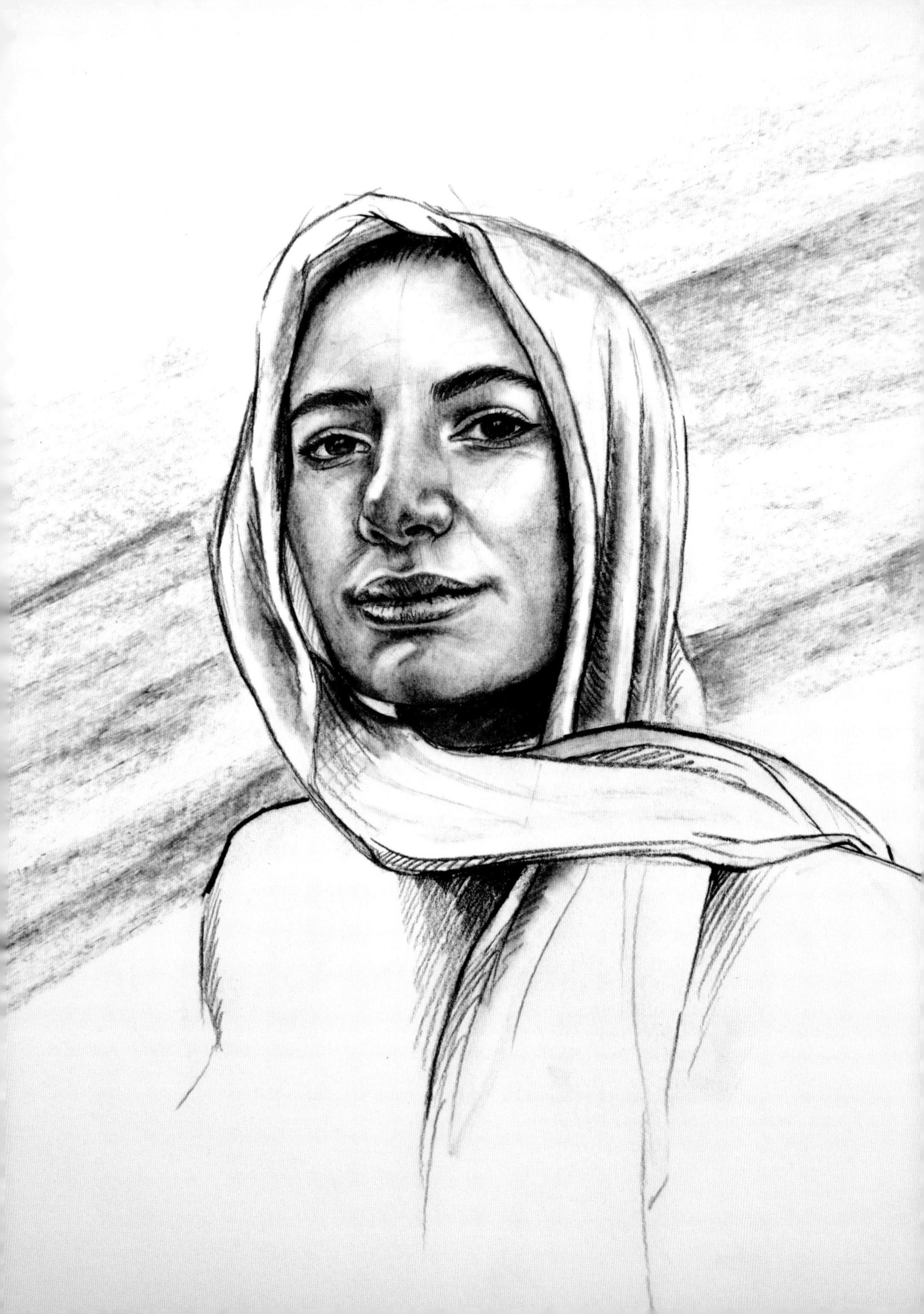

Vertikale Schraffur

In den Anfangskapiteln ging es um das Einüben von Schraffurstilen. In der folgenden Porträtzeichnung möchte ich zeigen, welchen Eindruck es macht, wenn man konsequent einen Schraffurstil für das gesamte Gesicht wählt, in diesem Fall rein vertikale Strichführungen. Das Gesicht entsteht aus der Fantasie und bekommt allein durch die Schraffur einen eigenen Charakter.

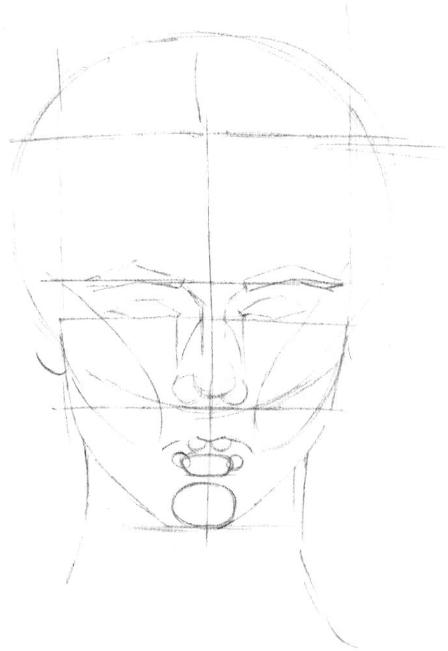

Die Porträtform, die hier entsteht, nennt sich »Kopfbild«. Oberhalb des Schlüsselbeins sind der Hals und das restliche Gesicht abgebildet.

Figuren, die der Fantasie oder einer groben Inspiration entspringen, werden zunächst grob nach der modernen Methode zum Aufbau von Gesichtern skizziert und dann ausgearbeitet.

Bei solchen Porträts gibt es durchaus mehrere Anläufe. Die finale Konzeptzeichnung aus dem Skizzenbuch wird dann auf gutem Papier reingezeichnet.

Mit dieser Herangehensweise an das Zeichnen entwickelst du dich über das Abzeichnen, also das zeichnerische Kopieren einer Vorlage, zum selbstständigen Zeichnen von Gesichtern hinaus.

Dieses Level unterscheidet sich stark vom Zeichnen mit der Rastermethode und erst ab hier ist das Einbringen und Entwickeln deines echten eigenen Stils möglich.

Fotorealistisch zu zeichnen ist ebenfalls eine handwerkliche Herausforderung, für das die Rastermethode perfekt ist. Es ist aber eine andere Disziplin in der Zeichnung und darf nicht miteinander verwechselt oder gleichgesetzt werden.

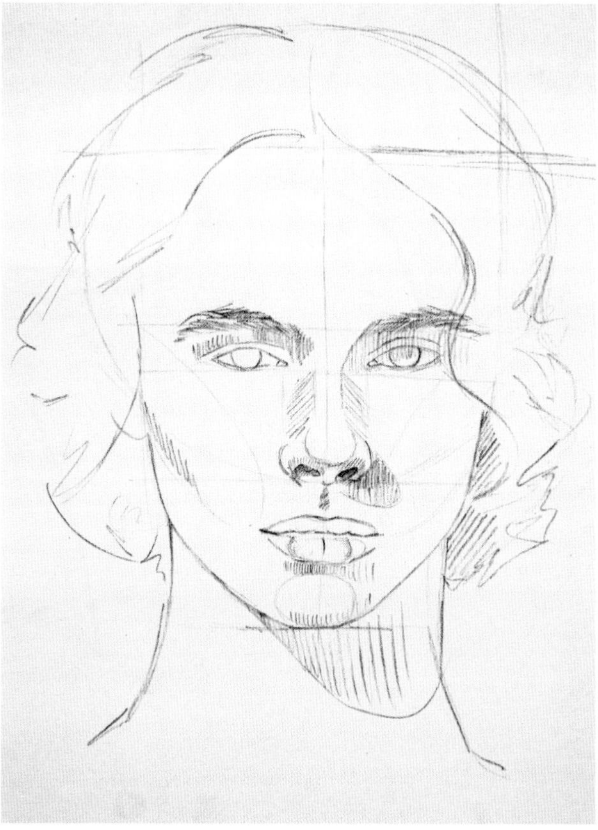

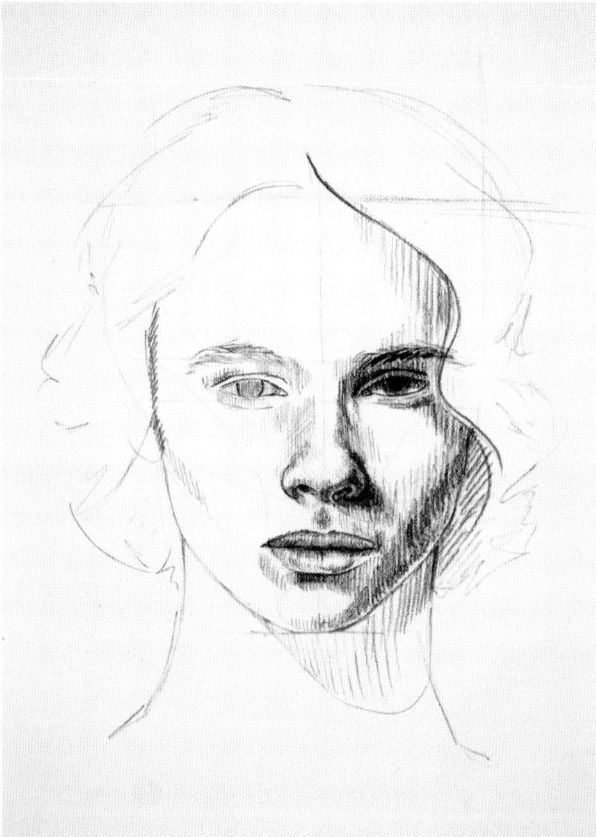

An dieser Stelle ein kleiner Reminder: Zum Zeichentraining gehört ab einem soliden Übungsstand das Entwerfen und Ausarbeiten von ganzen Gesichtern dazu.

Es wird nicht von Anfang an alles stimmig sein oder perfekt aussehen. Fehlversuche gehören zum Lernprozess. Genauso empfehle ich dir, die Rastermethode mit dem modernen Gesichtsaufbau zu kombinieren und auch regelmäßig Zeichnungen durchzupausen. All diese Übungen schulen die Wahrnehmung und helfen dir dabei, dir echte Proportionen und Positionen einzuprägen. Dies ist das zeichnerische Studieren von Gesichtern.

Bei unserem aktuellen Porträt wird nach dem Setzen der Konturen alles mit vertikalen Schraffuren ausgearbeitet. Jetzt kommt es stark darauf an, wo und wie dicht man die Schraffuren zeichnet und mit welchem Druck man sie ausarbeitet. Ebenso ist die Wahl der Stifthärte wichtig.

Du arbeitest dich von einer harten Kohlemine zur weichesten vor, da du dir so das Setzen der dunkelsten Passagen gut einteilen kannst.

Das vertikale Schraffurbild zeigt, wie stark sich ein Schraffurstil auf den Eindruck eines Porträts auswirkt. Allein die Technik ermöglicht es uns, einen anderen kreativen Weg zu gehen. Kreativität ist das Einbringen einer eigenen Entscheidung und beeinflusst die Wirkung eines Artworks.

Vertikale Schraffuren in Kombination mit einem frontalen Kopfbild haben einen intensiven Effekt auf das Porträt. Probiere in einer anderen Zeichnung konsequent horizontale Schraffuren aus und beobachte, welche Wirkung entsteht.

Hier wird nicht radiert. Vertikale Kohleschraffuren lassen sich ganz einfach über die Vorzeichnung setzen.

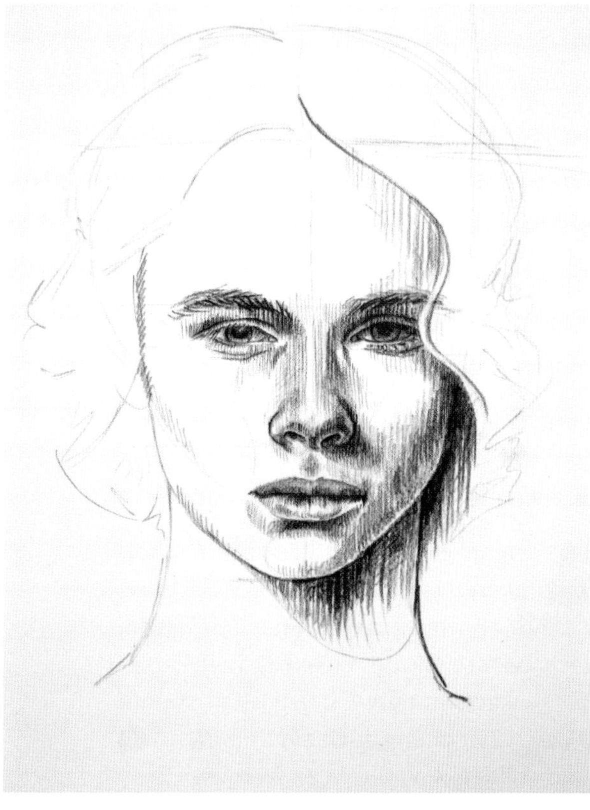

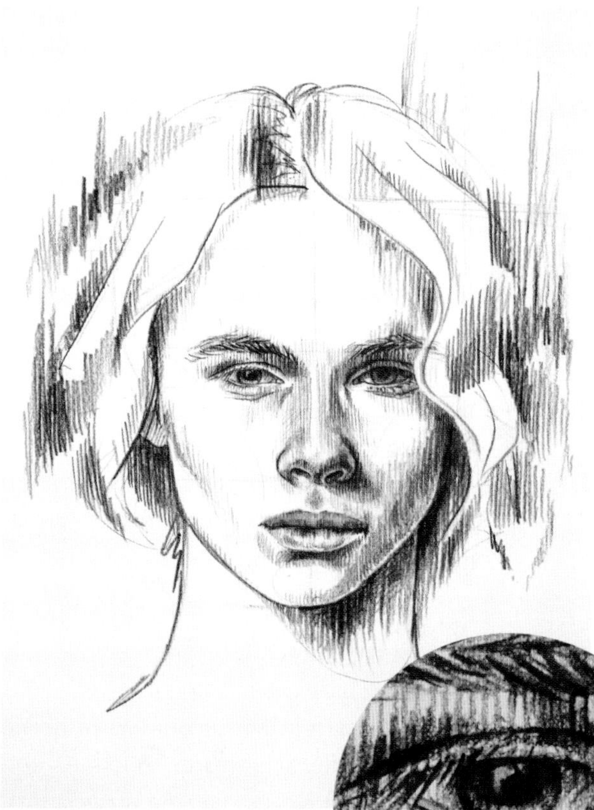

Die Haare um das Gesicht werden durch Abstraktion dargestellt. Allein die Schatten und die grobe Frisur werden vertikal schraffiert. Simple Konturen zeigen den Verlauf einiger Haarpartien. Details wie die rechte Strähne vor dem Gesicht entstehen durch Weglassen. Der Bereich wird nur angedeutet und alles andere reduziert – aber dennoch ist eine Haarsträhne entstanden.

Insgesamt wird die Zeichnung nur an prägnanten Stellen mit Schraffuren ausgearbeitet. Außerdem ist die Kontur des linken Nasenflügels eigentlich nicht so dunkel, da sie im Licht liegt. Solche Konturen setzt man als Akzente – genauso wie am Kinn, am Scheitel und am Hals.

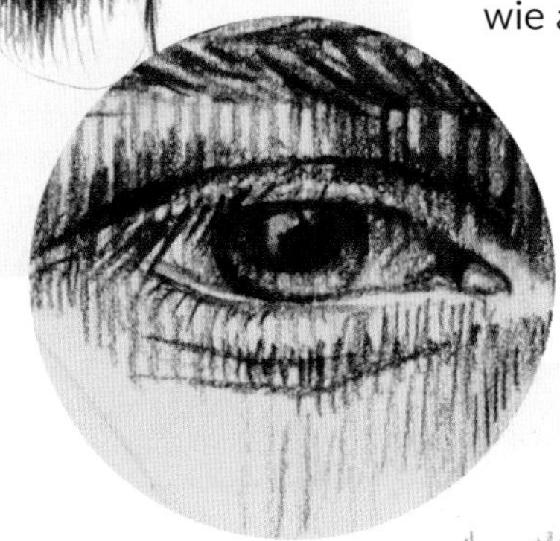

Gegen Ende der Zeichnung werden die dunkelsten Striche gezogen. Die ganze Zeichnung bekommt so mehr Tiefe. Es ist immer ein Mix aus Druck und verschiedenen Härtegraden der Stifte, um ein dynamisches Bild zu erzielen.

Als Finish werden noch kleine Details, wie z.B. einzelne fliegende Haare, hinzugefügt. Das macht die Wirkung lebendiger. Mit diesem Kniff sollte man jedoch sparsam umgehen – weniger ist mehr.

Die Augenlichter sind ebenfalls ein solches Detail. Der Blick wird zum Schluss nochmal nachgearbeitet. Hier wurden die Lichtpunkte mit dem elektrischen Radierer rausgenommen. Ein Weißstift könnte je nach Zeichnung auch ein Stilbruch sein und sollte gut abgewogen werden.

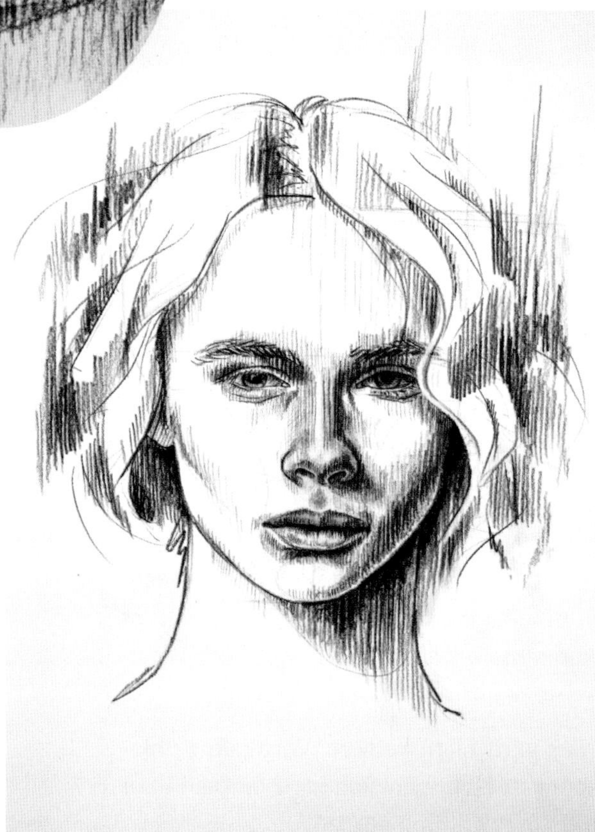

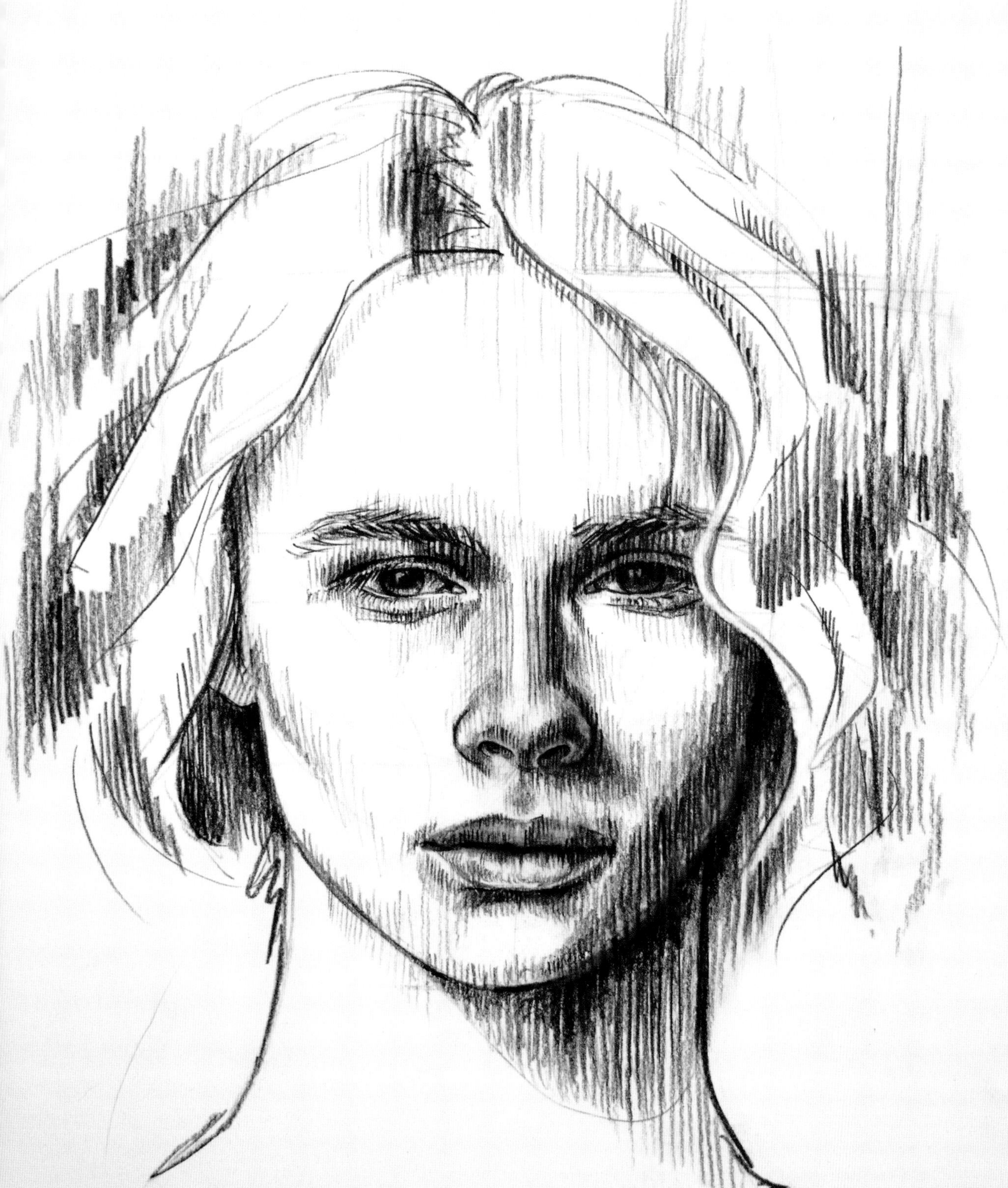

Trocken und nass

In der Materialkunde zur Kohle wurde die flüssige Kohle vorgestellt. Das folgende Porträt wird damit als Finish einen Hintergrund bekommen. Das Wissen um Zeichenmaterial lässt dich über den Tellerrand schauen und eröffnet dir neue, kreative Kombinationen für einzigartige Artworks. Schaue immer nach neuen Materialien – irgendwann findest du dein Lieblingsmedium.

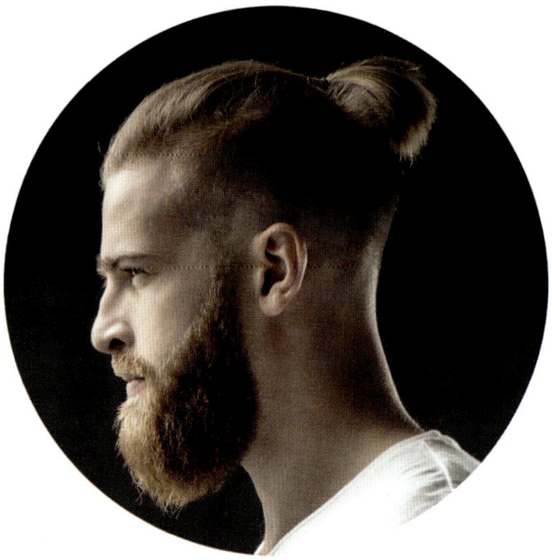

Porträts im Profil kommen seltener vor. Dieses ist ein Kopfstück im Profil. Was erst langweilig anmutet, kannst du sehr kreativ gestalten. Das Profil war einst die bevorzugte Porträtform, da diese Perspektive als besonders edel galt. Münzen zeigen dies noch heute.

Mit der Fotoreferenz als Vorlage bauen wir die Grundstruktur für die Proportionen des Gesichts auf. Eine genaue Anleitung findest du dazu in Kapitel 2 (»Wahrnehmungsschulung«). Dort wird das grundsätzliche Schema geübt. Wenn du diesen Standard verinnerlicht hast, fallen dir die wichtigen Abweichungen erst auf, z.B. das Ohr..

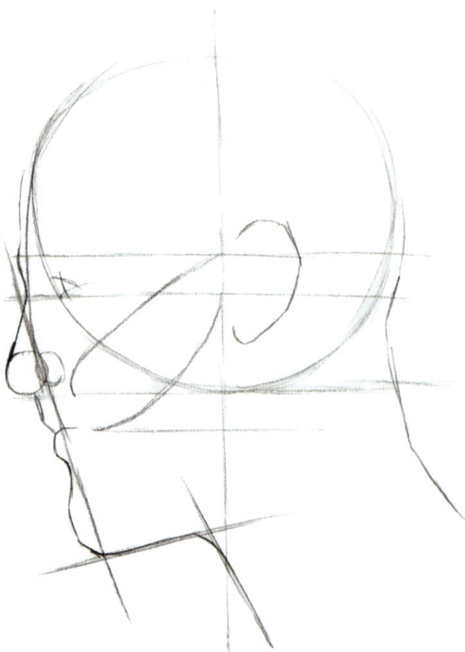

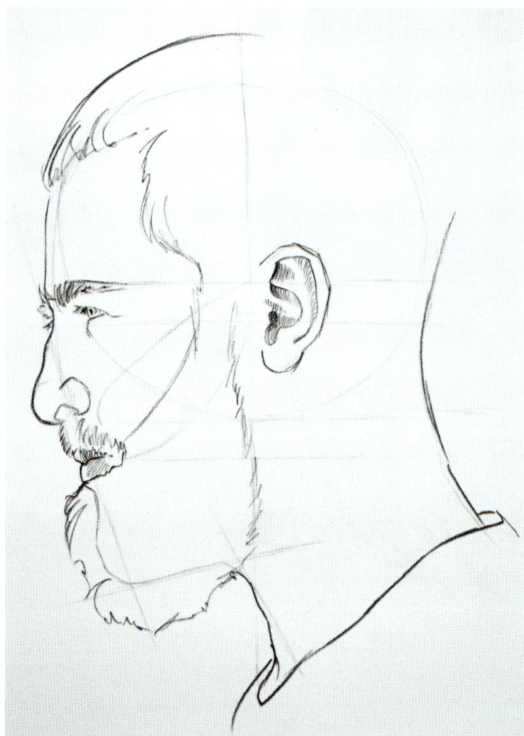

Die Position des Ohrs weicht ein bisschen von der »Norm« ab. Genau das sind die individuellen Charakteristika, die uns Menschen ausmachen. Dem geschulten Auge fällt dies sofort auf und es kann berücksichtigt werden.

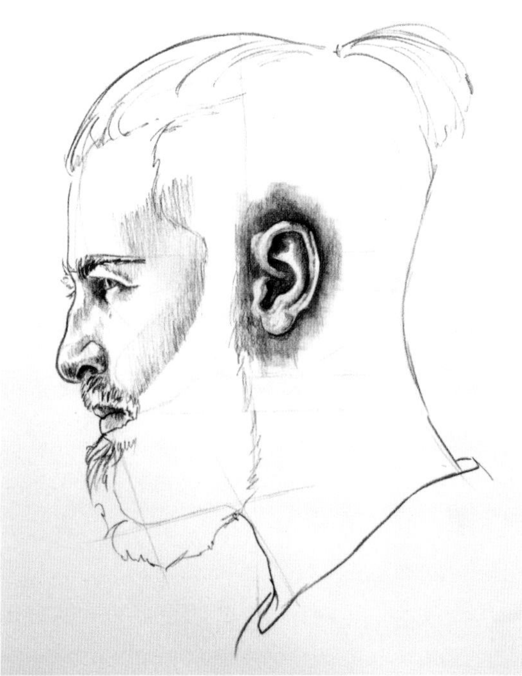

Mit einem lockeren Strich werden die wichtigsten Konturen gesetzt. Achte darauf, mit unterschiedlichem Druck zu arbeiten, um diese Linien interessanter zu gestalten.

Die Basisschraffur der ersten Ebene ist vertikal, wird sich später aber rein intuitiv in alle Richtungen entwickeln. Nur an Stellen, an denen eine vertikale Schraffur wichtig ist, wird diese betont: Im vorderen Bereich zwischen Auge und Nase.

Dort ist erst eine weiche Schattierung, auf die eine solche vertikale Schraffur folgen wird. Diese hat Einfluss auf die Wirkung des Blicks.

Hier kann endlich mal ein Ohr ausgearbeitet werden – überwiegend aus starken Konturen und weichen Schattierungen, aus denen die Lichter herausradiert sind.

Größere Hautflächen werden mit einem mittleren Kohlestift und dessen breiter Minenseite grob schraffiert und dann mit dem Papierwischer weichgezeichnet.

Ebenso entsteht der Bart nicht Haar für Haar, sondern durch eine strukturierte und dann verblendete Fläche, in die im Anschluss Details gesetzt werden. Üblicherweise nehmen wir bei solchen Flächen ohnehin keine Details wahr. Daher zeichnet man erst Flächen und dann Akzente.

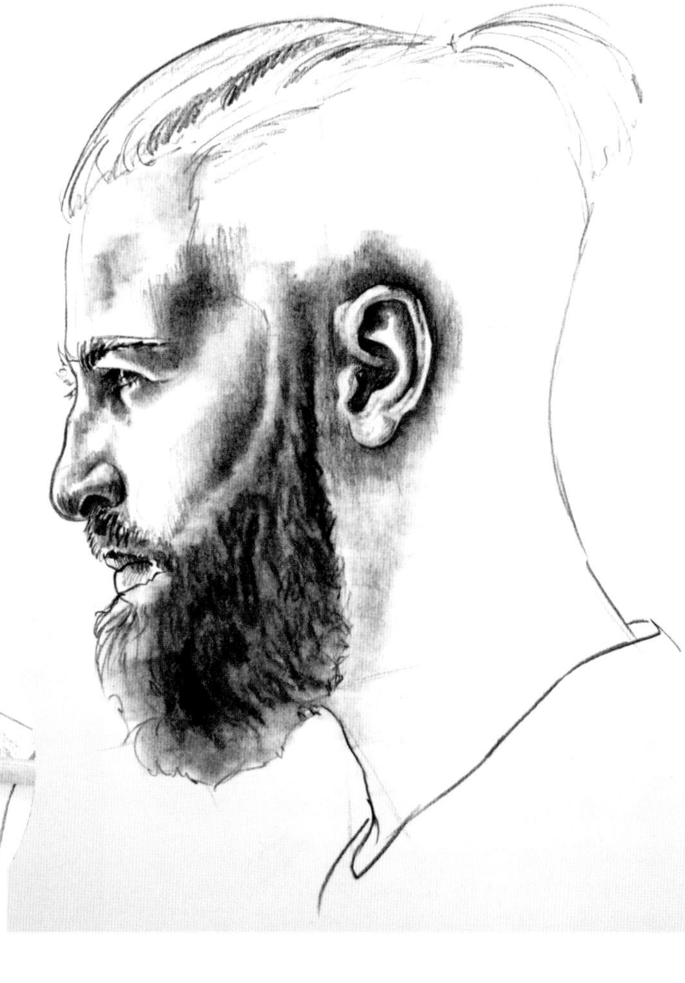

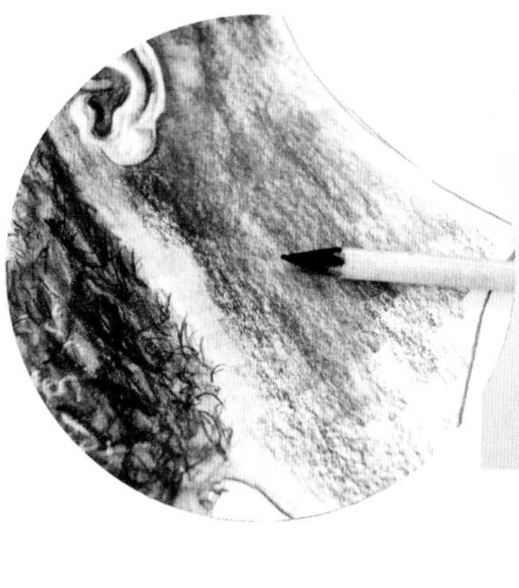

Der Bart wird erst dunkel vorschattiert und dann werden keine Haare, sondern Lichtreflexionen mit einem Radierer »hineingezeichnet«. Hierfür verwende ich einen elektrischen Radierer mit einer schmalen Radiermine. Das macht richtig Spaß und bringt Abwechslung. Der Bart erhält mit einem gebundenen Kohlestift vereinzelt noch richtig dunkle, einzelne Haare und mehr Kontur.

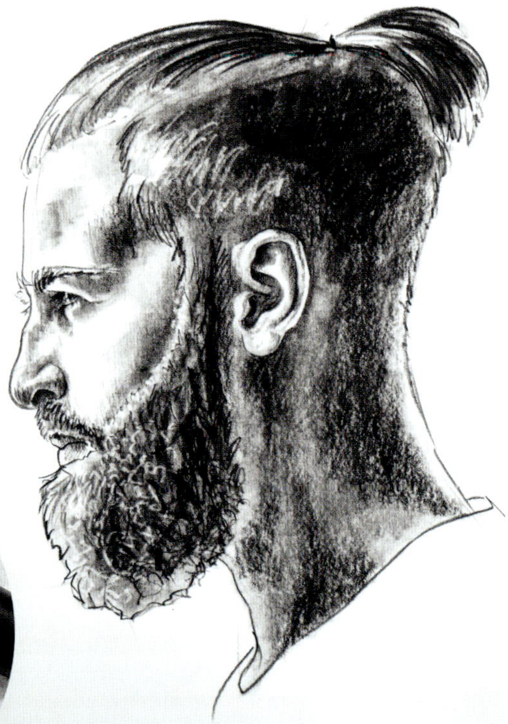

Genauso werden weitere Details ausgearbeitet und dann unbedingt für den nächsten Schritt richtig gut versiegelt.

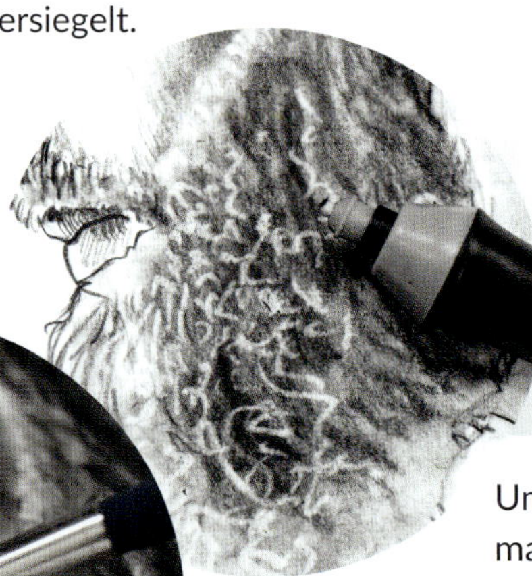

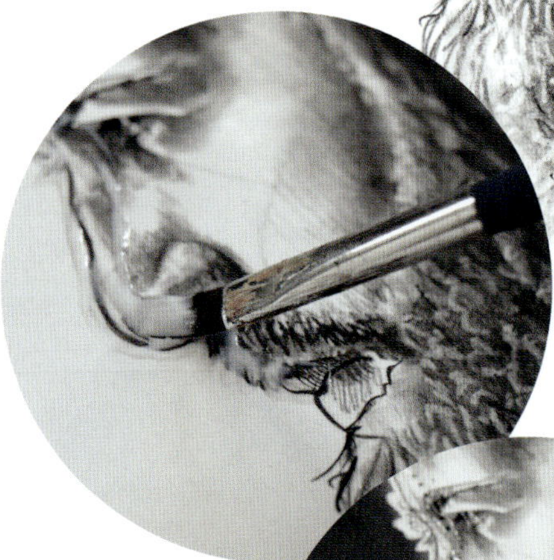

Um den Hintergrund mit flüssiger Kohle zu malen, muss die Außenkante des Gesichts mit Maskierfluid überzogen werden. Dieses schützt deine Zeichnung an den aufgetragenen Stellen. Wenn das Fluid trocken ist, malst du mit einem breiten Pinsel und flüssiger Kohle großzügig die dunkle Umgebung um das Gesicht. Wenn alles trocken ist, rubbelst du das Maskierfluid von der Zeichnung.

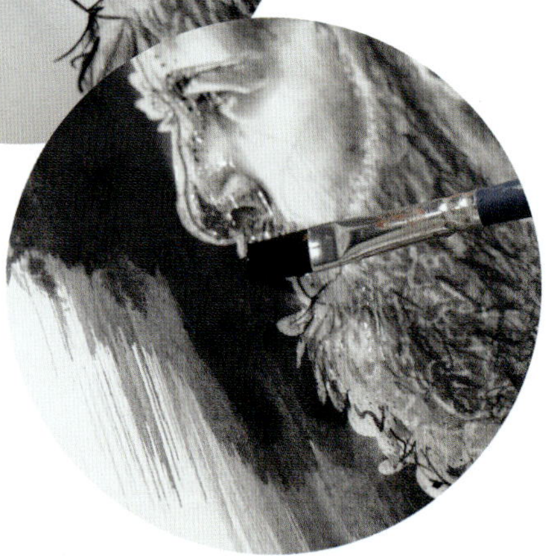

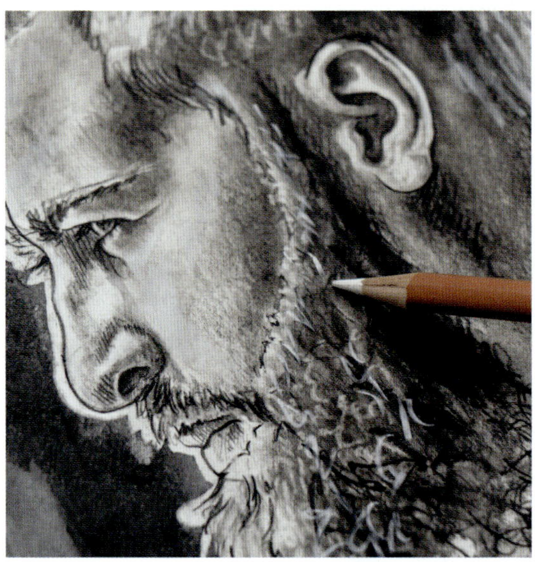

Zum Schluss nehmen wir eine weitere Technik hinzu. Mit einem guten Weißstift werden Highlights in den Bart und als grobe Schraffur in dunkle Bereiche gesetzt. Dies ist der Feinschliff für einen lässigen Stil. Diese Technik geht schon in Richtung Graduieren. Auf den nächsten Seiten lernst du mehr darüber.

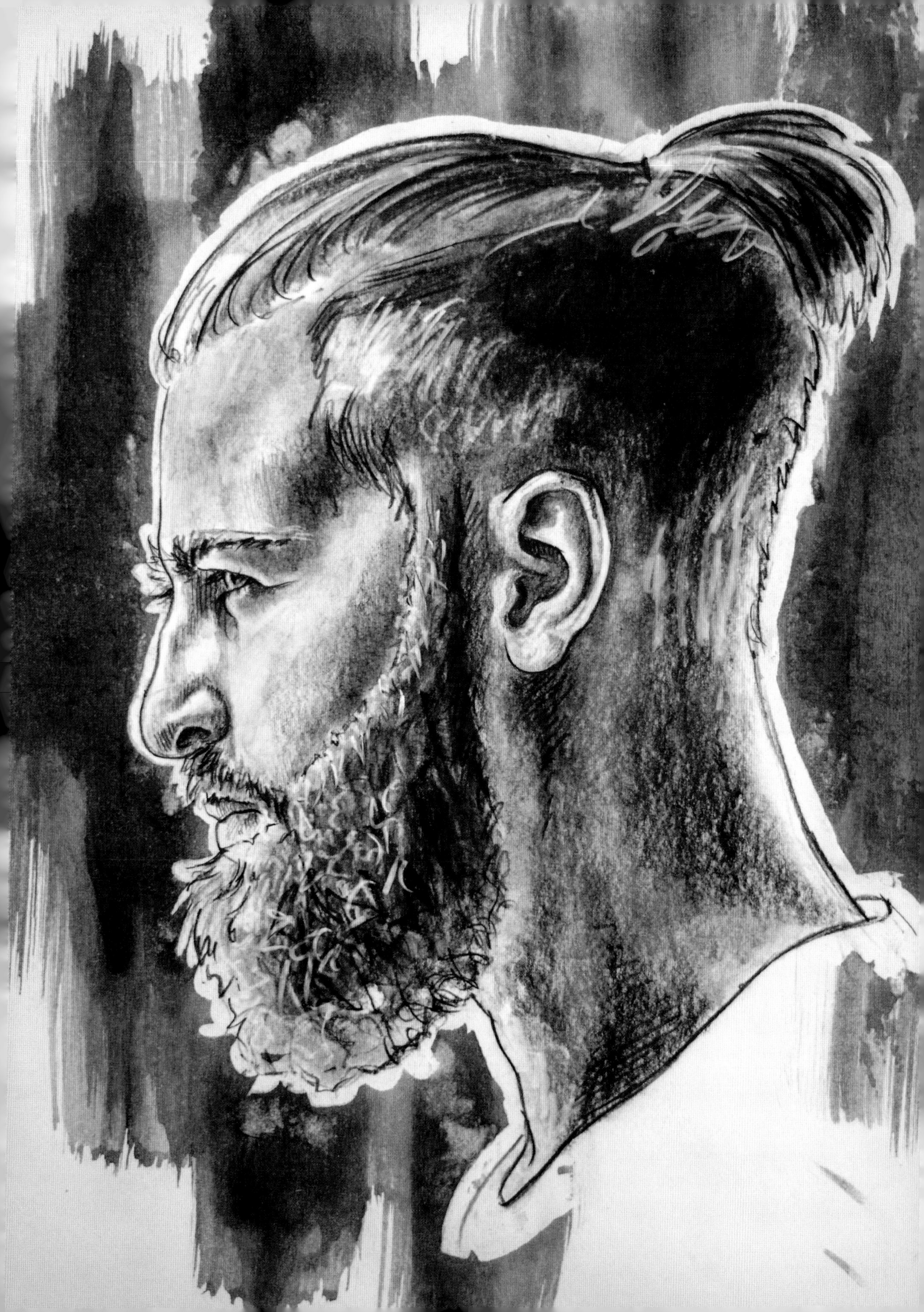

5.7 Rötel

Rötel ist kein Pastell. Rötel gehört zusammen mit der Kohle zu den ältesten Zeichenmitteln der Menschheit. Diese Gesteinsart wurde von unseren Vorfahren entdeckt. Sie enthält viel Eisenoxid, wodurch die rote Farbe entsteht. Man hat mit diesen Steinen an Höhlenwände gezeichnet und sie sogar klein gerieben und mit Tierfetten vermischt. Dadurch sind die haltbaren rötlichen Höhlenmalereien entstanden. Es ist also ein ganz eigenes, sehr wertvolles Zeichenmedium.

Vom Rötel wissen viel zu wenige, dabei ist es ein solch geniales Zeichenmaterial. Diesen Stift gibt es in verschiedenen Arten. Der trockene Rötel ist in dunkleren und orangenen Rottönen erhältlich.

Die Mine ist bei diesen trockenen Stiften recht empfindlich und sollte vor Stoßschäden geschützt werden. Du kannst den Rötel mit einem guten, scharfen Kurbelspitzer oder mit dem Messer anspitzen.

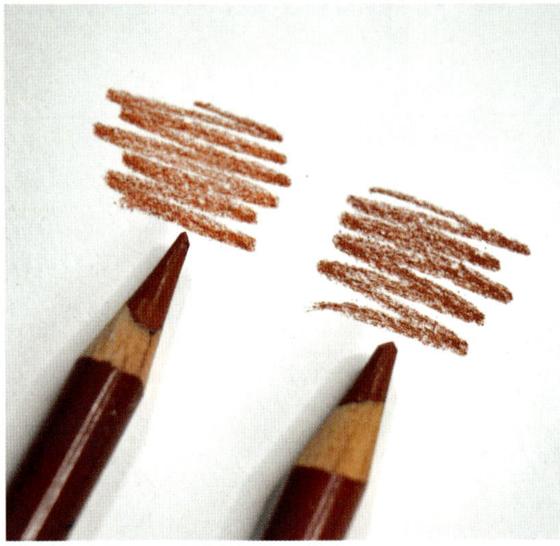

Es gibt den Rötel auch als Minen für einen breiten Minenhalter. Auch hier sind die trockenen Rötel vor Stößen zu schützen. Einfach zu handhaben sind die Rötel, die, wie einst, mit Fetten gebunden wurden: fette Rötelstifte oder Minen. Während Kohle dadurch satter wird, wird Rötel im Strich gleichmäßiger.

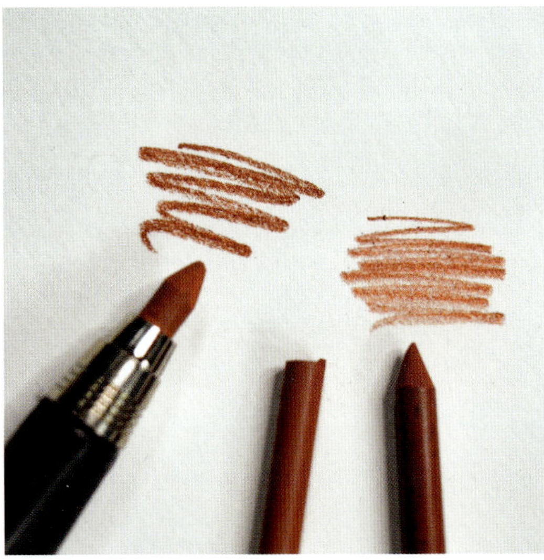

Der trockene Rötel ist mit Wasser anlösbar. Der fette Rötel (ganz rechts) natürlich nicht, da Öle und Fette Wasser abweisen.

Trockener Rötelstift lässt sich mit einem nassen Pinsel schön verblenden. Je nachdem, wie viel du gezeichnet hast und wie stark du aufdrückst, bleibt die Schraffur dabei stehen. Das ergibt wiederum ein einzigartiges Finish, das nur Rötel kann. Bei Aquarellstiften löst sich die Strichführung normalerweise komplett auf.

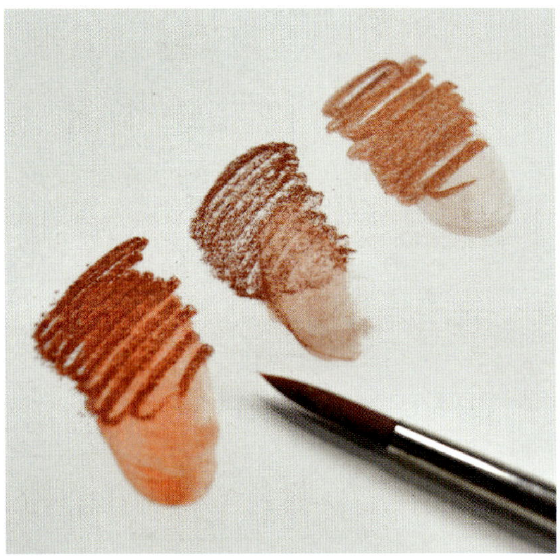

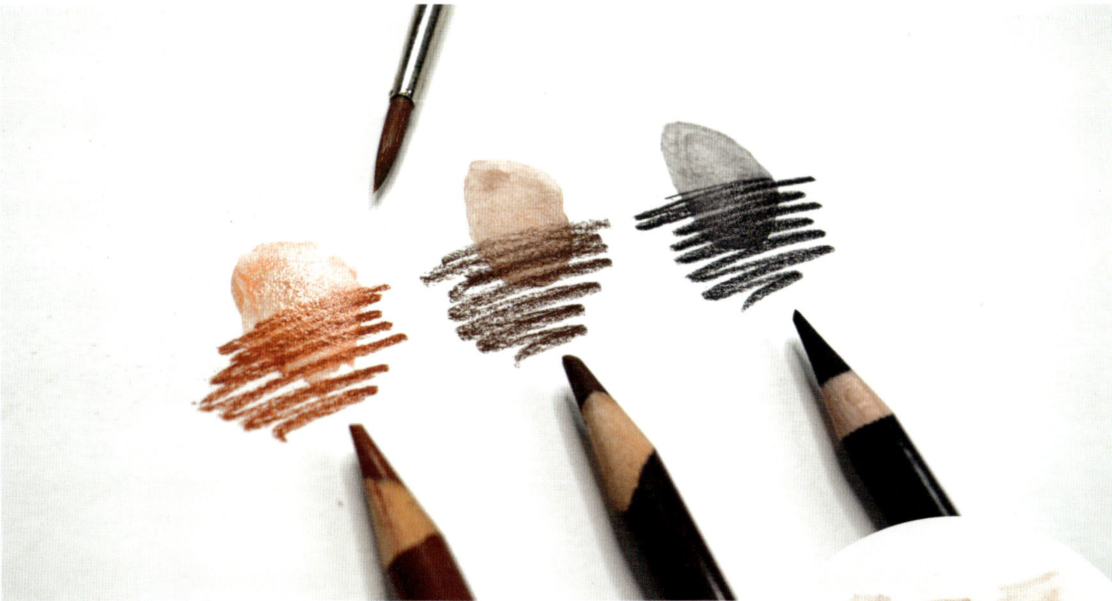

Oben sehen wir drei wasserlösliche Stifte: Rötel, Sepia und Kohle. Wer mit Rötel zeichnet, kommt um den Sepia-Stift nicht herum. Das ist der braune Stift in der Mitte. Er hat die gleichen Eigenschaften wie der Rötel und kann mit diesem in der Zeichnung kombiniert werden. Auch die Kohle passt perfekt dazu.

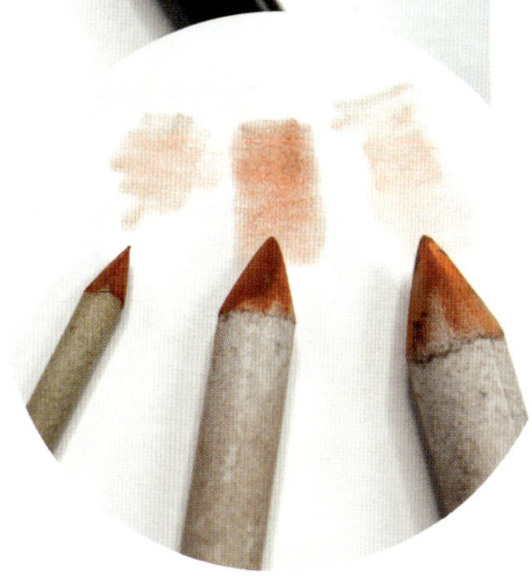

Rötel lässt sich wunderbar verblenden. Dafür verwendest du solche Papierwischer. Du solltest für Rötelzeichnungen unbedingt extra Wischer haben, um deine Zeichnungen nicht mit dunklen Resten anderer Stifte zu verschmutzen, sonst würde die Farbkraft der Rötel verloren gehen.

Zwei weitere Zeichenzubehöre machen die Rötelzeichnung besonders: farbiges Papier und der Weißstift. Rötel funktioniert am besten auf sandfarbenem Papier, da hier der Kontrast für den Rotwert weicher ist als bei weißem Papier. Außerdem graduierst du Rötelzeichnungen mit dem Weißstift.

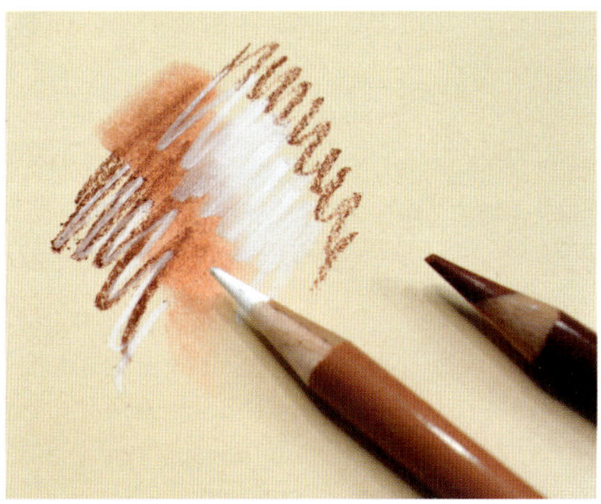

5.8 Porträt zeichnen mit Rötel

Rötelzeichnung graduieren

Eine Rötelzeichnung von Gesichtern ist komplexer, beginnt aber wie bei Graphit und Kohle. Die Stifte müssen sehr spitz sein, um eine dünne klare Linie zu zeichnen. Rötel reibt sich noch schneller ab als Kohle, daher muss auf einen leichten Druck geachtet werden, vor allem bei der ersten Phase, der Vorzeichnung. Beim Schraffieren kann der Strich gerne breiter werden.

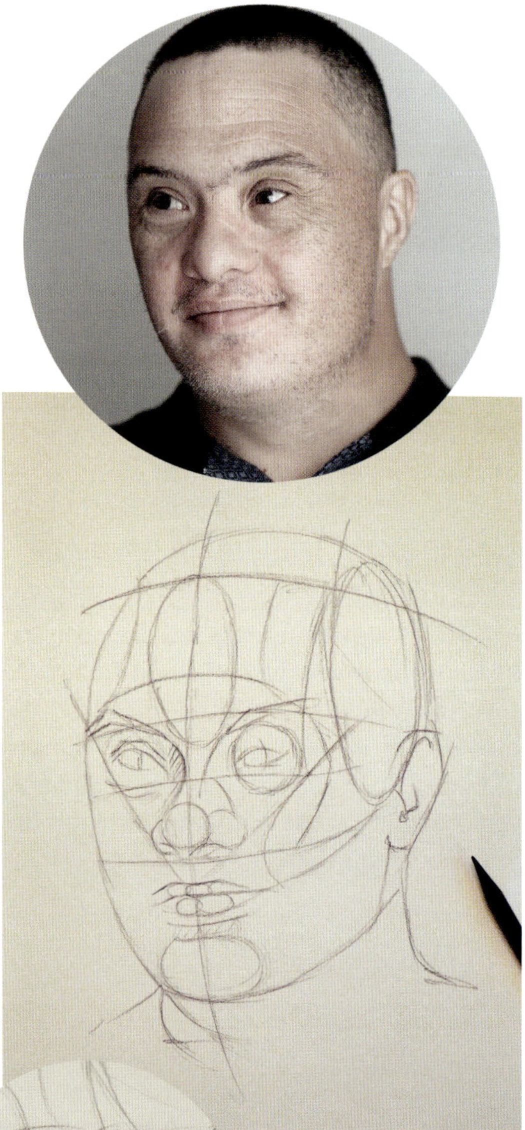

Die Fotoreferenz wird mit der modernen Methode zum Zeichnen von Gesichtern aufgeschlüsselt und mit einem harten Kohlestift auf sandfarbenes Papier gezeichnet. Verwende kein Graphit – darauf hält der Rötel nicht.

Diese Vorzeichnung nimmst du dann mit einem Knetradierer wieder runter, bis man sie nur noch erahnt.

Verwende dafür Knetradiergummis, da du mit ihnen die Zeichnung wegtupfen kannst. Andere Radierer rauen das Papier auf. An dieser Stelle entstehen dann ungleiche und breitere Schraffuren mit dem Rötel – das gilt es zu verhindern.

Das sandfarbene Papier ist dicker Zeichenkarton in DIN A 3.

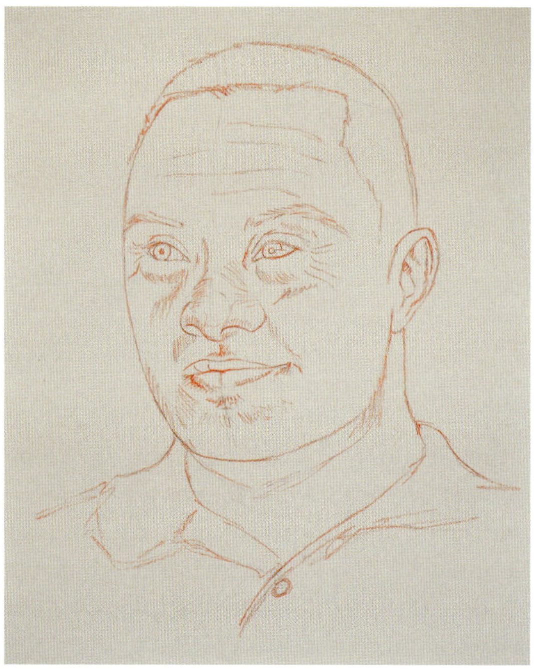

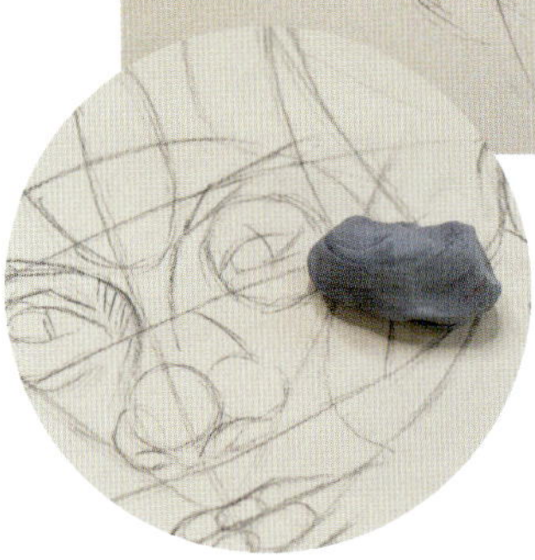

Tupfe mit dem Knetradiergummi die Vorzeichnung vom Papier, um dieses nicht aufzurauen.

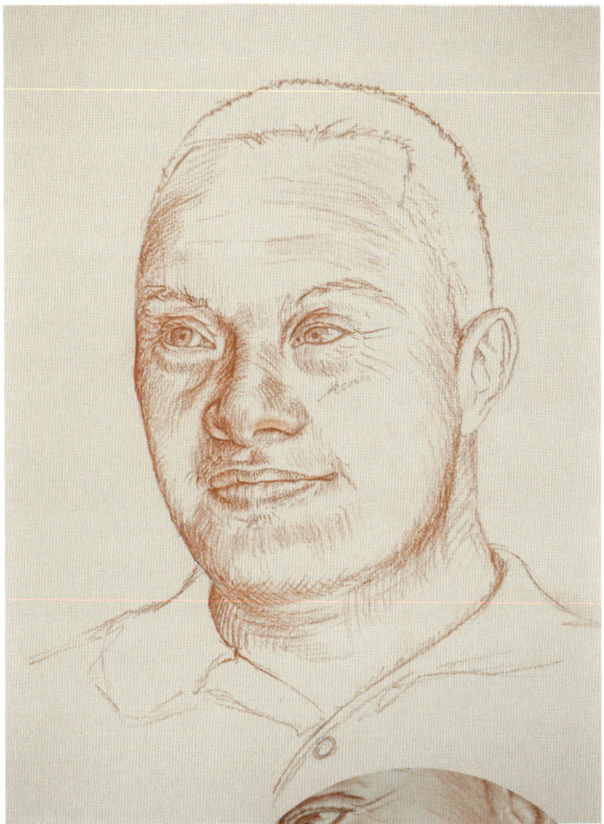

Die Ausarbeitung der Grundkontur des Gesichts ist die Hauptarbeit beim Zeichnen von Porträts. Hier legst du alle Proportionen und Positionen der Gesichtselemente mit den Konturen fest.

Wenn dir dies noch schwerfällt, zeichne das Gesicht erst im Skizzenbuch und dann die Reinzeichnung auf das finale Zeichenpapier. Gerade bei Rötel sollte nicht mit einem festen Radiergummi radiert werden.

Aus diesem Grund ist die Rötelzeichnung etwas für schon geübte Zeichner, da sie komplexer ist und sich Fehler nicht so leicht ausgleichen lassen.

Nach der Konturarbeit folgt die Schraffur. All diese Schritte erfolgen mit einem hellen Rötel. Im nächsten Schritt werden die Passagen mit Papierwischern weichgezeichnet und dann mit einem dunkleren Rötel vertieft.

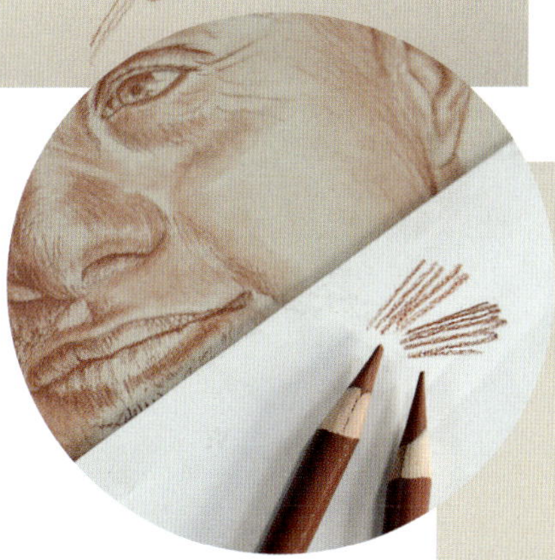

Im Ausschnitt siehst du zwei Rötelfarben. Für gewöhnlich arbeitet man sich von hell nach dunkel.

Das wichtigste ist, zu berücksichtigen, dass es in der gesamten Zeichnung den Mittelton schon gibt: das sandfarbene Papier. Die Tiefen müssen also so ausgearbeitet werden, dass sie die Farbe des Papiers in das Gesicht mit einschließen.

Lege dir bei allen Zeichnungen mit trockenen pigmentstarken Stiften ein Papier darunter, um nichts zu verwischen.

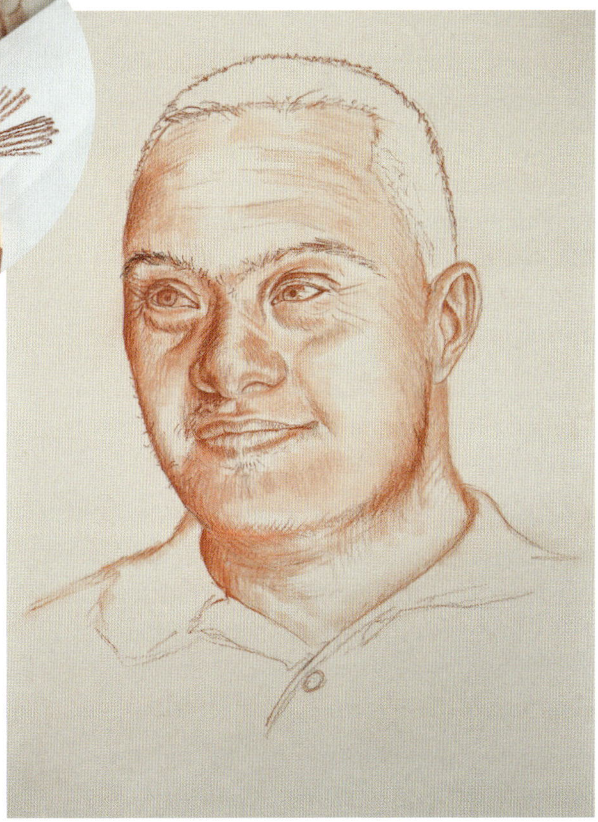

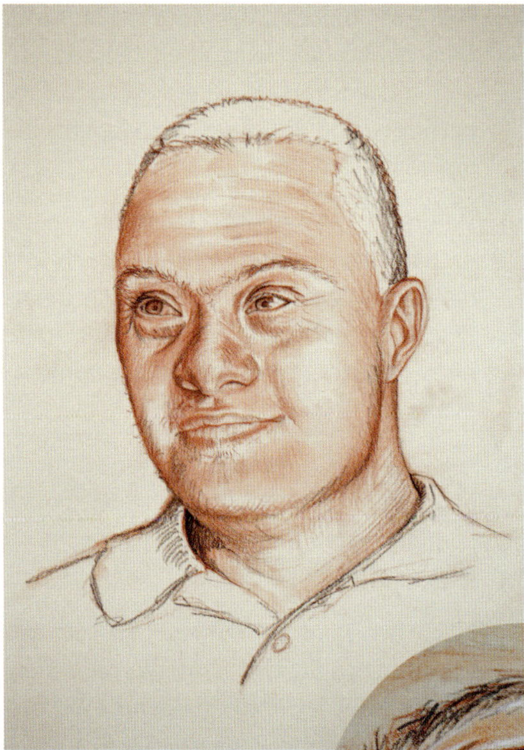

Sobald die ersten Höhen und Tiefen ausgearbeitet sind, werden die Schatten mit dem dunklen, kalten Sepiastift gesetzt, die Höhen und Tiefen dagegen mit dem warmen, intensiven Rötel. Das ist für den Aufbau der Bildlogik wichtig.

Ebenso werden dunkle Details wie Haare und Augenbrauen mit dem Sepiastift ausgearbeitet oder angedeutet. Du orientierst sich dabei an der Fotoreferenz und dem, was du hervorheben möchtest oder nicht.

Einige Sepiabereiche der Schatten werden dann nochmals weichgezeichnet und dabei mit der darunterliegenden Rötelschicht vermischt. So entstehen schöne Mitteltöne.

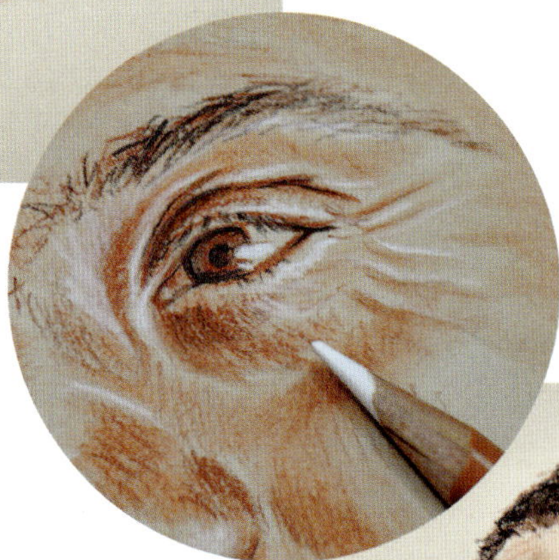

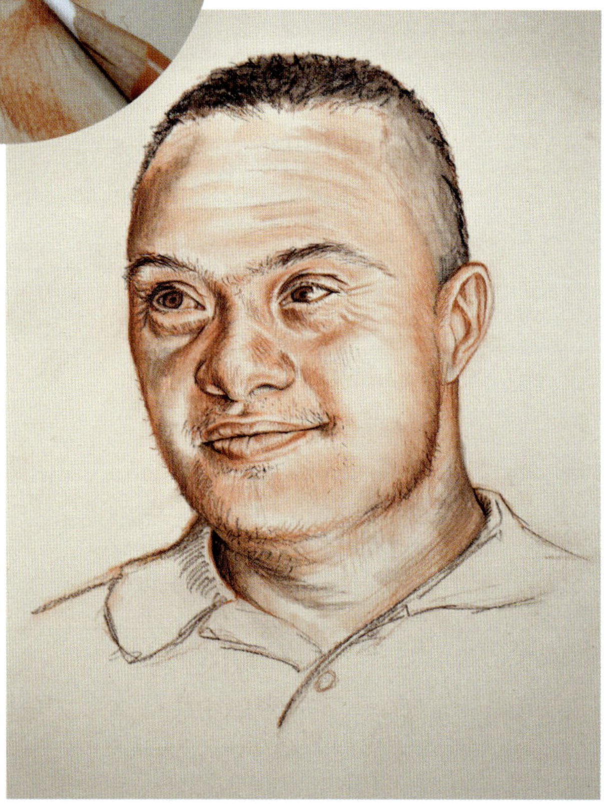

Die absoluten Tiefen werden mit einem Kohlestift gezeichnet. Diese findest du u.a. bei den Pupillen und Wimpern, an der Nase, in den Mundwinkeln und bei einzelnen Haaren.

Richtig schwarz sind auch Akzente, wie z.B. Teilbereiche der Konturen und Schraffuren von Haaren.

Mit dem Setzen dieser Tiefen beginnt das Graduieren, das mit dem Zeichnen der hellsten Lichter abschließt. Mit einem fetten Weißstift setzt du die Highlights auf Falten, Nase, Wangen, Kinn und in die Augen.

Gute Weißstifte findest du u.a. in echten Rötelsets. Es sind keinem Pastellstifte.

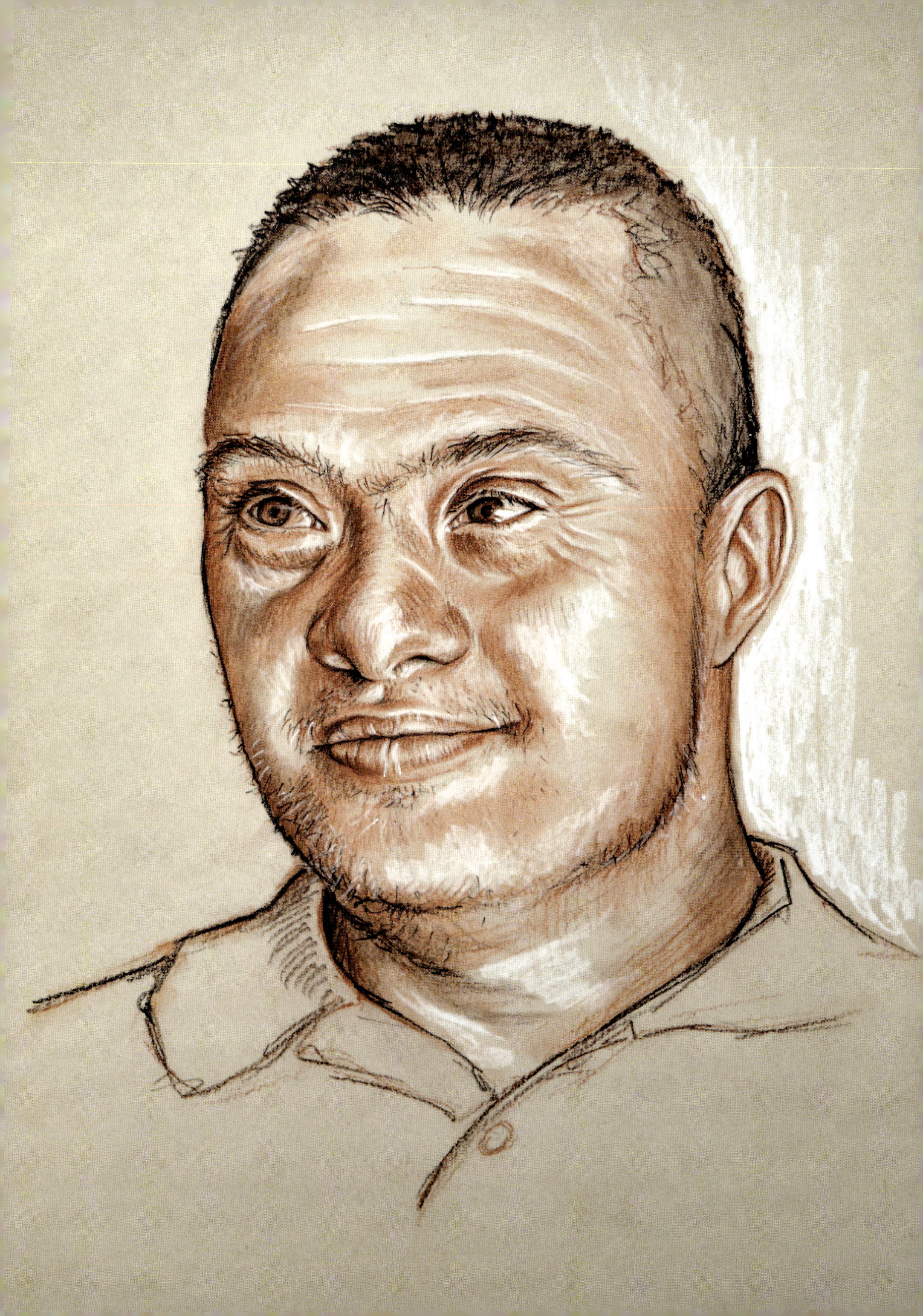

Rötel und Sepia

Rötel eignet sich hervorragend, um Porträts zu zeichnen, da die Pigmente zusammen mit farbigem Papier fast von allein tolle Hauttöne zaubern. Es bleibt aber eine Rötelzeichnung und behält den gewollten, rötlichen Charakterstil. Für dunkle Hauttöne mischt man Sepia hinzu. Zusammen mit Kohle und Weißstift entstehen Zeichnungen, die manchmal lebendiger wirken als das Foto.

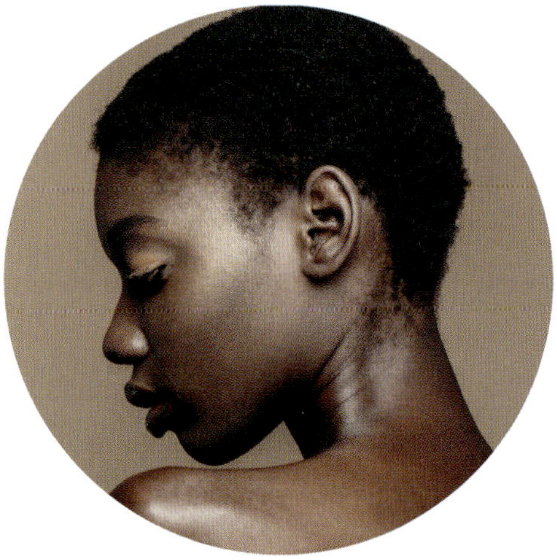

Zuerst wird auch hier die Grundstruktur des Gesichts mit einem harten Kohlestift und leichtem Druck auf dem sandfarbenen Zeichenpapier konstruiert.

Wenn alle Proportionen des Profils stimmen, nimmst du die Vorzeichnung mit einem Knetgradiergummi vom Papier, bis sie kaum noch zu sehen ist.

Nun widmest du dich der Ausarbeitung der Konturen. Meistens legt man schon hier gleichzeitig erste einfache Schraffuren an.

All dies geschieht mit dem hellsten Rötel und leichtem Druck. Diese Phase der Zeichnung bringt manchmal so ästhetische Ergebnisse, dass du sie als minimalistische Porträtzeichnung so stehen lassen kannst.

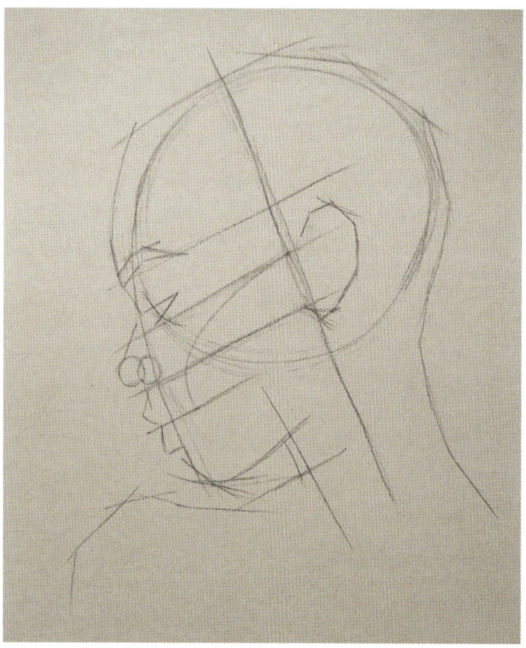

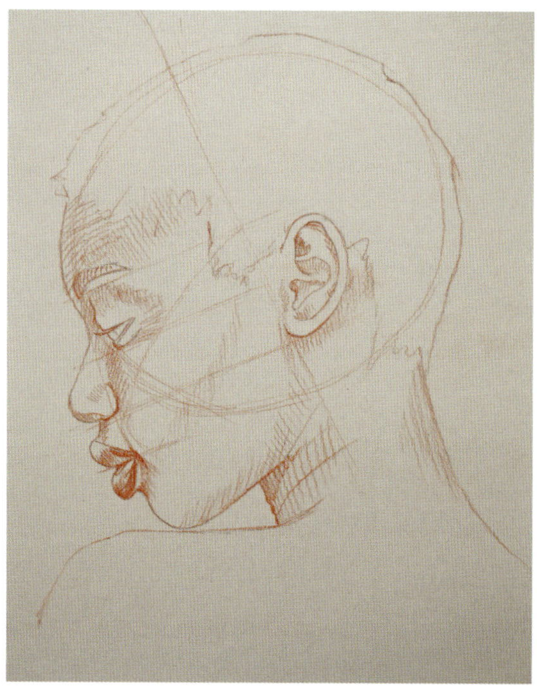

Unser Ziel ist jedoch ein voll ausgearbeitetes Gesicht, daher führen wir die Zeichnung mit komplexeren Schraffuren weiter.

Anschließend tupfst und reibst du die Linien der Rötelvorzeichnung vorsichtig mit einem Knetradiergummi vom Papier.

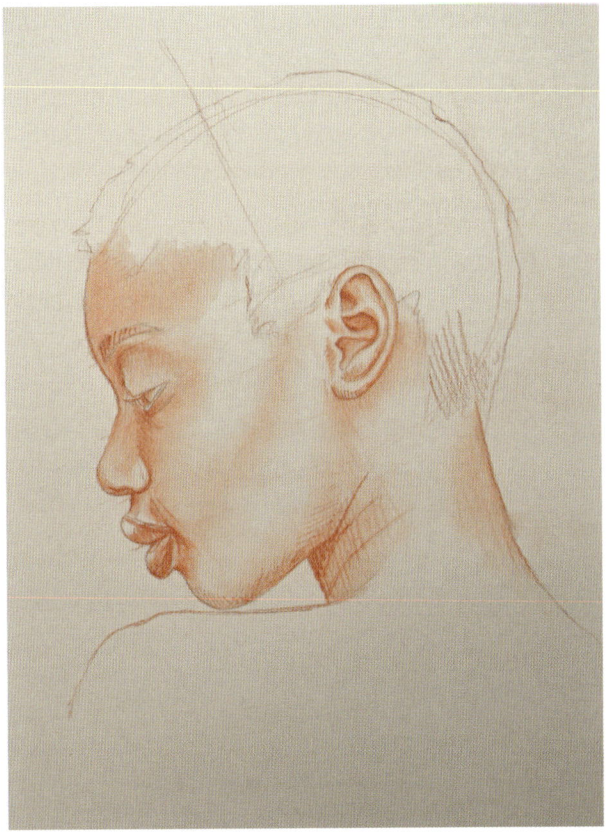

In der nächsten Phase werden die Schraffuren mit Papierwischern weichgezeichnet und Passagen, die mehr Tiefe benötigen, mit dem gleichen Rötel wie bisher nochmal vertieft, indem eine weitere Farbschicht darauf gezeichnet wird.

Rötelschraffuren können geschichtet werden. Weichgezeichneter Rötel vermischt sich mit den darunterliegenden Pigmenten.

Über die finalen weichen Stellen gibst du je nach Stil und Akzentsetzung eine weitere Schraffur, je nachdem, was der Wirkung dient.

Dieses Porträt ist so geplant, dass die Schulter nur als Kontur angedeutet wird. Die Haarpartie bekommt ein paar Schritte weiter einen Ton in Sepia und wird zunächst ausgespart, da die rötlichen Pigmente zusammen mit dem Sepia keinen passenden Haarton ergeben.

Mit Sepia werden jetzt die Schatten hinzugefügt. Die Grundschraffur dient dem Anlegen der Form von Höhen und Tiefen.

Darauf folgen die Schatten. Diese werden erst mit leichtem Druck und dann intensiver schraffiert. Auf diese Weise zeichnest du dich zu einem plastischen Gesamtbild. Dies ist die Vorstufe zum Graduieren.

Die Haarpartie wird im Folgenden mit dem Sepiastift und einer breiten Schraffur der Minenseite gezeichnet.

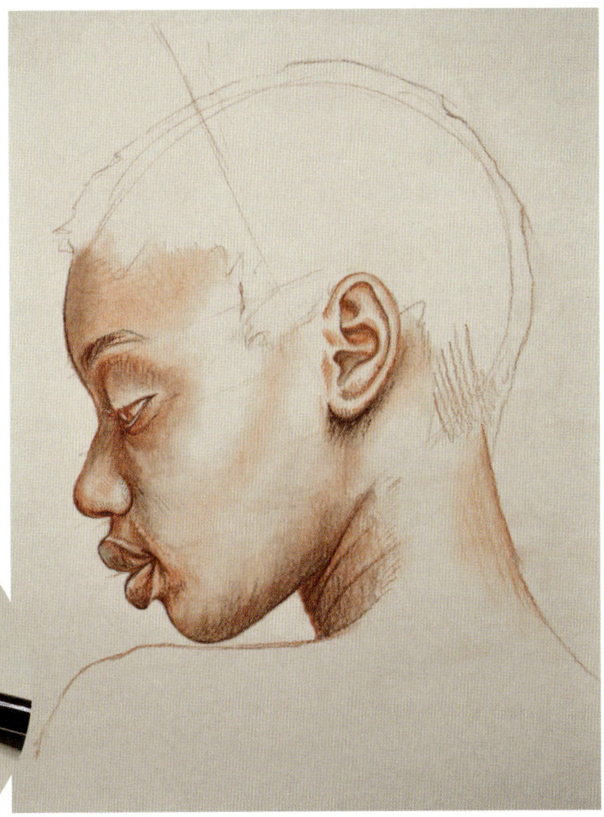

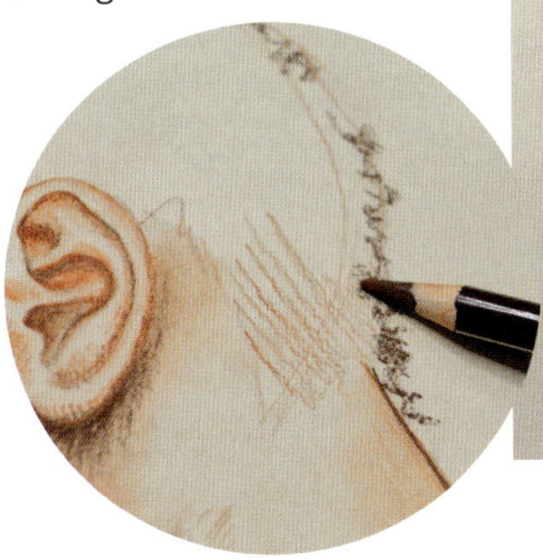

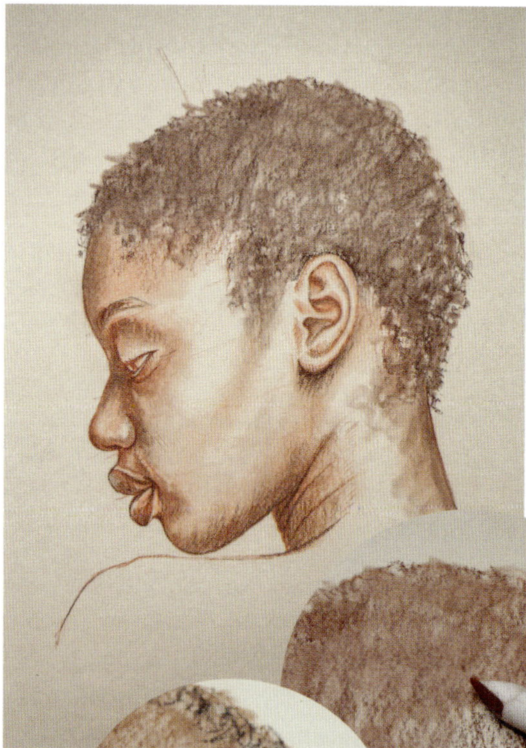

Die Schatten und vor allem die Haare werden mit Sepia ergänzt. Die Haarfläche bekommt mit dem Sepiastift eine erste Schraffur, die dann komplett weichgezeichnet wird. Darauf folgt eine weitere wilde Sepiaschraffur, die stehengelassen wird.

Wie wir es in Kapitel 1.4 (»Schraffur«) behandelt haben: Schraffuren werden dynamischer, wenn du während des Zeichnens unterschiedliche Druckstärken anwendest.

Mit dem Kohlestift setzt du dann die echten Tiefen für mehr Kontrast – auf der Haarfläche auch unterschiedlich intensiv.

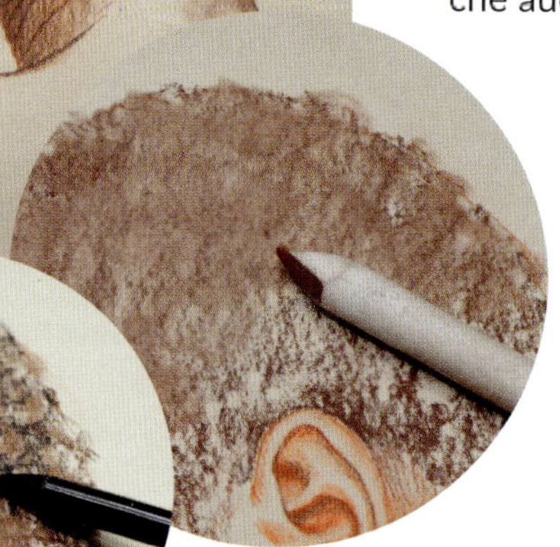

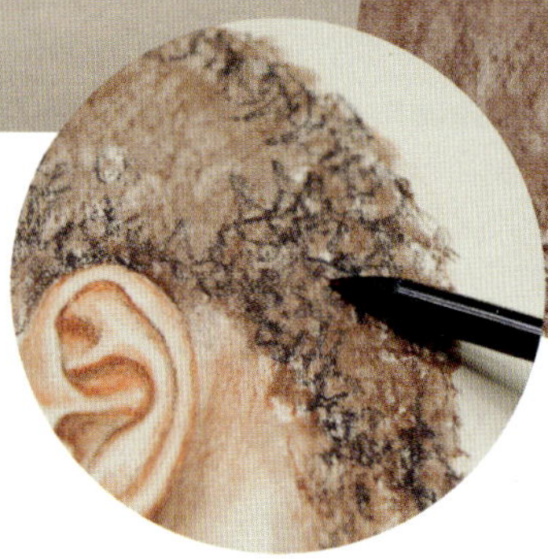

Die Schatten werden mit Sepia nachgearbeitet und dann mit einem extra Sepia-Papierwischer in die darunterliegenden Rötelpigmente verblendet. Auf diese Flächen kannst du dann leichte Kohle-Schraffuren setzen, um bestimmte Stellen noch dunkler zu zeichnen, ohne plumpe Farbflecke zu riskieren.

Zum Schluss graduierst du die Lichter mit einem fetten (also mit Fetten gebundenen) Weißstift. Dazu wird erst leicht und dann mit erhöhtem Druck schraffiert. Grobe Schraffuren stehen zu lassen ist ein Stilmittel. Du kannst sie auch weichzeichnen.

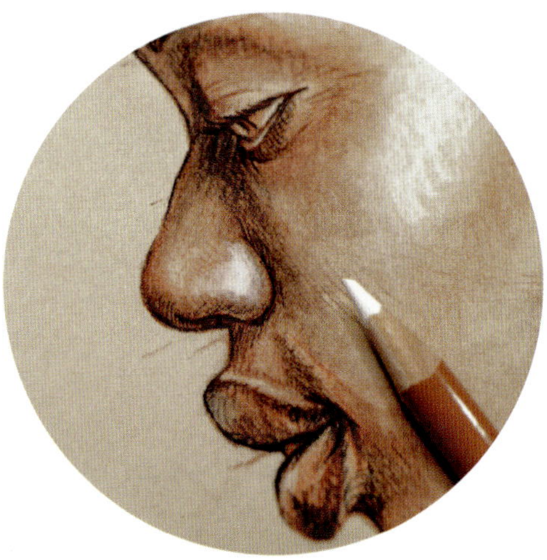

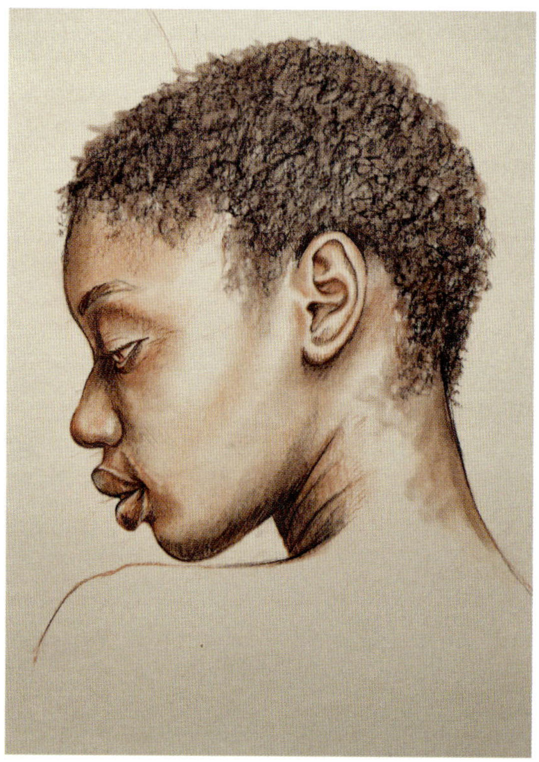

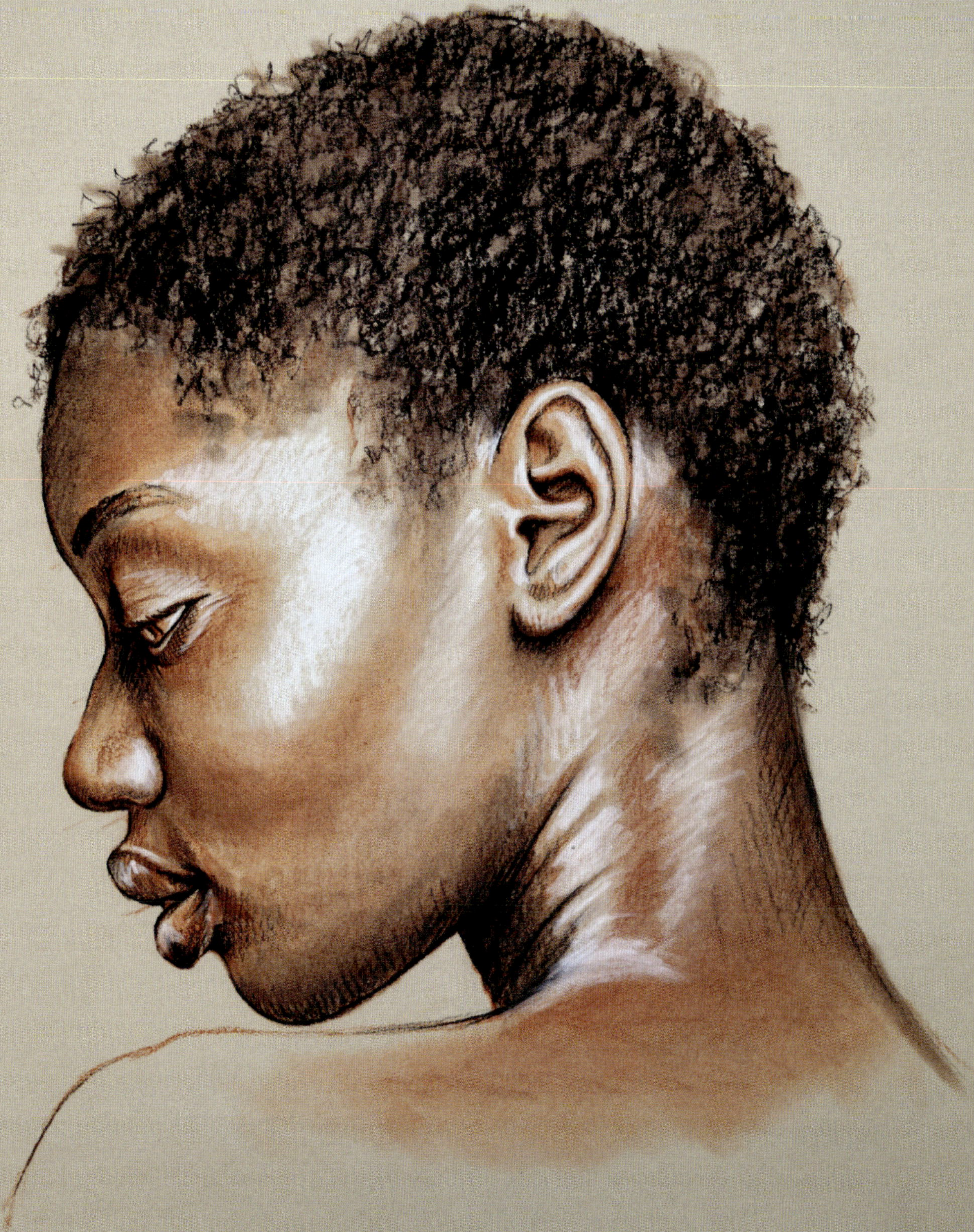

Trocken und nass

Die Wasserlöslichkeit von Rötel wird im folgenden Porträt zum Abschluss angewendet. Du könntest aber auch jede einzelne Phase des Porträts mit dem Pinsel gestalten. Auf jeder getrockneten Fläche sind wieder Zeichnungen möglich. Zur Übung wird das Damenporträt mit viel Kohle für die Haare gezeichnet. Hier entsteht ein kompletter Mix aus Rötel, Sepia, Kohle und Weißstift.

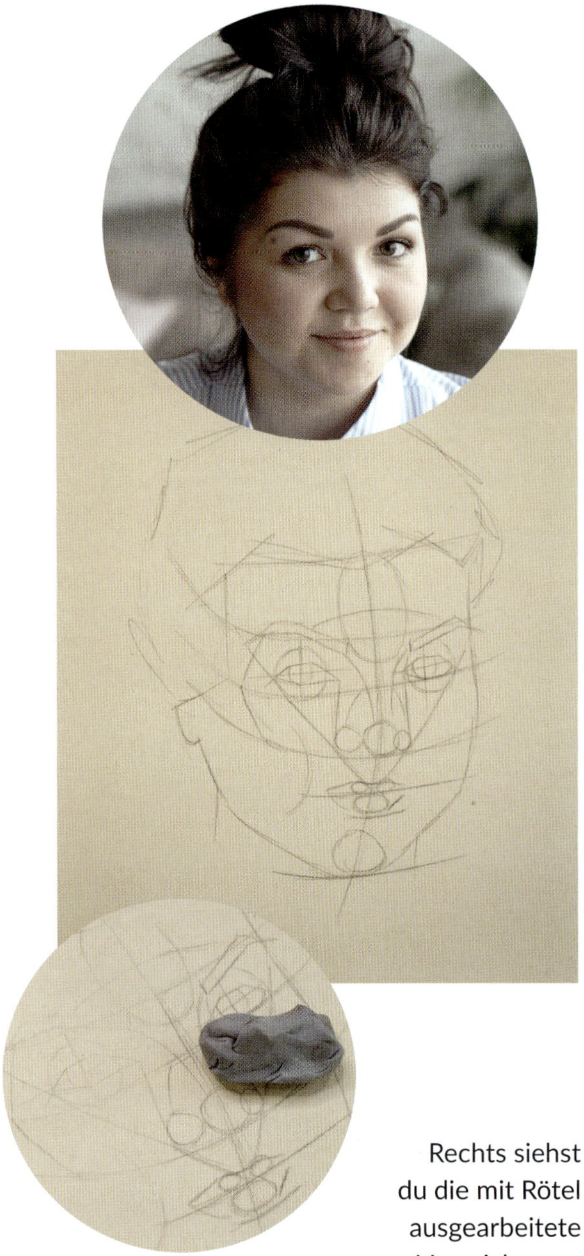

Dieses Viertelprofil wird in seiner Grundstruktur mittels der modernen Methode zum Zeichnen von Gesichtern auf Papier übertragen.

Die Details werden dann mit dem Rötel ausgearbeitet. Zuvor solltest du die feine Kohlezeichnung mit einem Knetradiergummi vom Papier tupfen. Das Papier darf nicht aufgeraut werden, wie es zum Beispiel mit einem Stiftradiergummi der Fall wäre. Auf den rauen Flächen werden die Linien bei Rötelzeichnungen noch breiter.

Du kannst die wichtigsten Linien auch in die Rötelvorzeichnungen übernehmen. In manchen Artworks lässt man sie als Stilmittel sogar komplett stehen, hier werden sie während der Schraffurarbeit wegradiert.

Rechts siehst du die mit Rötel ausgearbeitete Vorzeichnung. Ab hier wird schraffiert und dann weichgezeichnet.

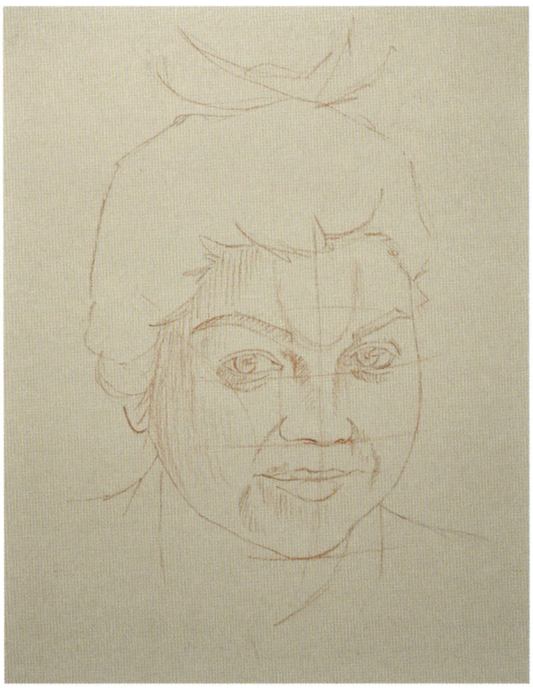

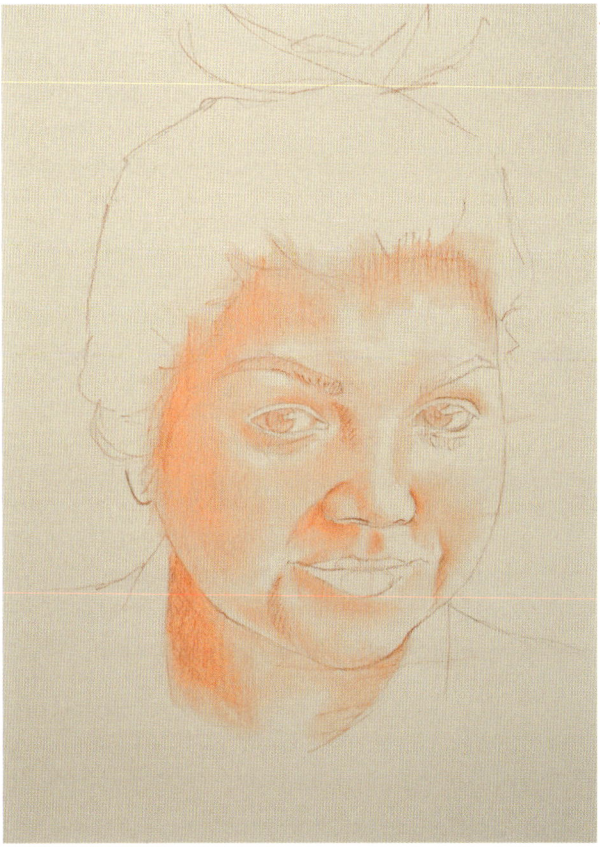

Mit Papierwischern werden die ersten Schraffuren verblendet. Darauf folgen weitere Schraffuren in Rötel, bis das Bild mit diesen Stiften genug Tiefe erreicht.

Auch hier musst du darauf achten, dass der Mitteltton bereits da ist. Das sandfarbene Papier bringt diesen schon mit.

Wenn du den Bogen raus hast, ist es dadurch besonders interessant, die Plastizität des Gesichts herauszuarbeiten.

In die Komposition eines Porträts gehören Motivwahl, Lichtsetzung, Perspektive genauso wie die Wahl des Materials, der Technik und des Zeichenpapiers.

Schraffuren folgen dem Verlauf der Form. Dazu gibt es das Kapitel 1.4 (»Schraffur«).

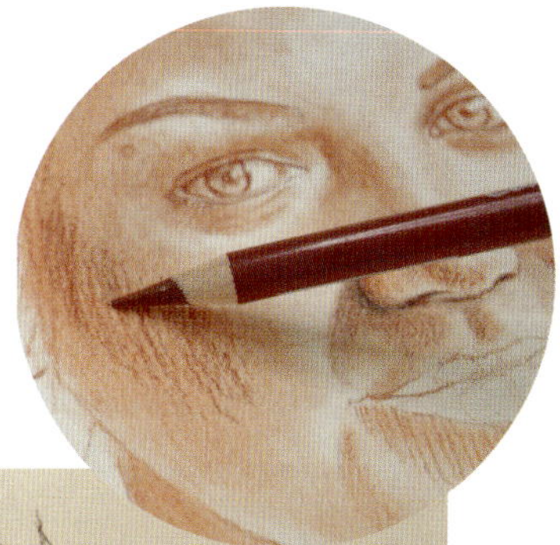

In der nächsten Phase vertieft man die Schatten mit dem Sepiastift. Ebenso werden die Haare angedeutet. Das schließt die Augenbrauen und Wimpern mit ein.

Um Schatten und Tiefen ohne Schraffur zu intensivieren, gibt es folgende Technik: Du zeichnest eine ganz grobe Schraffur auf ein separates Papier und nimmst dort die Pigmente mit dem Papierwischer auf. Diese gibst du dann direkt mit dem Wischer auf die Zeichnung.

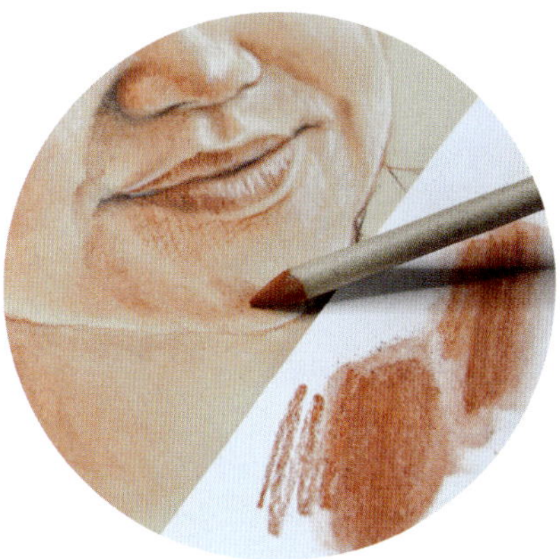

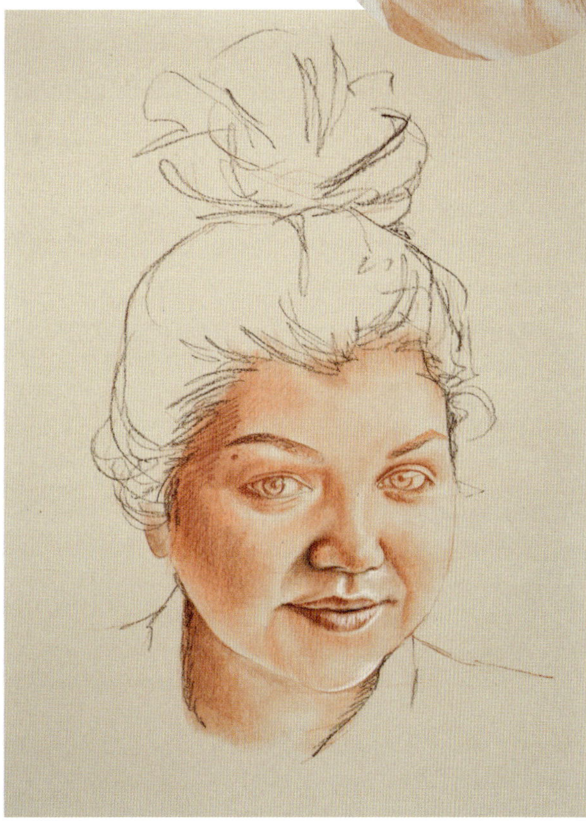

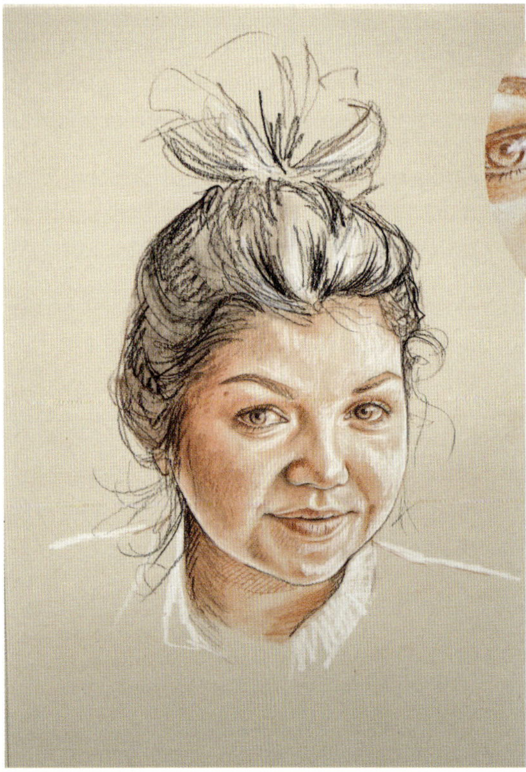

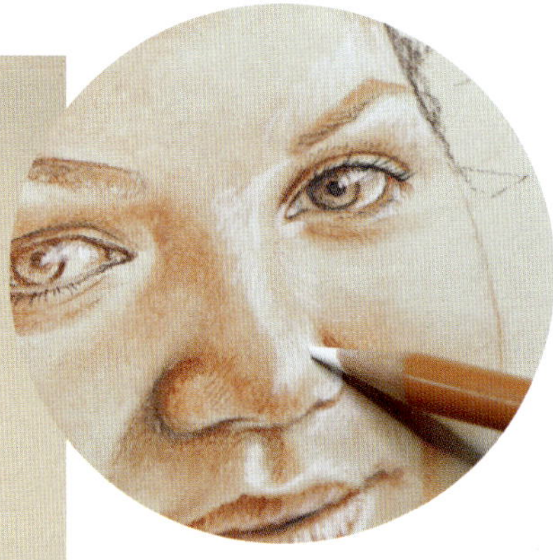

Mit Weiß setzt du die Lichter auf den Mittelton des Papiers. Die Tiefen werden vorher mit Sepia und Kohle ausgearbeitet.

Nach dem Sepiastift folgt die Kohle. Mit dem satten Schwarz werden die Tiefen gezeichnet sowie Haare angedeutet und schraffiert.

Dies kann recht grob erfolgen, denn ein guter Kohlestift ist wie Rötel wasserlöslich. Das ermöglicht es, Strukturen wie z.B. Haare recht simpel mit dem Pinsel nachzuarbeiten.

Dafür braucht es nur intensive Sepia- und Kohleschraffuren, damit genug Pigment da ist, das du mit einem nassen Pinsel zu weichen Flächen verteilen kannst.

Zum Schluss werden die Flächen, auf die weiches Licht auf den Mittelton des Papiers fällt, mit einem fetten Weißstift und leichtem Druck graduiert. Mit starkem Druck zeichnest du die Highlights auf Nase, Kinn, Lippen und in die Augen.

Dann kannst du die Rötelflächen des Gesichts mit einem nassen Pinsel zu einem sanften Teint verblenden.

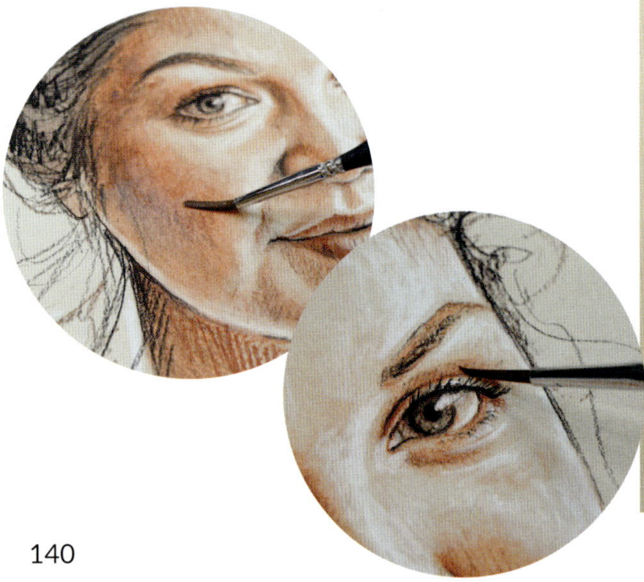

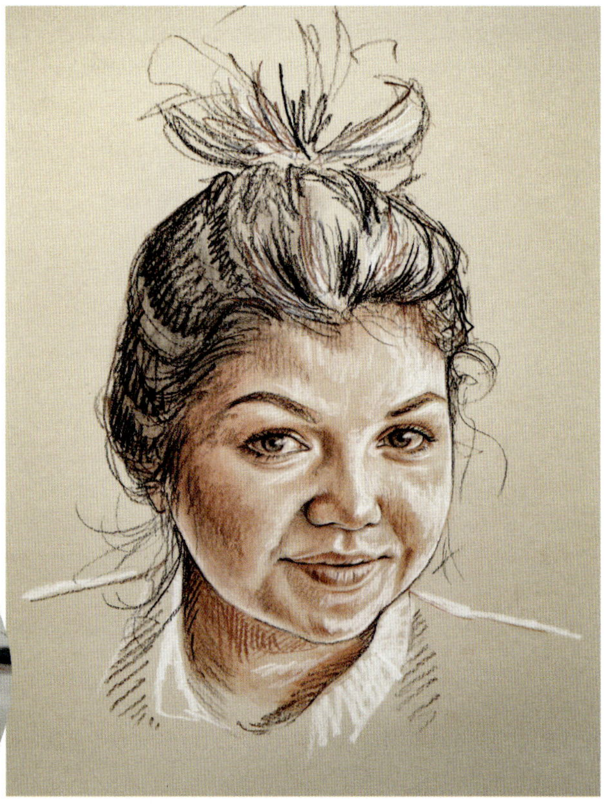

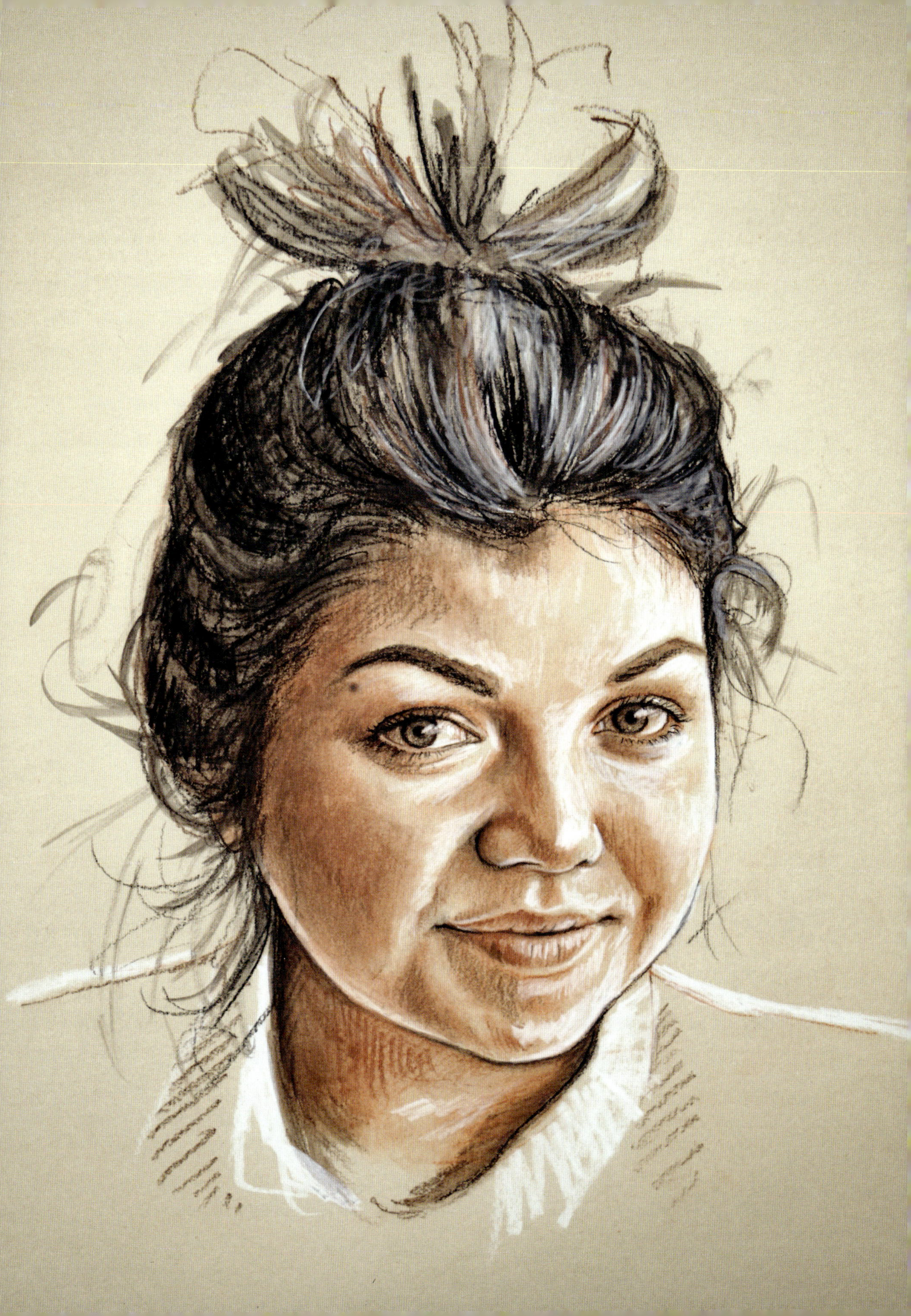

Danksagung

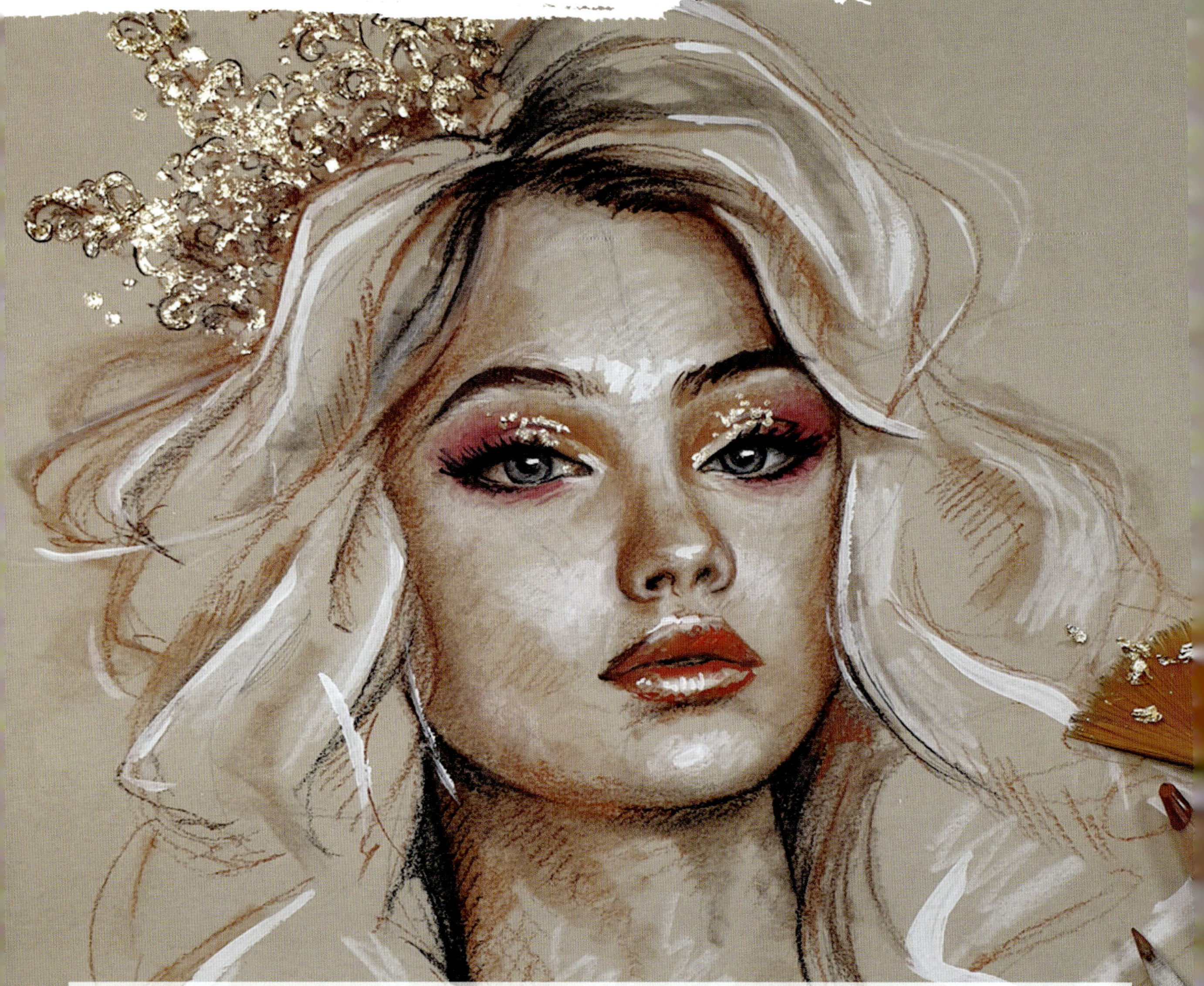

mitp-Verlag
Ich danke dem mitp-Verlag, dass dieses Buch trotz Papierkrise ermöglicht wurde. Vielen Dank für die gute Zusammenarbeit.

Sabine Schulz; Lektorin
Vielen Dank für das entgegengebrachte Vertrauen, den Enthusiasmus und die Zuversicht, die sich aus jeder Mail (mit perfekter Interpunktion) herauslesen lässt. Danke!

VG-Wort
Vielen Dank für die Annahme meines Buchprojekts bei der Stipendienvergabe. Ohne diese wäre es nicht möglich gewesen. Danke!

Meine Community
Big Thanks, dass ihr da seid, bleibt und hyped!

Meine Freunde
Danke, fürs Hunten trotz Wanken.

Über die Autorin

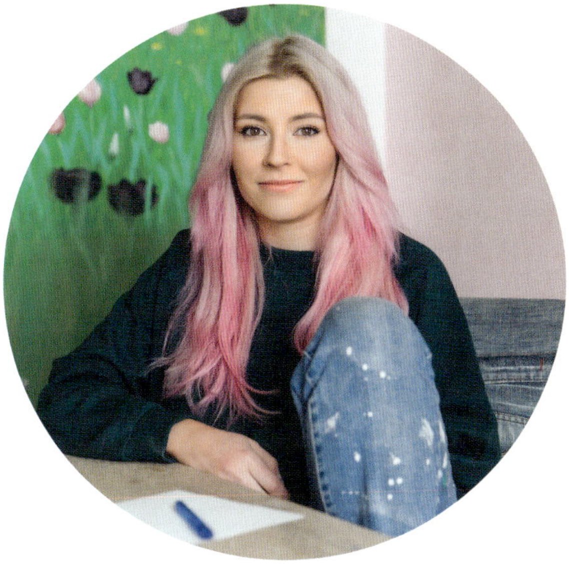

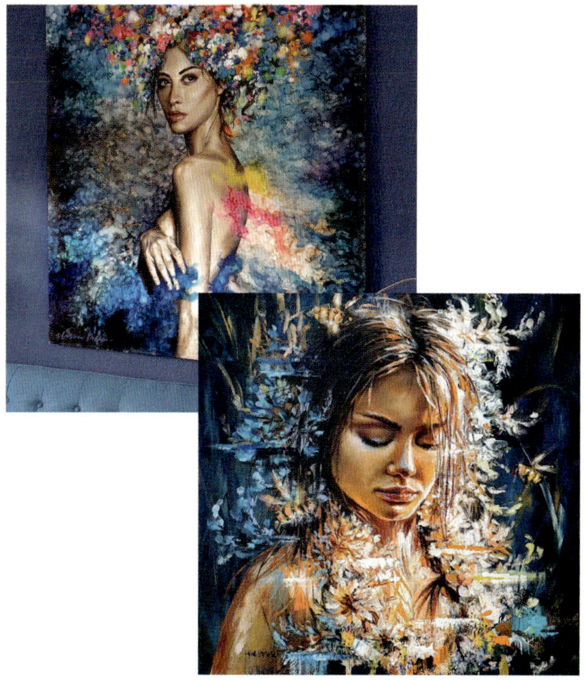

Desirée Delâge ist freischaffende Künstlerin und Autorin aus Köln. Anfangs studierte sie Visual Design und führte zu ihrer Arbeit ein Atelier für traditionelle Illustration und Malerei. Mit den Jahren strukturierte sie komplett auf die Kunst um und malt heute große Gemälde in Mixed Media. Zu ihrer Arbeit gehört auch der Unterricht von Malerei und Zeichnung mit Schülern auf allen Leveln. Via Online-Kursen, Seminaren und Privatunterricht lehrt sie dies über ihre »Krigelkragel« Acadamy. Dies ist ihr zweites Buch im Bereich der bildenden Kunst. Es ergänzt den Kurs »Gesichter und Porträts zeichnen lernen«.

Website
krigelkragel.com

Instagram
krigelkragel

Youtube
Krigelkragel

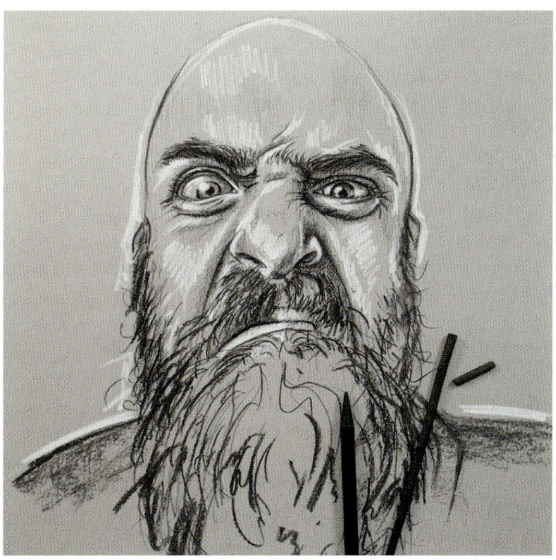

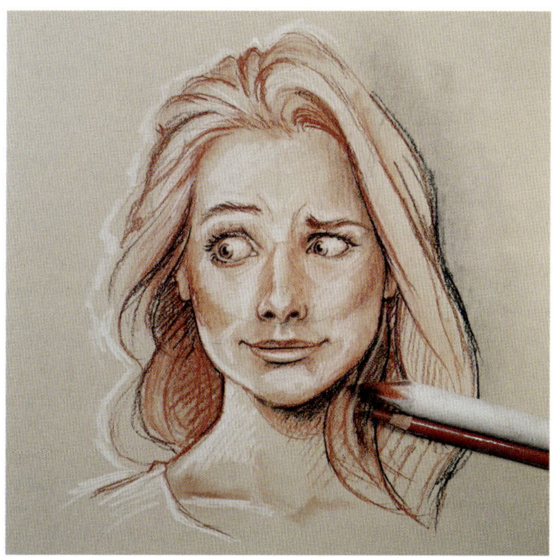

Index